A THEMATIC APPROACH

Mastering Italian Vocabulary

SECOND EDITION

LUCIANA FEINLER-TORRIANI
AND GUNTER H. KLEMM

BARRON'S

Mastering Italian Vocabulary
A Thematic Approach

Second Edition

by
Luciana Feinler-Torriani
and
Gunter H. Klemm

© Copyright 2001 by Ernst Klett Verlag GmbH, Stuttgart, Federal Republic of Germany.
English-language edition © Copyright 2003 by Barron's Educational Series, Inc.

English translation by Kathleen Luft

All inquiries should be addressed to:
Barron's Educational Series, Inc.
250 Wireless Boulevard
Hauppauge, NY 11788
http://www.barronseduc.com

ISBN-13: 978-0-7641-2395-5
ISBN-10: 0-7641-2395-5

Library of Congress Catalog Card Number 2002106703

Printed in Canada
9 8 7 6 5 4

NOV 0 6 2006

Contents

Contents

Foreword

The total vocabulary of Italian, like that of the other major European languages, is in the six-figure range. About 16,000 words are found in Shakespeare's plays, while a politician can get by with around 1,000 words in his campaign speeches (about the same number used in the tabloids with high circulation figures).

How many words does a person really need, then?

For the first edition of this book, we started with a total volume of about 7,000 entries. Then we eliminated about 2,500 that are infrequently used and added roughly 500 terms from current usage. Thus we presented somewhat more than 5,000 entries, divided into **basic** and **advanced vocabulary.** Now, ten years later, we have deleted outdated words and added numerous **neologisms,** especially in the areas of politics, economics, computer use, telecommunications, and the youth scene.

We have retained the **division into basic and advanced vocabulary.** By mastering the basic vocabulary, you can get by fairly well in everyday situations. *Mi arrangio,* one might say in Italian. If you master the advanced vocabulary as well, you might start getting your first compliments: *Ma Lei parla proprio bene l'italiano, dove l'ha imparato?* The two categories together account for 90 percent of the everyday vocabulary, and they will enable you to cope with reading matter of general interest without difficulty.

Therefore, it seems pointless to offer a learning aid containing substantially more than 5,000 entries, since the effective gain of an additional 1 or 2 percent of words and phrases would be disproportionate to the added effort involved.

The previously used **alphabetical organization** in light-blue was eliminated and replaced by an **arrangement of entries based on association,** with **word clusters** based on semantic and etymological criteria. The drilling and repeating of words, which students often find tedious, has been made easier by the use of logical contexts of meaning and by the integration of individual words into grammatical and syntactical structures, with due regard for idiomatic peculiarities.

This should be particularly helpful to people who are learning Italian on their own, although we believe that this book also will be a useful supplement to instructional materials in schools, where Italian is being offered as an additional foreign language with increasing frequency; in adult and continuing education classes; in schools for interpreters; and in university-level study of Italian language and literature. The vocabulary is representative and can, of course, be used in conjunction with all textbooks in current use.

On the Structure of This Book

In dividing the book into chapters, we have taken into account the fact that many users of this book are also learning, or have already learned, other "classical" foreign languages taught in schools. Therefore, the **chapter structure** and the **presentation of vocabulary** are aligned as closely as possible with the other books in this series.

The **advanced vocabulary** is presented in blue-shaded areas to make it easily distinguishable from the **basic vocabulary.**

The approximately 5,800 **main entries** (3,300 basic vocabulary words; 2,500 advanced vocabulary words) appear in blue type and are thus distinguished from the roughly 3,100 **subentries** in black type. Important or typical expressions as well as significant differences between the native language and the target language are in **boldface.**

In addition to the general guidelines provided in the foreword (see page 8), we have also incorporated a number of helpful **tips for learning** into the chapters themselves, wherever appropriate.

The **organization of the chapters and their sections** reflects the arrangement of the main entries according to associative criteria, whereas the presentation of the vocabulary in **word clusters**, marked by light-blue triangles and separated by dotted lines, limits the number of words per **unit of study** to an easily manageable quantity. Such a limitation is necessary for didactic reasons. On the basis of our experience, we recommend that you restrict yourself to learning one or at most two word clusters per day.

We also wish to call your attention to the **sample sentences**, which supplement the individual entries wherever idiomatic or grammatical peculiarities or specialized meanings need to be specified. Differences in preference for certain grammatical structures, too, are made clear by the illustrative sentences; for example, the Italian language's ways of avoiding the passive voice, which is more common in English.

The **False Friends** boxes also deserve special attention. They appear at the ends of chapters and will alert you to the dangers of confusing Italian words with English words that sound similar but have a different meaning.

The **grammar section** concentrates on the large number of verb forms, as well as on certain formal aspects of other parts of speech that are better presented in tabular form than in individual lexical examples.

Common verbs with meanings that vary widely in some cases are included in a separate final chapter.

The alphabetical **Index** in the back of the book contains all the main entries presented in the basic and advanced vocabulary. Basic vocabulary terms appear in **boldface**; advanced vocabulary items are in normal roman type.

How to Use This Book

When you start work, set up a **time schedule** that you can adhere to on as regular a basis as possible. Half an hour per day for a study unit of up to 15 words – one average word cluster or two shorter word clusters – ought to be adequate, but choose whatever quantity works best in your own experience.

First, read both columns, the English and the Italian, several times before checking to see how much you have retained. It is essential to review what you have learned at the end of each week, because experience indicates that not all the words can be retained at the first attempt. Later too, at longer intervals, you should review the chapters you have already worked through. It is a good idea to write down words you have an especially hard time retaining. Put them on **index cards**, list them in a **vocabulary notebook**, or enter them in your **computer**, and spend extra time on them. The words will be especially easy to retain if you memorize the corresponding sample sentences at the same time.

At any rate, it is important to accept at the very outset that this will be a lengthy process. Learning a language is more like running a marathon than sprinting. Make sure not to force your pace too much at the start! There is a danger that you will be led to do so by your initial rate of progress, only to run out of steam somewhere down the road. Soon enough, you won't seem to be making as much progress, and it will get harder to motivate yourself to do the daily training. Therefore, keep strictly to your training schedule from the start!

There is nothing mandatory about the sequence in which you study the chapters. You can choose and work on the chapters in any order, depending on your needs and interests. No chapter is based on the previous one or ones in any didactic sense.

We suggest that you concentrate on the **basic vocabulary** the first time through; then go back and work on the **advanced vocabulary.**

The Authors

As a rule, Italian is learned not as a first or second foreign language, but as a third or even fourth, as an additional language in school, college, or independent study. Therefore the users of this book are likely to have developed a routine for learning vocabulary. Generally speaking, we recommend that you continue using whatever strategies for learning you have found successful thus far.

How Are Words Memorized on a Long-Term Basis?

Because the human brain, in contrast to the computer, does not immediately store acquired information on a long-term basis, **repetition** of the words at suitable intervals (for example, review at the end of the week what you have learned that week, and at the end of the month review everything you have learned that month) is absolutely essential. While the amount learned per day should be kept relatively small, as we mentioned earlier, the quantity of words for a review session can easily be somewhat larger, since a majority of the terms will already have been committed to memory. Those words that do not readily come to mind should be marked and studied separately.

Words should not be learned in isolation, that is, without a meaningful **context**, but as part of phrases or statements connected with appropriate circumstances or facts, as in the case of the **word clusters** presented in this book.

For subsequent "storage" – for example, in a vocabulary notebook, on index cards, or in a computer – you also can create your own word fields or mind-maps.

Semantic Word Fields

Most of the word clusters in this book have been organized according to the semantic principle. As a rule, a **word cluster** contains terms that are related in meaning or can be classed under a common general heading. This strategy has the advantage of allowing you to start with words in your native language as well: when you want to prepare yourself to deal with a specific subject, for instance. Here is an example of a **cluster** from the subject area of "Cooking and Dishes" (page 77):

la patata – potato
il purè – purée, mashed potatoes
le tagliatelle – tagliatelle, broad noodles
il riso – rice
Per il risotto ci vuole un riso speciale – For risotto, you need a special kind of rice.

The creation of semantic word fields is first and foremost a way of preventing you from forgetting important terms. Moreover, the scope can be enlarged according to your wishes.

Etymological Word Fields

Etymological arrangement (based on word origin), too, plays a role in some of the word clusters in this book. Moreover, you can create or study additional word fields in accordance with etymological principles, based either on your native language or on the target language. For example: *court – il cortile; court of justice – la corte di giustizia; courteous – cortese; courtesy – la cortesia; pay court – corteggiare.*

New words are especially easy to memorize if you have an etymological equivalent in a language that you already know. For example:

il sorriso → le sourire (French), la sonrisa (Spanish) → smile.

Possibly, even etymologically related words that are slightly different in meaning can serve as memory aids as well:

la porta → port; portal → the door.

Synonyms and Antonyms

An additional way of expanding your own vocabulary – independently as well – is by creating word pairs that are identical (synonyms) or opposite (antonyms) in meaning:

synonyms: *parere – sembrare → seem, appear.*
synonyms: *certo – sicuro → secure, certain, sure.*
antonyms: *difficile ≠ facile → difficult ≠ easy.*
antonyms: *pesante ≠ leggero → heavy ≠ light.*

Learning in Context

As we have mentioned, words should be learned **in context** and not in isolation. Along with the word-cluster concept, our sample sentences take that principle into consideration. Above all, the examples serve the purpose of pointing out **idiomatic** or **grammatical peculiarities.**

One helpful exercise, which you can do with a partner or in a classroom, is filling in missing parts of sentences to create a meaningful context:

Ieri ho visto un . . . interessante. (film)
Siamo stati in Italia . . . fa. (due anni)
Fra un'ora . . . a casa. (torneremo)
Per la pasta ci vuole . . . do pomodoro. (un sugo)

Guidelines for Italian Pronunciation

Stress

Generally the stress falls on the penultimate, or **next-to-last, syllable** (for example, *padrone*). Where that is not the case, we have indicated the stress with a dot below the appropriate vowel (for example, *ạbile*). The same symbol appears when the stress, though on the next-to-last syllable, may not be immediately apparent to the student (for example, *polizịa, farmacịa*). In words that end in two vowels, neither of which is stressed, the two final vowels count as one syllable, and no dot appears (for example, *doppio*). A word is stressed on the final vowel only if it bears an accent mark (for example, *città*).

Vowels

Alphabet Letters	English Equivalents	Examples
a	f<u>a</u>ther "ah"	*casa* / house; *acqua* / water
e	b<u>e</u>t "eh"	*bene* / well; *esame* / exam
i	mach<u>i</u>ne "eeh"	*vini* / wines; *indirizzi* / addresses
o	s<u>o</u>rry "oh"	*otto* / eight; *oro* / gold
u	b<u>oo</u>t "ooh"	*uva* / grapes; *gusto* / taste

Consonants: I
The following Italian consonants should cause you few problems:

Alphabet Letters	English Equivalents	Examples
b	<u>b</u>oy	*bello* / beautiful; *bravo* / good
d	<u>d</u>ay	*dopo* / after; *ladro* / thief
f	<u>f</u>un	*forte* / strong; *frutta* / fruit
l	<u>l</u>ove	*latte* / milk; *alto* / tall
m	<u>m</u>ore	*matita* / pencil; *mondo* / world
n	<u>n</u>ice	*naso* / nose; *nono* / ninth
p	<u>p</u>rice	*porta* / door; *prezzo* / price
q	<u>q</u>uick	*quanto* / how much; *quinto* / fifth
r	Like a "rolled" *r* sound (as in some Scottish dialects).	*rosso* / red; *raro* / rare
t	<u>t</u>oo	*tardi* / late; *tu* / you
v	<u>v</u>ine	*vino* / wine; *vero* / true

Note that the letter *h* does not represent any sound. It is like the silent *h* of "hour": *ho* ("I have"), *hai* ("you have").

Consonants: II

The following letters are pronounced in different ways, as indicated in the chart:

Alphabet Letters	English Equivalents	Examples
c	<u>c</u>at	Used in front of *a, o, u*, and any consonant. *cane* / dog; *come* / how; *coure* / heart *classe* / class; *cravatta* / tie
ch	<u>ch</u>emistry	Used in front of *e* and *i*. *che* / what; *chi* / who; *chiesa* / church
c	<u>ch</u>in	Used in front of *e* and *i*. *cena* / dinner; *cinema* / movies
ci	<u>ch</u>at	Used in front of *a, o, u*. *ciao* / hi, bye; *cioccolata* / chocolate
g	<u>g</u>ood	Used in front of *a, o, u*, and any consonant. *gatto* / cat; *gola* / throat; *guanto* / glove *gloria* / glory; *grande* / big, large
gh	<u>g</u>et	Used in front of *e* and *i*. *spaghetti* / spaghetti; *ghiaccio* / ice
g	<u>j</u>ust	Used in front of *e* and *i*. *gente* / people; *giro* / turn, tour
gi	Bel<u>g</u>ian	Used in front of *a, o, u*. *giacca* / jacket; *giorno* / day; *giugno* / June
sc	<u>sc</u>ale	Used in front of *a, o, u*, or any consonant. *sculu* / staircase; *scopa* / broom; *scuola* / school; *scrivere* / to write
sch	<u>sch</u>ool	Used in front of *e* and *i*. *scherzo* / prank; *schifo* / disgust
sc	<u>sh</u>ine	Used in front of *e* and *i*. *scena* / scene; *sciocco* / unsalted, flavorless
sci	<u>sh</u>uffle	Used in front of *a, o, u*, or any consonant. *sciopero* / labor strike; *sciupare* / to waste
s	<u>s</u>oul	*sapone* / soap; *specchio* / mirror
s	pre<u>s</u>ent	Used in front of *b, d, g, l, m, n, r, v*, and between vowels. *sbaglio* / mistake; *casa* / house
gn	ca<u>ny</u>on	*sogno* / dream; *giugno* / June
gli	mi<u>lli</u>on	*figlio* / son; *luglio* / July
z	ca<u>ts</u>; do<u>gs</u>	*zio* / uncle; *zucchero* / sugar

Abbreviations

agg	aggettivo	adjective
amm	amministrazione, linguaggio burocratico	bureaucratic language, officialese
avv	avverbio	adverb
f	femminile	feminine
fam	familiare	colloquial
inv	invariabile	invariable
loc	locuzione	phrase, idiom, expression
m	maschile	masculine
pl	plurale	plural
prov	proverbio	proverb
qc	qualcosa	something
qu	qualcuno	someone

Cognome _Guarnieri_

Nome _Stefania_

Nato (a) il _13/11/1982_

a _Viterbo_

Cittadinanza _italiana_

Indirizzo _via Mordini 14_

00195 Roma

FRANCE   РОССИЯ

DEUTSCHLAND

USA   ITALIA

ESPAÑA

GREAT BRITAIN

1.1 Personal Data

la **persona**	person
chiamarsi	be named, be called
Come ti chiami? – Mi chiamo Raffaele Gallo.	What's your name? – My name is Raffaele Gallo.
il **cognome**	surname
il **nome**	name

l'**indirizzo**	address
abitare	live, reside
Dove abiti? – Abito **a Roma in Via** Giulia 5.	Where do you live? – I live in Rome, Via Giulia 5.
il **numero di telefono**	telephone number
Di dove sei?	Where are you from?
nato, a	born
Sono nata **in Sicilia**, ma vivo **a Milano** da 15 anni.	I was born in Sicily, but I've been living in Milan for 15 years.

Quanti anni hai?	How old are you?
Ho 18 anni, dunque sono già maggiorenne.	I'm 18, so I'm of age now.
l'**età** f	age
Ho lasciato l'Italia **all'età di 15 anni.**	I left Italy at the age of 15.
la **data di nascita**	date of birth

la **carta d'identità**	identification card
scadere	expire; fall due
La mia carta d'identità è scaduta.	My ID card has expired.
il **passaporto**	passport
Hai già il nuovo passaporto?	Do you have the new passport yet?
la **patente**	driver's license

il **sesso**	sex
di sesso femminile	female
di sesso maschile	male
celibe m, **nubile** f	single, unmarried
Mario è celibe.	Mario is single.
Maria è nubile.	Maria is single.
solo, a	single, unmarried; living alone
sposato, a	married
Giovanna e Carlo sono sposati da cinque anni.	Giovanna and Carlo have been married for five years.

il **mestiere**	occupation, craft, job (trade)
Che mestiere fa tuo padre?	What's your father's occupation?
la **professione**	profession (in general)
Andrea **fa l'insegnante.**	Andrea is a teacher by profession.

l'**individuo**	individual
il **documento**	document; identity card
Un documento, per favore!	Your identity card, please!
il **biglietto da visita**	visiting card
personale	personal
la **residenza**	residence
il **luogo di residenza**	place of residence
il **luogo di nascita**	place of birth
la **cittadinanza**	citizenship
Giuseppe ha la cittadinanza americama.	Giuseppe has U.S. citizenship.
la **nazionalità**	nationality
la **confessione**	confession (of faith); religion
Di che confessione è Lei?	What is your religion?

lo **stato civile**	marital status
conlugato, a *amm*	married
divorziato, a	divorced
divorziare	get a divorce
Anche in Italia **si può divorziare,** ma **ci vuole** più tempo.	You can get a divorce in Italy too; it just takes longer.
il **divorzio**	divorce
separato, a	separated
Essendo separati da tre anni, ora possiamo chiedere il divorzio.	Since we've been separated for three years, we can file for divorce.
la **separazione**	separation
il **vedovo,** la **vedova**	widower, widow

maggiorenne	adult, of age
minorenne	under age

1.2 Nationality, Language, Country

il **mondo**	world
Mi piacerebbe vedere tutti i paesi del mondo.	I would like to see all the countries in the world.

il **paese**	country
la **popolazione**	population
La popolazione italiana non supera i 57 milioni.	Italy's population does not exceed 57 million.
la **frontiera**	border
L'apertura delle frontiere favorisce l'incontro tra i popoli.	The opening of the borders makes it easier for the peoples to meet.
il **confine**	border
fermare	stop
Li hanno fermati al confine.	They were stopped at the border.
confinare con	adjoin, border on
La Germania **confina a nord con** la Danimarca.	In the north, Germany borders on Denmark.

la **patria**	native country, homeland
Tutti amiamo la nostra patria.	We all love our native country.
la **bandiera**	flag
la **presenza**	presence
Data la presenza di molti stranieri, il problema principale è quello della lingua.	Because of the presence of so many foreigners, the main problem is language.
l'**incontro**	meeting
v̧ivere	live
il **linguaggio**	language
il **dialetto**	dialect
In questa zona si parla un dialetto molto antico.	In this area a very ancient dialect is spoken.

l'**Amęrica**	America
americano, a	American
l'**Ạfrica**	Africa
africano, a	African
l'**Europa**	Europe
europęo, a	European
l'**Asia**	Asia
asiạtico, a	Asian
l'**Australia**	Australia
australiano, a	Australian
l'**Oceania**	Oceania

l'**Italia**	Italy
italiano, a	Italian
la **Germania**	Germany
tedesco, a	German

la **Francia**	France
francese	French; Frenchman, Frenchwoman
la **Gran Bretagna**	Great Britain
britạnnico	British; British citizen
inglese	English; Englishman, English-woman
la **Spagna**	Spain
spagnolo, a	Spanish; Spaniard
il **Portogallo**	Portugal
portoghese	Portuguese
il **Belgio**	Belgium
belga	Belgian
i **Paesi Bassi**	Netherlands, Holland
olandese	Dutch; Dutchman, Dutchwoman
il **Lussemburgo**	Luxembourg
lussemburghese	Luxembourger
l'**Austria**	Austria
austrịaco, a	Austrian
la **Grecia**	Greece
greco, a	Greek
l'**Irlanda**	Ireland
irlandese	Irish; Irishman, Irishwoman
la **Finlandia**	Finland
finlandese	Finnish; Finn
la **Danimarca**	Denmark
danese	Danish; Dane
la **Svezia**	Sweden
svedese	Swedish; Swede
la **Norvegia**	Norway
norvegese	Norwegian
la **Scandinavia**	Scandinavia
scandịnavo, a	Scandinavian
la **Svịzzera**	Switzerland
svịzzero, a	Swiss

gli **Stati Uniti (d'America)**	United States (of America)
il **Cạnada**	Canada
canadese	Canadian
il **Mẹssico**	Mexico
messicano, a	Mexican
il **Brasile**	Brazil
brasiliano, a	Brazilian

la **Russia**	Russia
russo, a	Russian
la **Polonia**	Poland

polacco, a	Polish; Pole
la **Repubblica Ceca**	Czech Republic
ceco, a	Czech
la **Slovacchia**	Slovakia
slovacco, a	Slovak
la **Turchia**	Turkey
turco, a	Turkish; Turk

l'**estero**	foreign countries
straniero, a	foreign; strange
Non è sempre facile vivere in un paese straniero.	It's not always easy to live in a foreign country.
emigrare	emigrate
Molti abitanti della Sicilia e della Calabria emigrano all'estero.	Many inhabitants of Sicily and Calabria emigrate.
l'**emigrazione** f	emigration
l'**emigrato**, l'**emigrata**	emigrant
In gli Stati Uniti **ci sono** molti emigrati italiani.	Many Italian emigrants live in the United States.

extracomunitario, a	not part of the European Community
il **clandestino**, la **clandestina**	illegal immigrant
il **vu cumprà** fam	African hawker, peddler
Guarda che bella borsa, l'ho presa in spiaggia da un vu cumprà.	Look, what a pretty purse! I bought it at the beach from an African peddler.
xenofobo, a	xenophobic
la **xenofobia**	xenophobia

l'**Albania**	Albania
la **Bulgaria**	Bulgaria
la **Romania**	Romania
l'**Ungheria**	Hungary
l'**Estonia**	Estonia
la **Lettonia**	Latvia
la **Lituania**	Lithuania
la **Bielorussia**	Belarus
l'**Ucraina**	Ukraine
la **Jugoslavia**	Yugoslavia
la **Croazia**	Croatia
la **Serbia**	Serbia
la **Slovenia**	Slovenia
la **Bosnia-Erzegovina**	Bosnia-Herzegovina

la **Cina**	China
cinese	Chinese
il **Giappone**	Japan
giapponese	Japanese
l'**India**	India
indiano, a	Indian
l'**Algeria**	Algeria
la **Tunisia**	Tunisia
il **Marocco**	Morocco
Malta	Malta
Cipro	Cyprus

la faccia

gli occhi

il naso

la bocca

i capelli

le orecchie

la spalla

il gomito

il ventre

il braccio

la mano

le dita

il fianco

la coscia

il ginocchio

la gamba

il piede

le dita

2.1 Body Parts and Organs

il **corpo**	body
l'**osso**	bone
Quante **ossa** ti sei rotto?	How many bones did you break?
Sono per il cane questi **ossi**?	Are these bones for the dog?
la **pelle**	skin
Desidero una **crema per la pelle**.	I would like a skin cream.
il **pelo**	body hair
il **sangue**	blood
Vorrei fare l'**analisi del sangue**.	I would like to have a blood test done.
il **muscolo**	muscle

la **testa**	head
Mi gira la testa.	I feel dizzy.
il **cervello**	brain
la **faccia**	face
Hai una bella faccia abbronzata.	Your face is nicely tanned.
la **fronte**	forehead
la **bocca**	mouth
Respiri con la bocca chiusa, per favore!	Breathe with your mouth closed, please!
il **dente**	tooth
togliere	remove; pull
Alberto deve **togliersi** un dente.	Alberto has to have a tooth pulled.
la **mascella**	jaw
la **lingua**	tongue

il **collo**	neck
la **gola**	throat
la **spalla**	shoulder
Mettiti uno scialle sulle spalle.	Put a shawl around your shoulders.
il **petto**	chest, breast, bosom

il **braccio**	arm
Anna tiene il bambino **in braccio**.	Anna holds the baby in her arms.
Prendimi fra le braccia.	Take me in your arms.
Verso la foce il Po si divide in **tanti bracci**.	Near the mouth, the Po divides into many arms.
la **mano**	hand
Hai le mani calde.	You have warm hands.
il **dito**	finger; toe
Porta anelli **a tutte le dita**.	She wears rings on all her fingers.

la **gamba**	leg
Daniele **si è rotto una gamba**.	Daniel broke a leg.
il **ginocchio**	knee
piegare le ginocchia/i ginocchi	bend one's knees
il **piede**	foot
Preferisco **stare in piedi**.	I prefer to stand.

il **cuore**	heart
il **polmone**	lung
respirare	breathe
Respirare aria pulita **fa bene ai** polmoni.	Breathing clean air is good for the lungs.
il **respiro**	breath
soffocare	suffocate
Mi manca il respiro e mi sento soffocare.	I can't get any air, and I think I'm suffocating.
il **fegato**	liver
Antonio **si è rovinato il fegato** con l'alcol.	Antonio has ruined his liver with alcohol.
lo **stomaco**	stomach
Ho mangiato troppo e **mi sento lo stomaco pesante**.	I've overeaten and my stomach feels too full.

il **capello**	hair
il **sopracciglio**, *pl* le **sopracciglia/** i **sopraccigli**	eyebrow
la **palpebra**	eyelid
la **guancia**	cheek
gonfio, a	swollen, puffed up
gonfiare	swell, inflate
il **labbro**	lip
Lisa **aveva le labbra** blu **dal** freddo.	Lisa's lips were blue from the cold.
il **mento**	chin
il **viso**	face
abbronzato, a	tanned

la **schiena**	back
il **seno**	breast, bosom
il **torace**	torso, upper body, thorax
Questo esercizio è utile per **irrobustire il torace**.	This exercise helps build a powerful upper body.
la **colonna vertebrale**	spinal column
il **gomito**	elbow
il **sedere**	bottom, backside

Carlino **ha battuto il sedere per terra.**	Carlino fell on his bottom.
l'**anca**	hip
la **coscia**	thigh
il **calcagno**	heel

il **ventre**	abdomen, belly
I fagioli **fanno gonfiare il ventre.**	Beans cause belly swelling.
il **rene**	kidney
il **fianco**	hip; side
l'**intestino**	intestine
la **pancia**	belly
Hai di nuovo mal di pancia?	Do you have a stomachache again?

la **vena**	vein
il **nervo**	nerve
Per questo lavoro **bisogna** avere **nervi saldi.**	For this work you need to have good nerves.

il **pugno**	fist
l'**unghia**	fingernail
Luciana cerca le forbici per le unghie.	Lucina is looking for the nail scissors.

2.2 Sexuality, Reproduction, Development

l'**amore** *m*	love
il **sentimento**	feeling, sentiment
sentimentale	sentimental
innamorarsi	fall in love
innamorato, a	in love
Raimondo **è sempre innamorato di Barbara.**	Raimondo is still in love with Barbara.

l'**uomo**	man
la **donna**	woman
il **sesso**	sex, gender
far l'amore	make love
Vorrei far l'amore con te.	I would like to make love to you.
il **preservativo**	condom

il **bambino**	baby, child; little boy

Michela aspetta un bambino da me.	Michaela is expecting my baby.
la **bambina**	little girl
il **ragazzo**	boy
la **ragazza**	girl
giovane	young
il, la **giovane**	youth, young person
adulto, a	adult, grown-up (adj)
l'**adulto**, l'**adulta**	adult, grown-up (person)
vecchio, a	old
invecchiare	age, grow old

la **nascita**	birth
nascere	be born
Vorrei sapere quanti bambini nascono ogni giorno in Italia.	I would like to know how many babies are born in Italy every day.
la **vita**	life
vivo, a	alive
Ero più morto che vivo **dalla paura**.	I was more dead than alive from fear.
maturare	mature

morire	die
D'amore non si muore. *loc*	No one dies of love.
Il fratello di Carlo è morto **in un incidente**.	Carlo's brother died in an accident.
morto, a	dead
la **morte**	death
la **tomba**	grave, tomb

gli **organi genitali** *pl*	genitals, reproductive organs
In biologia **abbiamo parlato degli** organi genitali.	In biology we talked about the reproductive organs.
l'**utero**	uterus
il **rapporto sessulale**	sexual intercourse
generare	beget, procreate
la **fecondazione**	fertilization
la **fecondazione artificiale**	artificial insemination
fecondare	fertilize
incinta	pregnant
Mia sorella è **incinta di tre mesi**.	My sister is three months pregnant.
la **gravidanza**	pregnancy
il **parto**	delivery
Maria ha avuto un parto molto facile.	Maria had a very easy delivery.

la **contraccezione**	contraception
la **pillola (contraccettiva)**	birth control pill
Per avere la pillola **ci vuole** la ricetta.	To get the pill, you need a prescription.
l'**aborto**	abortion
abortire ‹abortisco›	abort
il **sesso sicuro**	safe sex

agganciare *fam*	make advances
la **vergine**	virgin
la **pubertà**	puberty
la **mestruazione**	menstruation, menstrual period
la **menopausa**	menopause

la **gioventù**	youth
la **vecchiaia**	(old) age

il **decesso** *amm*	decease, death
il **funerale**	funeral
seppellire ‹seppellisco›	bury
il **cimitero**	cemetery
il **suicidio**	suicide

omosessuale	homosexual
gay	gay
lesbica	lesbian
eterosessuale	heterosexual

2.3 Senses and Sensory Perceptions

l'**occhio**	eye
Apri gli occhi!	Open your eyes!
vedere	see
Non ho visto né l'uno né l'altro.	I've seen neither the one nor the other.
la **vista**	sight, vision
Il nonno **non ha più la vista di una volta.**	Grandfather doesn't see well anymore.
gli **occhiali** *pl*	(eye)glasses
Porta gli occhiali dalla prima infanzia.	He has worn glasses since early childhood.

il **naso**	nose

Ti dovresti **soffiare il naso**.	You need to blow your nose.
sentire	smell
Senti che buon profumo/odore!	Just smell that wonderful fragrance!

l'**orecchio**	ear
Mi fanno male le orecchie/gli orecchi.	I have an earache.
sentire	hear; feel; perceive
Avete sentito cosa ha detto Roberto?	Have you heard what Roberto said?

Distinguish between:

sentire	*hear, listen, perceive*
Senti un po'!	*Look here!*
Senta!	*Hey, listen!*
ascoltare	*listen to, hearken*
Ascoltami!	*Listen to me!*

---

il **gusto**	taste
Senti se la salsa **è di tuo gusto**.	See whether the sauce is to your taste.
il **palato**	
il **tatto**	palate
sentire	(sense of) touch
Senti come è morbido al tatto!	Feel how soft it is to the touch!
Non sentite freddo?	Don't you feel cold?

cieco, a	blind
Quei due ragazzi sono ciechi dalla nascita.	The two boys have been blind since birth.
lo **sguardo**	glance, look
gettare	throw; cast
Getta un po' uno sguardo a questa pagina, per favore!	Take a look at this page, please!
	mistake (one thing or person for another), get (things, persons) mixed up
scambiare	
Ho scambiato questa stoffa perché **al tatto** sembrava **uguale all'altra**.	I mistook this fabric because it felt exactly like the other one.
scambiarsi	exchange
Si sono scambiati uno **sguardo d'intesa**.	They exchanged a look of silent understanding.

l'**udito**	hearing
Parla più forte, **sono un po' debole d'udito!**	Talk a little louder, I'm hard of hearing!

sordo, a	deaf
muto, a	dumb, mute
Orlando è muto, ma si fa capire molto bene con i gesti.	Orlando is mute, but he makes himself understood quite well with sign language.
il **gesto**	gesture; sign

2.4 Movements, Activities

il **movimento**	movement, motion
muovere	move
provi a muovere la testa/le braccia/ le gambe.	Try to move your head/arms/legs.
andare	go, walk, move (in general)
Che ne dici di andare a piedi?	What do you think about going on foot?
– Preferisco andare in tram.	– I'd rather take the streetcar.

Pay attention to the prepositions used following **andare**:

Vado **a** Roma.	*I'm going/driving to Rome.*
Vado **a** telefonare.	*I'm going to make a phone call.*
Vado **in** Italia.	*I'm going to Italy.*
Vado **in** macchina.	*I'm going by car.*
Vado **con** l'autobus.	*I'm going by bus.*

correre	run
Mario è corso a casa.	Mario ran home.
venire	come
Verremo **a piedi**.	We'll come on foot.
girare	turn
Scusa se **ti giro le spalle**.	Excuse me for turning my back to you.

alzare	lift, raise
svegliare	wake up, arouse
Scusami se stamattina ti ho svegliato così presto, ma dovevo partire.	Excuse me for waking you up so early this morning, but I have to leave.
svegliarsi	awake, wake up, be awakened
sveglio, a	awake
Come mai sei già sveglio? È ancora presto!	How come you're already awake? It's still early!

la **sveglia**
  Non ho sentito al sveglia, **a che**
  ora l'avevi messa?
alzarsi
  A che ora ti alzi?
sedersi
  Si sieda, prego.

alarm clock
  I didn't hear the alarm clock;
  what time did you set it for?
get up, rise
  When do you get up?
sit, take a seat
  Sit down, please.

---

salire
scendere
  Perché non siete scesi alla
  stazione?

climb, go up; get in
descend, go down; get out
  Why didn't you get out at the
  station?

---

cadere
la **caduta**
  Giovanni **ha fatto** proprio **una**
  brutta caduta.

fall, to
fall
  Giovanni really had a nasty fall.

---

muoversi
immobile
  Non muoverti! – Va bene, resterò
  immobile.
mobile

move
immobile
  Don't move! – All right, I'll stay
  still.
movable, mobile

---

camminare
  Ho camminato due ore.
il **passo**
  Non faccia i passi così lunghi, **non**
  riesco a seguirla.
saltare
girarsi
  Francesco si girò **di scatto**, pallido
  come un morto.

walk
  I walked for two hours.
step
  Don't take such big steps; I can't
  keep up with you.
jump, leap
turn around
  Francesco turned around sud-
  denly, as pale as a corpse.

---

agitare
  Agitava le braccia come un pazzo.

scuotere
  Il padre scosse la testa.

agitate, shake, stir
  He was waving his arms like a
  madman.
shake
  The father shook his head.

---

stringere
  L'ha stretta forte **fra le**
  braccia.
  stringere la mano

press; squeeze; tighten
  He held her tightly in his arms.

  shake hands

la **stretta**	pressure; clasp
Ci siamo salutati **con una stretta di mano.**	We greeted each other with a handshake.
Quando l'ho visto **ho sentito una stretta al cuore.**	When I saw him, I felt a pang in my heart.
essere alle strette	be in dire straits
tendere la mano	hold out one's hand; give a helping hand

afferrare	grasp; catch
sollevare	lift, raise
Ora deve sollevare **tutte e due le gambe.**	Now you need to lift both legs.
porgere	hand; offer; give

2.5 Appearance

bello, a	beautiful, handsome
la **bellezza**	beauty
brutto, a	ugly
alto, a	tall
basso, a	short (of stature)
grasso, a	fat
magro, a	thin
robusto, a	robust, sturdy, strong

i **capelli** *pl*	hair
la **barba**	beard
i **baffi** *pl*	mustache

biondo, a	blond
castano, a	chestnut-brown
Da piccolo era biondo, ora è castano.	As a child he was blond; now he has chestnut hair.
grigio, a	gray
I primi capelli grigi **mi sono venuti a 30 anni.**	I got my first gray hairs at the age of 30.
nero, a	black

cambiare	change
Ti trovo molto cambiato.	I think you've changed a lot.

Differentiate between:

cambiare	*change*
Devi cambiare.	*You need to change.*
cambiarsi	*change (clothes)*
Devi cambiarti.	*You need to change.*

crescere
  Perché non ti fai crescere i
  capelli?

grow
  Why don't you let your hair
  grow?

l'aspetto
  Giovane di bell'aspetto cercasi!

appearance
  Wanted: good-looking young
  woman/man!

esteriore — exterior, outside
carino, a — pretty
grazioso, a — charming; pretty
la **statura** — height, stature, size
normale — normal
  Paola è di statura normale. — Paola is of normal height.
snello, a — slender, slim
pallido, a — pale, pallid, wan
bruno, a — brown
  Maria è bruna e ha **gli** occhi neri. — Maria has brown hair and dark eyes.

(as)somigliare — resemble, look like
la **somiglianza** — resemblance, similarity
  Tu assomigli molto a tua nonna. — You look very much like your grandmother.

  – È vero, tutti si meravigliano di questa somiglianza così grande. — – That's true, everyone is amazed at the great similarity.

dimagrire ‹dimagrisco› — lose weight
  Sono dimagrita due chili. — I've lost 2 kilos.
ingrassare — gain weight
  Ho la fortuna di poter mangiare **quello che voglio** senza ingrassare. — I'm lucky that I can eat whatever I want without gaining weight.
rimediare — remedy, put right
  Durante le vacanze ho mangiato troppo, ora devo rimediare con una buona dieta. — During vacation I ate too much, and now I have to remedy that with a good diet.

2.6 Cosmetics and Personal Grooming

l'**acqua**	water
il **sapone**	soap
lavarsi	wash oneself
Ti sei già lavato i denti?	Have you brushed your teeth yet?
lo **spazzolino da denti**	toothbrush
il **dentifricio**	toothpaste
fare la doccia	(take a) shower
Appena alzato mi faccio la doccia.	I shower right after I get up.
fare il bagno	bathe
nudo, a	naked, nude
asciugarsi	dry oneself, get dry
Vuoi asciugarti i capelli?	Do you want to dry your hair?
l'**asciugamano**	towel

ℹ Compound Nouns

Compound nouns made up of *an imperative plus a noun* are usually *masculine.*
Examples:

l'**asciugamano**	*towel*	gli asciugamani
il **paraurti**	*(car) bumper*	i paraurti
il **tergicristallo**	*windshield wiper*	i tergicristalli
il **cacciavite**	*screwdriver*	i cacciaviti (o cacciavite)
il **guardaroba**	*cloakroom; cupboard*	i guardaroba

Exceptions:

la (**macchina**) **lavastoviglie**	*dishwasher*	le lavastoviglie
la (**nave**) **portaerei**	*aircraft carrier*	le portaerei

---

il **masssaggio**	massage
Per il mio mal di schiana il medico mi ha prescritto **dei massaggi.**	The doctor prescribed massages for my back pain.

farsi la barba	shave oneself
Cesare non si fa la barba da tre giorni.	Cesare hasn't shaved in three days.
il **rasoio (elettrico)**	(electric) razor
la **crema**	cream
Questa **crema da barba** mi provoca un'allergia.	I'm allergic to this shaving cream.

il **pettine**	comb
lo **shampoo**	shampoo
Luca cerca uno **shampoo alle erbe**.	Luca is looking for an herbal shampoo.
le **forbici** *pl*	scissors
Sei sicura che **queste forbici taglino** bene? A me non sembra proprio.	Are you sure these scissors cut well? That's not my impression.

pettinarsi	comb one's hair
pettinare	comb, to
Prima di uscire voglio pettinare i bambini.	Before we go, I want to comb the children's hair
spazzolare	brush
la **spazzola (per i capelli)**	(hair)brush
Grazia ha perso la spazzola per i capelli.	Grazia has lost the hairbrush.
il **fon**	hairdryer
il **parrucchiere**, la **parrucchiera**	hairdresser
Se fossi in te, non andrei più da quel parrucchiere.	If I were you, I wouldn't go to that hairdresser anymore.

trascurare	neglect
Da quando è solo si trascura **in modo incredibile, ha un aspetto spaventoso.**	Since he's been alone, he neglects himself incredibly; he looks terrible.
rinfrescare	refresh
prepararsi	prepare oneself, get oneself ready
Mi sto preparando, abbi un attimo di pazienza!	I'm getting ready; wait just a moment!
truccarsi	make oneself up
Non ti truccare troppo!	Don't put on too much makeup!
il **borotalco**	talcum powder
il **profumo**	perfume; scent, fragrance

il **rossetto**	lipstick
lo **smalto (per unghie)**	nail polish
mettersi	put on
Un attimo! **Mi metto lo smalto e il rossetto** e sono subito pronta!	Just a minute! I'm putting on nail polish and lipstick, and I'll be ready in a flash.

l'**igiene** *f*	hygiene
L'igiene **non va trascurata**.	Hygiene shouldn't be neglected.
igienico, a	hygienic

la **carta igiènica**	toilet paper
Hai visto che la carta igienica è **finita?**	Did you see that there's no more toilet paper?
la **saponetta**	bar of soap
Uso una saponetta medicinale perché è più igienica	I use a medicinal soap because it's more hygienic.
medicinale	medicinal
il **cotone idròfilo**	absorbent cotton
struccarsi	remove one's makeup
gli **assorbenti** *pl*	sanitary napkins
assorbenti interni	tampons

tagliarsi	cut oneself; cut (one's hair, etc.)
Mi sono tagliato le unghie.	I cut my fingernails.
la **limetta per le unghie**	nail file

abbronzarsi	get a tan
Vorrei un prodotto per **abbronzarmi senza rischiare scottature.**	I would like a product for tanning with no risk of getting burned.
la **scottatura**	burn; sunburn
Chi sta troppo al sole rischia una scottatura con le relative conseguenze.	Anyone who lies out in the sun for too long runs the risk of sunburn and related consequences.

False Friends

Italian Word	Thematic Meaning(s)	False Friend	Italian Equivalent(s)
il mento	mind	mint	la minta
il parto	birth	part	la parte

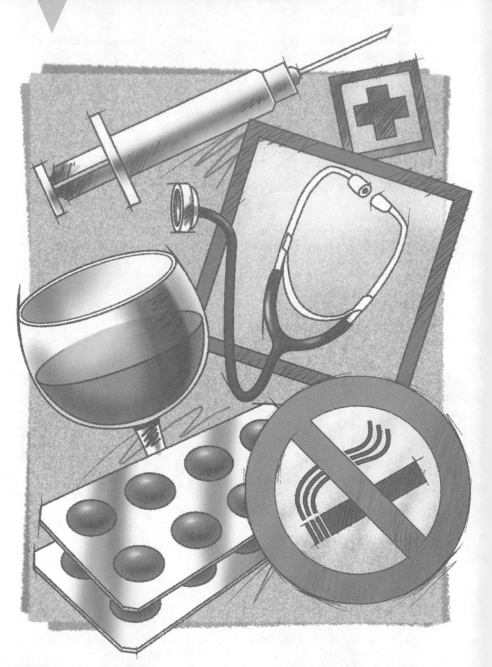

3.1 Health, Disease, and Treatment

la **salute**
lo sto sempre molto attento a
non fare nulla che danneggi la
salute.
guarire ‹guarisco›
la **guarigione**
Buona guarigione!
debole
Sono già guarito, ma mi sento
ancora molto debole.
la **cura**

Il medico **mi ha prescritto** una cura
per il fegato.
rimettersi
Dopo l'operazione il paziente si è
rimesso molto presto.
la **condizione**
Le mie **condizioni di salute** sono
ottime!

health
I'm always careful not to do
anything that could harm my
health.
recover, mend; heal, cure
recovery
Get well soon!
weak
I'm well again, but I still feel
very weak.
cure; therapy, (course of)
treatment
The doctor prescribed a treatment for my liver.
recuperate, recover
After the operation, the patient
recuperated very quickly.
condition, state
My state of health is excellent!

sano, a
Non soffro di niente, sono **sano**
come un pesce.
ammalato, a
curarsi
il **sintomo**
descrivere
stanco, a
stancarsi
Mi può descrivere i suoi sintomi,
per favore? – Sì dottore. Innanzi
tutto **mi stanco subito** e **mi alzo**
già stanco la mattina.

healthy
There's nothing wrong with me;
I'm as healthy as a horse.
sick, ill
take care of oneself
symptom
describe
tired
tire, get tired
Can you describe your symp-
toms to me, please? – Yes,
Doctor. First of all, I tire very
quickly; I'm already tired when I
get up in the morning.

la **malattia**
migliorare
peggiorare
grave
Questa malattia è sì **contagiosa,**
ma non grave.

disease, illness
improve, get better
deteriorate, get worse
serious, grave; dangerous
This disease is contagious, but
not serious.

crọnico, a Devi **stare attento che** la malattia **non diventi** cronica.	chronic You have to be careful that the disease doesn't become chronic.
il **male** Per ora l'Aids è un male inguaribile.	disease, illness; pain Thus far AIDS is an incurable disease.
il **dolore** Questo dolore al braccio **non mi passa** mai.	pain This pain in my arm just won't go away.
far male Ti **fa** ancora **male** la gola?	hurt Does your throat still hurt?
malato, a Giuseppe è **malato di cuore** da cinque anni.	sick, ill Giuseppe has had heart disease for five years.
il, la **paziente**	patient

....

la **febbre** **Hai una febbre da cavallo** e ti vuoi alzare!	fever You have a high fever, and you want to get out of bed?
il **termọmetro** È meglio controllare la temperatura con il termometro.	thermometer It's better to measure temperature with a thermometer.
la **crisi** **Superata la crisi**, il paziente è stato rimandato a casa.	crisis After the crisis was overcome, the patient was sent home.
la **complicazione** **Salvo complicazioni**, Francesca uscirà dall'ospedale fra una **decina di giorni.**	complication Barring complications, Francesca can leave the hospital in about ten days.
acuto, a una malattia acuta	acute an acute illness
svenire ‹svengo›	faint

....

la **digestione**	digestion
digerire ‹digerisco› Non ho digerito bene quello che ho mangiato ieri sera.	digest I had trouble digesting what I ate last night.

....

la **sofferenza**	suffering, pain
soffrire di	suffer from
il **mal di testa** Ho **un** terribile mal di testa.	headache I have a terrible headache.
il **mal di stọmaco**	stomachache
il **mal di pancia**	bellyache

il **mal di denti**	toothache
il **mal di gola**	sore throat
il **mal di mare**	seasickness
il **diabete**	diabetes
Lia **soffre di diabete** da molti anni.	Lia has had diabetes for many years.

dormire	sleep
Se non dormi abbastanza **ti ammali.**	If you don't sleep enough, you'll get sick.
addormentarsi	go to sleep, fall asleep
I bambini non **si addormentano** perché sono troppo nervosi.	The children aren't falling asleep because they're too nervous.
il **sonno**	sleep
il **sogno**	dream
Viaggiare per il mondo è sempre stato il mio sogno.	Traveling throughout the world was always my dream.
sognare	dream
Stanotte ho sognato che **eravamo in partenza per** l'Australia.	Last night I dreamed that we were about to leave for Australia.
russare	snore
La medicina **sta cercando** rimedi **per chi russa. Pare infatti che oltre un fastidio sia anche un pericolo per la salute.**	Medical science is searching for remedies for snoring. Apparently it's not only annoying, but also dangerous to one's health.
lo **stress**	stress
nervoso, a	nervous
isterico, a	hysterical

la **ferita**	wound
Stefania **ha perso molto sangue dalla ferita.**	Stefania's wound bled profusely.
ferire ‹ferisco›	injure
Lo ha ferito ad una gamba, ma **senza volerlo.**	She unintentionally injured his leg.
rompersi	break, get broken
Ho sentito che ti sei rotto la gamba a sciare.	I heard that you broke your leg while skiing.
la **frattura**	break; fracture
Non sono ammalata, ho solo una frattura al braccio.	I'm not ill, I only broke my arm.

il **riconoscimento precoce**	early detection

il **cancro**
cancer

  Sono stata malata di cancro ma
ora sono perfettamente guarita.
  I had cancer, but now I'm completely cured.

il **carcinoma**
carcinoma

cancerogeno, a
carcinogenic

il **tumore**
tumor

maligno, a
malignant

benigno, a
benign

la **nevrosi**
neurosis

  La paura di avere un tumore
maligno gli ha fatto venire una
nevrosi.
  Fear of cancer caused him to
develop a neurosis.

---

il **fastidio**
annoyance; trouble, concern

la **tosse**
cough

  Questa tosse mi dà molto fastidio.
  This cough is very annoying.

tossire ‹tossisco›
cough

  Quel bambino tossisce troppo,
dagli le gocce!
  That child coughs too much;
give him his cough drops.

il **raffreddore**
cold

raffreddarsi
catch cold

raffreddato, a
afflicted with a cold

  Sei troppo raffreddato per fare il
bagno.
  You have too bad a cold to take
a bath.

l'**influenza**
flu, influenza

la **bronchite**
bronchitis

riguardarsi
take care of oneself

  Dopo quella brutta bronchite che
hai avuto, devi riguardarti!
  After that awful bronchitis,
you need to take care of
yourself.

la **polmonite**
pneumonia

  La polmonite lo ha costretto a letto
per un mese.
  Pneumonia confined him to bed
for a month.

---

il **crampo**
cramp

  Stamattina ho avuto un crampo
nella coscia destra.
  This morning I had a cramp in
my right thigh.

l'**infiammazione** f
inflammation

  Hai davvero una brutta infiammazione alla gola.
  You really have a bad inflammation of the throat.

gonfiarsi
swell

  Guarda come ti si sono gonfiate
le gambe, dovresti proprio farti
visitare.
  Look how swollen your legs are;
you really should get a checkup.

sudare
sweat, to

il **sudore**
sweat

l'**Aids** *m*	AIDS
sieropositivo, a	HIV-positive
Ha avuto tanta paura che ha	He was so afraid that he
fatto subito le analisi. **È risultato**	had a test done right away. It
che non è sieropositivo.	turned out that he's not
	HIV-positive.

stare male/bene	be ill/well
Se stai male non puoi andare in	If you're ill, you can't get in the
piscina.	swimming pool.
ammalarsi	become ill
il **disturbo**	trouble; disorder
facilmente	easily
Con questo tempo si hanno	In this weather you can easily
facilmente **disturbi di**	have circulatory problems.
circolazione.	
le **vertigini** *pl*	dizziness
il **polso**	pulse
Non è normale che tu abbia	It's not normal that you feel
sempre le vertigini, **fammi** sentire	dizzy all the time; let me feel
il polso.	your pulse.

la **sanità** *amm*	health
Deve andare all'**ufficio della**	You have to go to the Health
sanità.	Office.
Il **foglio della mutua**	health insurance certificate
Il turista dovrebbe sempre	Tourists should always travel
viaggiare con il foglio	with their international health
internazionale della mutua.	insurance certificate.

l'**allergia**	allergy
la **vaccinazione**	vaccination
inguaribile	incurable
la **terapia**	therapy
efficace	effective
l'**emicrania**	migraine
Non esiste ancora **una medicina**	A more effective medication to
più efficace di questa contro	combat migraine does not yet
l'emicrania.	exist.
stroncare	carry off
La malattia lo ha stroncato in	The disease carried him off in a
poco tempo.	short time.

il **virus**	virus

resistente	resistant
Questa influenza è provocata da un virus molto resistente.	This flu is caused by a very resistant virus.
danneggiare	damage, harm
colpire	hit, strike
le **misure preventive**	preventive measure
prevenire	prevent

l'**handicap** *m*	handicap
Per il suo handicap **gli è stata data** una tessera speciale.	Because of his handicap, he was given a special ID card.
handicappato, a	physically/mentally handicapped
Gli handicappati hanno bisogno di attrezzature adeguate.	The handicapped need suitable facilities.
disabile	disabled
l'**apparecchio acustico**	hearing aid
la **protesi**	prosthesis

la **diarrea**	diarrhea
Michele ha mangiato troppa frutta e **gli è venuta** la diarrea.	Michele ate too much fruit and it caused him to have diarrhea.
vomitare	vomit
la **dieta**	diet
Il dottore mi ha messo a dieta.	The doctor has put me on a diet.
dimagrante	weight-reducing
la **cura dimagrante**	reducing diet

contagioso, a	contagious
il **sistema immunitario**	immune system
le **difese immunitarie**	power of resistance; (the body's) defenses
Non è il caso che tu corra questo rischio, le tue difese immunitarie **sono ridotte a zero!**	You shouldn't take that risk; your body's defenses have been reduced to zero.
disinfettare	disinfect
Quella malattia è contagiosa, è meglio disinfettare tutto.	This disease is contagious; it's better to disinfect everything.
la **micosi**	fungal disease

l'**infarto**	infarct(ion)
Giulio **è stato colpito da** infarto **a** 34 anni.	Giulio suffered a cardiac infarct at the age of 34.
l'**aritmia (cardiaca)**	(cardiac) arrhythmia
il **pacemaker**	pacemaker
il **by-pass**	bypass
la **sclerosi (sclerosi)**	sclerosis

subire ‹subisco›	undergo
Questa è la seconda operazione che subisci, vero?	This is the second operation you have to undergo, isn't it?
l'**appendicite** f	appendicitis
la **paralisi**	paralysis
la **commozione cerebrale**	cerebral concussion
L'infortunio sul lavoro **gli ha causato** una commozione cerebrale.	The accident at work gave him a concussion.

3.2 Medical Care

il **medico**	doctor, physician
la **visita medica**	medical examination
Ti consiglio **di sottoporti** subito **ad** una visita medica!	I advise you to get a medical exam at once!
lo, la **specialista**	specialist
mandare	send
l'**ambulatorio**	consulting room, practice, (doctor's) office
Qual è l'orario di ambulatorio? – L'ambulatorio è aperto tutti i giorni dalle 9 alle 13, **escluso il giovedì**.	What are the office hours? – The practice is open every day but Thursday, from 9 to 1.
curare	treat; cure, heal
Ho curato la mia bronchite in montagna.	I cured my bronchitis in the mountains.
l'**iniezione** f	injection, shot
Sara **deve fare tre iniezioni al giorno.**	Sara needs three injections a day.

l'**ospedale** m	hospital
Qual è l'orario delle visite all'ospedale?	What are the visiting hours at the hospital?
l'**ambulanza**	ambulance
il **pronto soccorso**	first aid; outpatient clinic; emergency room
Scusi, **dov'è** il pronto soccorso?	Excuse me, where is the outpatient clinic?
l'**infermiere**, l'**infermiera**	nurse
il **letto**	bed
l'**operazione** f	operation

la **donazione di organi**	organ donation
trapiantare	transplant

il **trapianto**
Dopo il trapianto di un organo
c'è sempre il **pericolo del
rigetto.**

transplant
After an organ transplant there
is always the danger of rejection.

il **donatore**, la **donatrice**
adatto, a

donor
suitable

il, la **dentista**
la **dentatura**
togliere
Il dente non deve essere tolto,
per fortuna.

dentist
(set of) teeth, dentition
take out; pull
Luckily the tooth didn't have to
be pulled.

la **dentiera**
A Giuliana si è rotta la dentiera
mentre **era in viaggio, capitano
proprio tutte a lei**, non trovi?

false teeth
Giuliana's false teeth broke while
she was on a trip. She really has
bad luck, don't you think?

l'**otturazione**
otturare
la **protesi dentaria**

(dental) filling
fill
(artificial) denture, dental
prosthesis

l'**amalgama**
la **capsula**

amalgam
crown

lo **psicologo**, la **psicologa**
la **psicologia**
lo, la **psichiatra**
depresso, a
Da quando è costretto a **vivere
sulla sedia a rotelle**, Ferdinando
è molto depresso.

psychologist
psychology
psychiatrist
depressed
Since he's been confined to the
wheelchair, Ferdinando has been
very depressed.

pazzo, a
È veramente **diventato pazzo dal
dolore** ed ora è in cura da uno
psichiatra.

crazy, mad, insane
He really went crazy from the
pain and is now being treated by
a psychiatrist.

la **pazzia**
il **neurologo**, la **neurologa**

insanity
neurologist

l'**internista** *m, f*
il **chirurgo**
il, la **pediatra**
Quel pediatra è così gentile e
paziente che i bambini **ci vanno**
molto volentieri.

internist
surgeon
pediatrician
This pediatrician is so nice and
patient that the children like
coming to him.

l'**otorinolaringoiatra** *m, f*
il **radiologo**, la **radiologa**

ear, nose, and throat doctor
radiologist

la **medicina tradizionale**	traditional medicine
alternativo, a	alternative
Nel suo caso **preferirei senz'altro** una cura alternativa.	In his case, I would undoubtedly prefer alternative treatment.
l'**omeopatia**	homeopathy
l'**omeopata** m, f	homeopath

la **farmacia**	pharmacy
Sbrigati, la farmacia chiude alle 20!	Hurry up, the pharmacy closes at 8 P.M.!
il **medicinale**	medication
la **ricetta**	prescription
Senza ricetta **non te lo danno quel medicinale.**	They won't give you the medication without a prescription.
prescrivere	prescribe
Mi dispiace, ma la medicina che Le ha prescritto il medico deve essere ordinata; **venga domani mattina!**	I'm sorry, but the medication the doctor prescribed for you has to be ordered; come back tomorrow morning!
la **medicina**	medicine, medication
la **pastiglia**	tablet, lozenge
la **confezione**	package
Vuole una **confezione da** 10 o da 20 pastiglie?	Would you like a package of 10 or 20 tablets?
le **gocce** pl	drops
il **cerotto**	(adhesive) plaster, bandaid
la **camomilla**	chamomile

la **clinica**	hospital, clinic
ricoverare	take to a hospital
Preferisco essere ricoverata in un'altra clinica.	I'd like to be taken to a different hospital.
il **policlinico**	outpatient clinic
il **servizio di pronto intervento**	emergency service
la **barella**	stretcher
Gli infermieri **arrivarono di corsa** con la barella.	The orderlies rushed up with the stretcher.
la **Croce Rossa**	Red Cross
È passata un'ambulanza della Croce Rossa.	A Red Cross ambulance drove past.
il **reparto**	unit, ward
(il reparto di) rianimazione	intensive care unit
operare	operate
Devo **farmi operare di appendicite.**	I have to have an appendicitis operation.

le **analisi** *pl*	lab tests
l'**urina**	urine
Il medico ha consigliato di fare l'analisi dell'urina.	The doctor advised having a urine test.
la **siringa**	syringe; shot
l'**iniezione** *f*	injection, shot
Quand'ero bambina avevo **terrore delle** iniezioni.	When I was a child I was terrified of shots.
iniettare	inject

il **medico di famiglia**	family doctor
la **diagnosi**	diagnosis
il **criterio**	criterion
la **radiografia**	X-ray examination, radiography
la **risonanza magnetica**	MRI, magnetic resonance imaging
Per avere una diagnosi definitiva bisognerà attendere i risultati della risonanza magnetica.	For a definitive diagnosis, you'll have to wait for the MRI results.
la **tomografia assiale computerizzata (TAC)**	computerized tomography (CT) scan
Per fortuna **dalla TAC è risultato** che non ci sono carcinomi.	Luckily, the CT scan showed that no carcinomas are present.

rivolgersi a	contact
l'**emergenza**	emergency
In caso di emergenza **rivolgersi a ...**	In case of emergency, contact . . .

l'**anoressia**	anorexia
la **bulimia**	bulimia

la **pomata**	salve, ointment
la **supposta**	suppository
Vorrei delle supposte contro il mal di mare.	I would like a suppository for seasickness.
la **fascia**	bandage
Mi fa male il ginocchio, **mi serve** una fascia elastica.	My knee hurts; I need an elastic bandage.
la **fasciatura**	dressing, bandage

la **pressione (del sangue)**	(blood) pressure
l'**apparecchio per misurare la pressione** (lo **sfigmomanometro**)	sphygmomanometer, blood pressure apparatus

il, la **farmacista**	pharmacist
Mi faccio misurare la pressione (del sangue) dal farmacista.	I have my blood pressure measured by the pharmacist.
la **circolazione (del sangue)**	(blood) circulation
dare disturbi	cause problems

il **gene**	gene
la **genetica**	genetics
l'**ingegneria genetica**	gene technology
la **manipolazione genetica**	gene manipulation
transgenico, a	gene-manipulated, transgenic
il **genoma**	genome
il **cromosoma**	chromosome
clonare	clone, to
il **clone**	clone
l'**embrione** m	embryo
mutare	change, modify
immutato, a	unchanged, unmodified

3.3 Drugs, Alcohol, Tobacco

il **veleno**	poison, venom
Il veleno della vipera richiede un intervento immediato.	Viper venom requires immediate intervention.
la **droga**	drug
Lo hanno condannato per spaccio di droga.	He was sentenced for drug dealing.
distribuire ‹distribuisco›	distribute
La droga è come una disgrazia che colpisce tutta la famiglia.	Drugs are like a stroke of fate that affects the entire family
– Bisogna trovare un modo concreto per fermare **quelli che** la **distribuiscono** ai ragazzi.	– A concrete way must be found to lock up those who distribute them to young people.
drogarsi	take drugs
drogato, a	addicted to drugs
tossicodipendente	dependent on drugs
la **tossicodipendenza**	drug dependence
l'**astinenza**	abstinence

l'**alcol**, l'**alcool** m	alcohol
l'**alcolismo**	alcoholism

ubriaco, a	drunk
Erano tutti ubriachi e li hanno cacciati via.	They were all drunk and they got thrown out.
disintossicarsi	go into detox/rehab, undergo treatment for alcoholism/drug addiction

il **tabacco**	tobacco
la **nicotina**	nicotine
la **sigaretta**	cigarette
il **tabaccaio**	tobacconist
Se vai dal tabaccaio, **portami** un pacchetto di sigarette e due **francobolli da 1 euro.**	If you go to the tobacconist, bring me two packs of cigarettes and two 1-euro stamps.
il **sigaro**	cigar
la **pipa**	pipe
Mi piacciono gli uomini che fumano la pipa.	I like men who smoke a pipe.
Di che marca è questo **tabacco da pipa?**	What brand of pipe tobacco is this?
fumare	smoke
il **portacenere**	ashtray
Fatti dare un portacenere.	Have them bring you an ashtray.
la **cenere**	ash
il **fiammifero**	match
l'**accendino**	cigarette lighter

il **tranquillante**	tranquilizer
gli **stupefacenti** *pl*	narcotics, drugs
la **cocaina**	cocaine
La cocaina è uno degli stupefacenti più pericolosi.	Cocaine is one of the dangerous narcotics.
il, la **narcotrafficante**	drug dealer
l'**eroina**	heroin
lo **spinello**	joint
l'**ecstasy**	Ecstasy

l'**abuso di stupefacenti**	drug abuse
il **consumo proprio**	personal consumption
i **sintomi da astinenza**	withdrawal symptoms
Sembra impossibile che nessuno **si sia accorto** che quelli erano sintomi da astinenza!	It seems impossible that nobody noticed that those were withdrawal symptoms.
recidivo, a	recidivist

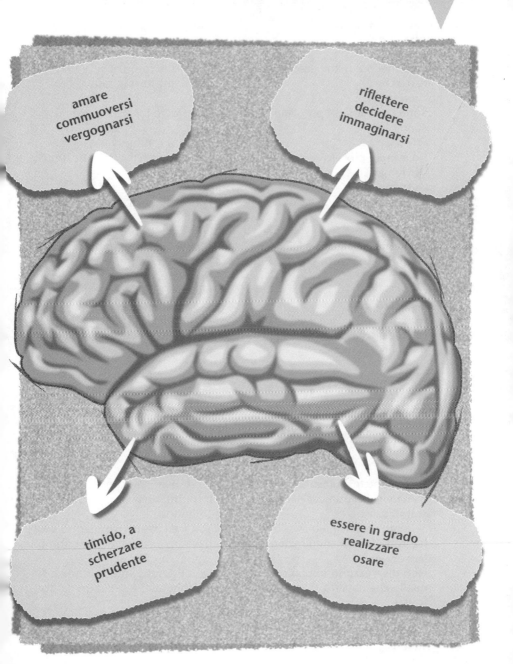

4.1 Feelings

il **sentimento**	feeling, sentiment
l'**amore** m	love
amare	love, like
Amo molto questo paese e voglio restarci.	I like this country very much and want to stay here.
gli **amanti** pl	lovers
Sono stati amanti per alcuni anni.	They were lovers for several years.
l'**affetto**	affection, fondness
Ho sempre provato **tanto affetto** per Angelo.	I've always felt great affection for Angelo.
affettuoso, a	affectionate, fond
Tanti affettuosi saluti a tutta la famiglia.	Fond regards to the entire family.
la **simpatia**	liking, affection, sympathy
Ho **tanta simpatia** per lui perché è sempre sincero con tutti!	I have a great liking for him because he is honest with everyone.
nobile	noble
simpatico, a	charming, nice, agreeable
la **passione**	passion
Ha studiato biologia, ma la sua vera passione è la musica.	He studied biology, but his true passion is music.

l'**apparenza**	appearance
apparire	appear
piacere	please, like
Quei ragazzi non mi piacciono.	I am not pleased with those boys.
ammirare	admire
Da qui potete ammirare un panorama bellissimo.	From here you can admire a beautiful view.
l'**ammirazione** f	admiration
Sei stato veramente bravissimo, **hai tutta la mia ammirazione**.	You were really wonderful; you have my complete admiration.
disprezzare	despise, disdain, scorn
Non disprezzarlo troppo per **quello che** ha fatto, non aveva scelta!	Don't despise him too much for what he did; he had no choice!
odiare	hate
Odio questa confusione.	I hate this confusion.
l'**invidia**	envy

la **sensazione**
Ho la sensazione **che stia per succedere** qualcosa!

feeling, perception
I have the feeling that something is about to happen!

provare

feel

la **nostalgia**
Ho **tanta nostalgia dell'**Italia.

homesickness, nostalgia
I'm so homesick for Italy.

la **voglia**
Ho una **voglia** pazza **di** andare **da Linda** ad Amburgo.

desire, wish; will
I have a mad wish to go see Linda in Hamburg.

la **paura**
I tuoi bambini **non hanno proprio paura di niente.**

fear
Your children really are afraid of nothing.

l'**istinto**
In certi casi **penso che convenga agire d'istinto**, senza pensare troppo.

instinct
I think that in certain cases you have to act on instinct without thinking too much.

commuovere
Quel film mi ha proprio commosso!

move, touch
That film really moved me!

commosso, a

moved, touched

grato, a
Ti sono molto grato per **tutto quello che** hai fatto.

grateful
I'm very grateful to you for everything you've done.

vergognarsi
Perché vi vergognate? Non **ce n'è** motivo!

be ashamed
Why are you ashamed? There's no reason for it!

triste
Perché sei così triste, cosa è successo?

sad
Why are you so sad; what has happened?

il **calore**

warmth; eagerness; ardor

godere
È bello godere il calore della famiglia.

enjoy
It's nice to enjoy the warmth of the family.

appassionato, a

passionate

la **stima**
Con la massima stima

esteem, respect, regard
Sincerely yours (concluding phrase in formal letters)

stimare
Mi fa piacere che **tu stimi** tanto i miei genitori.

esteem, value, regard
I'm glad that you hold my parents in such high regard.

riempire
Il successo di Caterina **ha riempito di orgoglio** tutta la famiglia.
la **gioia**
Che gioia **vederti** qui!
l'**emozione** f
evitare
Il medico ha detto che **bisogna evitargli** emozioni improvvise.
improvviso, a

fill
Catherine's success filled the entire family with pride.
joy, delight
What joy to see you here!
emotion, excitement
avoid
The doctor said he should avoid sudden excitement.
sudden

l'**animo**
Alfonso è sempre stato **di animo buono.**
Non perderti d'animo!
istintivo, a
Il suo è stato un gesto istintivo.

courage; disposition
Alfonso has always had a good disposition.
Keep up your courage!
instinctive
His reaction was an instinctive one.

commuoversi
Chiara è una persona che **si commuove con facilità.**
la **commozione**
la **delusione**
deluso, a
la **confusione**
confuso, a
indifferente
Non capisco perché siate sempre così **indifferenti a tutto.**

be moved, touched
Chiara is someone who is easily moved.
emotion, agitation
disappointment
disappointed
confusion
confused
indifferent
I don't understand why you're always so indifferent to everything.

il **senso**
suscitare
provocare
Queste scene provocano solo un senso di orrore.

sense; feeling
rouse, cause, provoke
provoke, cause
These scenes provoke only a feeling of horror.

antipatico, a
A me Luisa è proprio antipatica.

il **risentimento**
Perché **tutto questo risentimento** nei nostri confronti?

disagreeable, unpleasant
I find Luisa really disagreeable.

resentment
Why all this resentment toward us?

lo **schifo**	disgust, loathing
Quando vedo queste cose provo solo schifo.	When I see such things, I feel only disgust.
l'**orrore** m	horror, dread
l'**odio**	hate, hatred

il **rimorso**	remorse
Il rimorso per **quello che ha fatto non gli ha più dato pace.**	Remorse for what he did has given him no peace.
la **tristezza**	sadness
Che tristezza queste **giornate di pioggia!**	How sad these rainy days are!
la **vergogna**	shame; disgrace
Sarebbe proprio una vergogna se Adele non **venisse** neanche questa volta.	It would really be a disgrace if Adele failed to come this time too.
l'**imbarazzo**	embarrassment
imbarazzante	embarrassing
pentirsi di	regret
Mi sono pentita di averti detto **quelle cose.**	I regretted saying those things to you.
geloso, a	jealous
Alessandro è **geloso di tutti.**	Alessandro is jealous of everyone.
invidiare	envy
Non ho mai invidiato **nessuno.**	I have never envied anyone.

far arrabbiare	annoy, irritate, vex
Smettila di farlo arrabbiare, altrimenti diventa furioso.	Stop annoying him; otherwise he'll be furious.
lo **schiaffo**	slap, smack
arrabbiarsi	be annoyed; be angry
Non arrabbiarti!	Don't be angry!
arrabbiato, a	angry, enraged
furioso, a	furious, enraged
Le assicuro che ero proprio furioso!	I assure you, I was really furious!
temere	fear, be afraid
sfogarsi	let off steam, unburden oneself
Sono tanto arrabbiato che devo assolutamente **sfogarmi.**	I am so furious that I've got to let off steam.
– **Non temere, sfogarsi** fa bene.	Don't worry, it's good to let off steam.

4.2 Thinking, Imagining, Wanting

pensare — think
il **pensiero** — thought
Il pensiero va sempre **a chi è**
lontano. — Our thoughts always turn to
those who are far away.
logico, a — logical
In questo momento non **sono in
grado di pensare in modo
logico.** — At the moment I'm in no position to think logically.
intelligente — intelligent
capire ‹capisco› — understand
afferrare *fam* — grasp, understand

facile — simple, easy
L'italiano è una lingua abbastanza
facile. — Italian is a relatively easy
language.
difficile — difficult, hard
È **molto difficile che** lui **sappia**
queste cose. — It's very hard to imagine that he
knows those things.
complicato, a — complicated
Quando parli con uno straniero
dovresti cercare di **esprimerti in
modo meno complicato.** — When you talk to a foreigner,
you should try to express your-
self in a less complicated way.
formulare — formulate
Cerca di formulare questa frase **in
modo più corretto.** — Try to formulate this sentence
more accurately.
il **problema** — problem
la **soluzione** — solution
Forse posso aiutarti a trovare una
soluzione ai tuoi problemi. — Maybe I can help you find a
solution for your problems.

sapere — know; know how to
volere — want, wish; will
supporre — suppose, assume
**Suppongo che tu sappia quello
che** fai. — I assume that you know what
you're doing.
la **supposizione** — supposition, assumption
l'**idea** — idea
immaginarsi — imagine
Mi immagino già **quello che
succederà** domani. — I can imagine what will happen
tomorrow.
figurarsi — imagine
Figurati tu cosa mi ha risposto! — Imagine what answer he gave
me!

Non mi disturba affatto, si figuri!	It doesn't disturb me at all; what do you take me for!
credere	believe
Non credo che la tua sia una bell'idea.	I don't believe that your idea is a good one.

---

i

believe

Note:

Credo in Dio.	*I believe in God.*
Non gli credo.	*I don't believe him.*
Non credo a questa storia.	*I don't believe that story.*
Eh, lo credo!	*I can believe that!*
Lo credevamo capace di tutto.	*We believed he was capable of anything.*

▼

preoccuparsi | worry, be worried
Mi preoccupo perché Alessandra **non ha mai fatto così tardi**. Non sarà **mica** successo qualcosa? | I'm worried because Alessandra has never been so late. I hope nothing has happened!

▼

il **senso**	sense, meaning
Quello che dici non ha alcun senso.	What you say makes no sense.
ricordarsi di	remember
Vi ricordate dell'ultima sera passata insieme?	Do you remember our last evening together?
il **ricordo**	memory
dimenticare	forget
Non dimenticherò mai i **giorni passati in Italia**.	I'll never forget the days I spent in Italy.
dimenticarsi di	forget; neglect, omit
Non dimenticarti di imbucare la lettera.	Don't forget to mail the letter.
ragionare	argue, discuss, reason; think about
Cerca di ragionare con calma, verdrai che una soluzione si trova.	Try to think about it calmly; you'll see that a solution will be found.
progettare	plan, project, devise
Abbiamo progettato di andare in Italia **in agosto**.	We planned to go to Italy in August.

▼

il **cervello**	brain
la **mente**	mind
evidente	evident, obvious
È evidente che **hai in mente qualcosa, non negarlo**.	Obviously you have something in mind; don't deny it.
comprendere	understand, comprehend

Per quanto mi sforzi di com-prenderlo, proprio **non ci riesco**.	However hard I try to understand him, I just don't succeed.
la **ragione**	reason; right
Perché vuoi sempre avere ragione **a tutti i costi?**	Why must you always be right at any cost?
intellettuale	intellectual
Lei è un tipo intellettuale, lui invece è **tutto il contrario**.	She is the intellectual type; he, however, is the exact opposite.
l'**intelligenza**	intelligence
l'**ignoranza**	ignorance
La sua non è mancanza di intelligenza, è solo ignoranza.	In his case it's not a lack of intelligence, but merely ignorance.
ignorante	ignorant; dumb
primitivo, a	primitive; original

la **facilità**	ease, facility
Mariella impara tutto con grande facilità.	Mariella learns everything with great ease.
la **difficoltà**	difficulty
affrontare	face; defy; attack
Tutti dobbiamo imparare ad affrontare le difficoltà della vita.	We all must face the difficulties of life.
problemątico, a	problematic
Non credo che sia così problematico come dici tu.	I don't believe that it is as problematic as you say.
risǫlvere	solve
Finalmente abbiamo risolto **tutti i** nostri problemi.	Finally we solved all our problems.
la **possibilità**	possibility
preoccupato, a	worried, concerned
Non essere preoccupato per me, va tutto bene!	Don't be concerned about me; everything is fine.

immaginario, a	imaginary
Salvatore soffre sempre di malatie immaginarie.	Salvatore is always suffering from imaginary illnesses.
l'**immaginazione** f	imagination
probabilmente	probably
Probabilmente è **tutto frutto della sua immaginazione**.	Probably everything is the fruit of his imagination.
programmare	plan
Voglio programmare bene **i miei** studi.	I want to plan my studies carefully.
il **programma**	program; platform

Purtroppo **non c'è nessuna** possibilità di cambiare i programmi.	Unfortunately there's no possibility of changing the programs.
pensarci	think over, consider; see to
È meglio che ci pensi bene, **prima di decidere.**	You'd better think it over well before deciding.
Ai biglietti **ci pensa** Giorgio.	Giorgio is seeing to the tickets.
riflęttere	think about, consider, reflect on
Hai riflettuto su quello che ti ho detto?	Have you thought about what I told you?

decįdere	decide
la **decisione**	decision
La sua decisione ha sconvolto **tutti i miei piani.**	His decision has upset all my plans.
definitivo, a	definitive, final
definire	define
sconvǫlgere	upset, overturn
ricordare	remember
Ricordo con piacere il viaggio ad Aquisgrana.	I enjoy remembering the trip to Aachen.
negare	deny
combinare	combine; match; contrive
Le nostre opinioni non combinano molto.	Our opinions are not a very good match.
Che cos'hai combinato?	What have you been up to?

4.3 Character, Behavior

il **carạttere**	character
la **personalità**	personality
Ha dimostrato **fin da bambino di avere una personalità** molto forte.	Even as a child he showed that he has a strong personality.
la **mentalità**	mentality
il **vizio**	vice

allegro, a	cheerful; lively
Beato te che sei sempre allegro!	You lucky fellow, you're always in a good mood!
l'**allegrįa**	mirth, gaiety, hilarity
Passiamo **qualche ora in allegria**!	Let's spend a few hours having fun!

bravo, a
Antonio è veramente una brava persona.
I bambini di Mirella sono molto bravi a scuola.
buono, a
Luigi è **buono come il pane**. *loc*

able; capable; honest
Antonio is really an honest person.
Mirella's children are very able students.
good; kind
Luigi is as good as they come.

Note the *shift in meaning* in the irregular comparison of **buono** and **cattivo**:

buono *good*   **migliore** *better*   **il migliore** *best*

But:
Maria è **più buona** di suo fratello.   *Maria is better behaved than her brother.*

cattivo *bad*   **peggiore** *worse*   **il peggiore** *worst*

But:
Mario è **il più cattivo** di tutta la classe.   *Mario is the naughtiest in the whole class.*

Also differentiate between:

Questo libro è **ottimo**.   *This book is excellent.*
Questa pasta è **buonissima**.   *This pasta is wonderful.*

---

fedele
la **gentilezza**
gentile
Grazie, siete veramente gentili!
coraggioso, a
Sei stato molto coraggioso **a** saltare in acqua.
il **coraggio**

faithful
kindness; courtesy
nice, friendly, kind
Thanks, you're really kind!
courageous, brave
It was very brave of you to jump in the water.
courage, bravery

---

brutto, a
cattivo, a
Se fai così, sei proprio cattivo!
Oggi sono di cattivo umore.
crudele
picchiare
duro, a
avaro, a
Il signor Gallo è un uomo **avaro di parole**.
lo **sgarbo**
Non abbiamo **mai fatto uno** sgarbo **a nessuno**.
vigliacco, a

ugly; bad
bad, wicked, naughty
If you do that, you're really bad!
Today I'm in a bad mood.
cruel, merciless
hit, beat, strike
hard, hard-hearted, harsh
stingy
Mr. Gallo is very stingy with words.
rudeness, incivility
We were never rude to anyone.
cowardly

modesto, a	modest
Non essere sempre così modesta!	Don't always be so modest!
onesto, a	honest, honorable, decent
l'**onore** m	honor
prudente	cautious, prudent, careful
sensibile	sensitive
Fai attenzione a come parli con Carla, è molto sensibile.	Be careful when you talk to Carla; she's very sensitive.
sincero, a	sincere, upright, honest
Ti prego di essere sincero con me!	Please be honest with me!
timido, a	shy, timid
Maria è la più timida della famiglia.	Maria is the shiest in the entire family.
curioso, a	curious
la **curiosità**	curiosity

calmo, a	calm, quiet
rimanere	stay, remain
Come fai a rimanere sempre così calmo?	How do you manage to stay so calm all the time?
la **tranquillità**	calm, tranquility
tranquillo, a	calm, tranquil, peaceful
Abbiamo passato una giornata molto tranquilla.	We spent a very peaceful day.
succedere	happen
Ti prego di stare tranquillo, **non** è successo niente.	Please be calm, nothing has happened.
in atto	in the act

ridere	laugh
lo **scherzo**	joke, jest; trick
Caterina mi ha fatto proprio un **bruttissimo** scherzo.	Caterina really played a nasty joke on me.
scherzare	joke
Perché dovrei pagare tanto? Tu **stai scherzando**, spero!	Why should I pay so much? I hope you're joking!
comico, a	comical, funny
ironico, a	ironic
Non è **necessario che siate** così ironici.	You don't need to be so ironic.

l'**abitudine** f	habit
Rosa ha l'abitudine di parlare troppo.	Rosa has a habit of talking too much.

abituato, a
Non sei più **abituato a tanto lavoro, ecco perché** sei stanco.

used, accustomed
You're not used to so much work anymore, that's why you're tired.

abituarsi a
Ci siamo abituati molto presto a questo lavoro.

get used to
We got used to this work very quickly.

l'**attenzione** f
Fate attenzione ai bambini!
Ho seguito la conferenza con la massima attenzione.

attention, heed, care
Watch out for the children!
I followed the conference with the greatest attention.

la **fiducia**
Ho molta **fiducia in** te.

trust
I have great trust in you.

fidarsi
Marco **non si fida di nessuno.**

trust
Mario trusts no one.

l'**intenzione** f
Non ho **intenzione di** rispondere a questa domanda.

intention
I have no intention of answering that question.

l'**interesse** m
interessarsi
Laura **si interessa** molto **di** politica.

interest
be interested
Laura is very interested in politics.

la **pazienza**
Mi dispiace, ma ho proprio perso la pazienza.

patience
Sorry, but I've completely lost patience.

la **prudenza**
La prudenza non è mai troppa! loc

caution, prudence
A little caution never hurts.

---

forte
Sii forte!

strong
You have to be strong.

obbligato, a
Stando così le cose, sono obbligata a darti ragione.

obligated
As matters stand, I have to agree with you.

occupato, a
Può telefonare più tardi? Il dottore è occupato in questo momento.
Scusi, questo posto è già occupato?

occupied; busy
Can you call later? The doctor is busy right now.
Excuse me, is this seat already occupied?

---

ordinato, a
Cerca di essere un po' più ordinato!

orderly, neat

Try to be a little neater!

disordinato, a
pigro, a

disorderly, messy
lazy

Su, non essere pigro, andiamo a fare una passeggiata!

Come on, don't be so lazy, let's take a walk!

diligente

diligent

puntuale

punctual

Possibile che tu non sia mai puntuale?

Can't you ever be on time?

sgarbato, a

rude, impolite

Perché sei sempre così sgarbato?

Why are you always so rude?

Non mi piace questo tuo **modo di fare.**

I don't like the way you act.

---

il **comportamento**

behavior, conduct

Il vostro comportamento è stato perfetto.

Your conduct was perfect.

comportarsi

behave, conduct oneself

Non capisco perché tu ti comporti così.

I don't understand why you behave that way.

reagire ‹reagisco›

react

Maurizio **reagisce** male **a** queste cose.

Maurizio always reacts badly to such things.

la **reazione**

reaction

sorprendere

surprise

La tua reazione alle sue parole mi ha sorpreso.

Your reaction to his words surprised me.

l'**improvvisata**

surprise

Che bella improvvisata ci avete fatto con il vostro arrivo!

What a wonderful surprise your arrival was for us!

immediato, a

immediate; direct

impazzire ‹impazzisco›

go mad, become insane

Riccardo è quasi impazzito **dal** dolore.

Riccardo went mad from pain.

apposta

intentionally

Ti prego di scusarmi, non l'ho fatto apposta.

Please excuse me, I didn't do it intentionally.

---

la **forza**

strength, force, power

la **volontà**

will

l'**iniziative**

initiative

È ora di prendere l'iniziativa.

It's time to take the initiative.

la **prova**

proof, trial, test

Mettimi pure alla prova, se non **credi che** lo **sappia** fare.

Let's put it to the test if you don't believe I can do it.

---

attivo, a

active

Giorgio è stato sempre molto attivo.	Giorgio has always been very active.
deciso, a	decisive, determined
Mi piace che **tu sia** così deciso.	I'm glad you're so determined.
enęrgico, a	energetic
Non tutti sanno essere energici.	Not everyone can be energetic.

rispettare	respect
Rispettiamo la natura!	Let's respect nature!
rifiutare	refuse
Perché hai rifiutato il suo aiuto?	Why have you refused his help?
sbagliarsi	err, make a mistake

il **temperamento**	temperament
affascinante	fascinating
il **fąscino**	fascination
dolce	gentle, sweet
Federico è un bambino molto dolce.	Federico is a very sweet child.
romąntico, a	romantic
Non è male essere romantici **al giorno d'oggi.**	These days it does no harm to be romantic.
fine	fine
generoso, a	generous
la **sincerit**à	sincerity, honesty
Trovo che in un rapporto a due la sincerità **sia fondamentale.**	I think sincerity is fundamental in a relationship between two people.

astuto, a	astute; crafty, wily
furbo, a	cunning, sly, subtle
Non siete certo stati furbi a fare così!	You weren't especially subtle when you did that!
la **furbizia**	cunning, slyness
cįnico, a	cynical
Non siate così cinici!	Don't be so cynical.
egoista	egotistical, selfish
Ma guarda che egoisti **quei due** ragazzi!	It's outrageous how egotistical those two boys are!
l'**egoista** m, f	egotist
l'**individualista** m, f	individualist

falso, a	false; disloyal; tricky
È una donna troppo falsa **per i miei gusti.**	This woman is too false for my taste.
mentire a	lie to
la **bugia**	lie
Ti prego di non dire più bugie.	Please stop telling lies.
volgare	vulgar
Non parlare così, diventi volgare!	Don't talk that way; you're becoming vulgar.

vivace	vivacious, lively
Angelo ha un temperamento assai vivace.	Angelo has quite a lively temperament.
chiuso, a	reserved; closed, locked
È difficile **capirlo** perché è molto chiuso.	It's hard to understand him because he's very reserved.
distaccato, a	reserved; cool
orgoglioso, a	proud
Sono troppo orgogliosi **per fare certe cose.**	They're too proud to do certain things.
pauroso, a	fearful
pignolo, a	fussy; pedantic, petty
Non essere sempre così pignolo **nelle** tue scelte!	Don't always be so fussy in your decisions!

matto, a	mad, deranged; rash
Giulio è proprio matto.	Giulio is really deranged.
folle	insane, mad, crazy
Il suo è stato un gesto folle.	He committed an insane act.
la **follia**	insanity, madness
Ti ama alla follia.	She loves you to the point of insanity.

introverso, a	introverted
estroverso, a	extroverted
ottimista	optimistic
pessimista	pessimistic
svogliato, a	languid, listless
ambizioso, a	ambitious

aperto, a	open, frank
Mi piacciono le persone aperte.	I like frank people.
attento, a	attentive; careful
Stai attento a quello che ti dico!	Pay attention to what I'm telling you!
Attento alle macchine!	Watch out for the cars!
spiritoso, a	witty, humorous
Non fare tanto lo spiritoso e **non essere** cretino, per favore!	Don't be so silly and stop being so idiotic, please!

paziente
Cerca di essere un po' più paziente
coi bambini.
prudente
Non ti preoccupare, saremo
prudenti!
tollerante
Cercate di essere un po' più
tolleranti con lui!

patient
Try to be a little more patient
with the children.
careful, prudent
Don't worry, we'll be careful.

tolerant
Try to be a little more tolerant
with him!

freddo a
È difficile **essergli amico**, è troppo
freddo.
indeciso, a
Perché sei sempre così indeciso?

inquieto, a
ingenuo, a
Ma come sei ingenua!
cretino, a
villano, a
Questo tipo è stato molto villano
con voi.

cold, distant, reserved
It's hard to be friends with him;
he's too distant.
indecisive
Why are you always so
indecisive?
restless
naïve
Are you naïve?
stupid, idiotic
rude, boorish
That guy was extremely rude to
you.

intendere
Non intendo **parlare** più **di**
quest'argomento.
insistere
chiudersi
Appena parliamo di queste cose,
ti chiudi subito.

rifiutarsi
Mi rifiuto di **continuare ad**
ascoltarti.
il **rifiuto**
Non capisco il suo rifiuto.

intend
I don't intend to talk about that
subject anymore.
insist
withdraw into oneself
As soon as we talk about those
things, you withdraw into yourself at once.
refuse
I refuse to continue listening to
you.
refusal
I don't understand his refusal.

l'**agio**
Come dovrei comportarmi se non
mi sento a mio agio!
l'**umore** m
la **calma**
Vedrai che con calma riuscirai a
fare tutto.

ease, comfort; leisure
How should I behave when I
don't feel at ease!
humor, mood, temper
calm, tranquility
You'll see that you'll succeed in
doing everything if you're
calm.

capitare	happen
Da quando l'abbiamo incontrato **ce ne capitano di tutti i colori.**	Since we met him, everything imaginable has happened to us.
il **pregiudizio**	prejudice
Io non ho pregiudizi **nei suoi** confronti.	I have no prejudices against him.
l'**intuito**	intuition
Se avessi seguito il mio intuito **non avrei fatto** così.	If I had followed my intuition, I would have behaved differently.
esitare	hesitate
sospirare	sigh, to
il **sospiro**	sigh
il **sollievo**	relief
Alla fine **ho tirato un sospiro di sollievo.**	At the end I gave a sigh of relief.
impulsivo, a	impulsive
La tua reazione è stata troppo impulsiva.	Your reaction was too impulsive.
spontaneo, a	spontaneous
Credo di essere stata troppo spontanea.	I believe I was too spontaneous.
irritare	irritate, annoy
il **torto**	wrong, fault, blame
Il suo **modo di fare** mi ha irritato molto. – Sì, ma il torto è stato suo perché voleva aver ragione **a tutti i costi.**	His manner of acting irritated me greatly. – Yes, but the fault was his, because he wanted to be right at any cost.
la **lotta**	struggle, fight
lottare	fight
Stiamo lottando per le nostre idee.	We're fighting for our ideas.
incitare	incite, urge, instigate
Bisogna incitarlo a lavorare di più, se va avanti così **non combinerà mai niente.**	He has to be urged to work more; if he keeps on this way he'll never get ahead.
costringere	force, compel, oblige
Non mi costringere a usare la forza, **non ti conviene!**	You'd better not compel me to use force.
alienarsi	become alienated, become estranged
alieno da	adverse
alienante	alienating
Cercati un lavoro che sia meno alienante.	Look for a job that is less alienating.

piangere Il bambino ha pianto **tutta la notte.**	cry, weep The baby cried all night.
la **lacrima** Ma quante lacrime **per così poco!**	tear How many tears over such a small thing!
la **malinconia** Quando sento queste storie **mi viene** sempre **adddosso** una malinconia terribile.	melancholy Whenever I hear these stories I am always overcome by a great melancholy.
la **mania** **Mi raccomando, non farti venire** anche tu questa mania.	mania Please, don't you start with this mania also.
tremare Quando sono andato all'ospedale **tremavo** letteralmente **dalla paura.**	tremble When I went into the hospital I was literally trembling with fear.

provare Prova a vedere le cose senza pregiudizi.	try Try to see things without prejudice.
cedere la **circostanza** **Date le circostanze, penso che sia** meglio cedere.	give in circumstance Under the circumstances I think it's better to give in.
sbrigarsi **Sbrighiamoci,** altrimenti arriviamo tardi.	hurry Let's hurry, otherwise we'll come too late.

sorridere Marcella mi è simpatica perché sorride sempre.	smile, to I find Marcella pleasant because she's always smiling.
il **sorriso**	smile
vantarsi	boast, brag, show off

---

i The *unstressed Italian adverb* generally follows the conjugated verb; example:
Giuliano **si vanta sempre** di tutto quello che fa. / *Giuliano always shows off in everything he does.*

4.4 Abilities, Activities

tentare	try, to; attempt, to
il **tentativo**	try, attempt

try

tentare di/cercare di/provare a	*try, test*
Alcuni ragazzi **hanno tentato di** entrare senza pagare.	*Some boys tried to get in without paying.*
Ho cercato di aprire la scatola. / **Ho provato ad** aprire la scatola.	*I tried to open the can.*
provarci	*try it*
Noi non ci siamo riusciti, **provateci voi!**	*We didn't succeed; you try it!*
assaggiare qc	*taste, try (the taste of)*
Devi assaggiare questa torta, è fantastica.	*You must try this cake; it's fantastic.*
tentare qu	*tempt*
essere tentato di	*be tempted*
la tentazione	*temptation*

capace di
  Sei capace di tradurre questa lingua?

capable, able
  Can you translate this language?

competente
  Il dott. Rossi è veramente competente **nel suo campo.**
  Mi dispiace, ma quest'ufficio non è competente.

competent; responsible
  Dr. Rossi is really competent in his field.
  Sorry, but this office is not responsible.

essere in grado di
  Non sono più **in grado di guidare,** sono troppo stanca.

be in a position, be able
  I can't drive anymore, I'm too tired.

adoperare
  Come si adopera questa machina?

use, employ; operate
  How do you operate this machine?

---

inventare
  Ti prego di non inventare storie, voglio sentire la verità.

invent
  Please don't invent any stories; I want to hear the truth.

creare
  Con pochissimi oggetti ha creato un'atmosfera stupenda nella sua casa.

create
  With a very few things he has created a wonderful atmosphere in his house.

controllare
  Prima di partire controlleremo tutto.

control, check
  We'll check everything before leaving.

compiere
  Abbiamo compiuto tutti **il nostro dovere.**

accomplish, fulfill
  We've all done our duty.

modificare — change, alter, modify

dimostrare — demonstrate
Salvatore ha dimostrato molta forza. — Salvatore has demonstrated great strength.

organizzare — organize
Se vuoi ti organizzo io una bella gita. — If you want, I'll organize a nice outing for you.

concentrarsi — concentrate
la **concentrazione** — concentration

---

perfetto, a — perfect
la **perfezione** — perfection
il **piano** — plan
Il piano è stato progettato **alla perfezione.** — The plan was perfectly devised.

il **progetto** — project
pratico, a — practical, experienced
essere pratico di — know one's way around
Siete pratici della città? — Do you know your way around town?

realizzare — carry out; fetch, realize
Vorrei **realizzare questo progetto quanto prima possibile.** — I'd like to carry out this project as quickly as possible.
Quanto avete **realizzato con la vendita** della casa? — How much did you realize from the sale of the house?

riuscire a ‹riesco› — succeed
Sei sicuro che **non ci riesci?** — Are you sure that you won't succeed?

abile — able, capable
la **capacità** — skill, ability
È un uomo **di grandi capacità.** — He is a man of great abilities.
fallire ‹fallisco› — fail, be unsuccessful
il **disastro** — disaster
I suoi piani **non** falliscono **mai.** — His plans never fail.
– I tuoi piani invece sono sempre un disastro. — – Your plans, however, are always a disaster.

agire ‹agisco› — act, behave; work
Sei sicuro che questo prodotto **agisca?** — Are you sure that this product works?
Non credo che tu **abbia** agito bene in questo caso. — I don't think you acted correctly in this case.
applicare — apply
Se **applichi la regola giusta** non puoi sbagliare. — If you apply the right rule, you can't go wrong.

completare
Non ho la concentrazione necessaria per completare questo esercizio.

complete, finish
I lack the necessary concentration to complete this exercise.

il **controllo**
Abbiamo tutto sotto controllo.

control
We have everything under control.

impadronirsi di ‹m'impadronisco›
Si è impadronito della materia in pochissimo tempo.

appropriate; master
He mastered the material in a very short time.

maneggiare
Maneggia questi apparecchi con attenzione, sono molto delicati.

handle; deal with
Handle these devices carefully; they are very sensitive.

---

intraprendere
Marcello ha intrapreso una carriera molto difficile.

undertake; begin
Marcello has undertaken a very difficult career.

l'**organizzatore**, l'**organizzatrice**

organizer

---

osare

dare

dire
Come osi dire queste cose?
– Lo dico perché queste cose non dipendono da me.

say; tell
How dare you say such things? –
I say them because these things don't depend on me.

provvedere a
Alfredo ha detto che **provvederà lui a** tutto.

take care of, see to
Alfredo said he would take care of everything.

il **provvedimento**
È assolutamente necessario prendere dei provvedimenti prima che sia troppo tardi.

measure, provision; steps
Steps must be taken before it's too late.

motivare
Il tuo consiglio lo ha motivato.

motivate
Your advice has motivated him.

---

l'**invenzione** f
Che bella invenzione il computer!

invention
What a fine invention the computer is!

improvvisare
I ragazzi **hanno improvvisato una festa** per il compleanno di Giulia.

improvise
The children improvised a party for Giulia's birthday.

improvvisarsi
Ho dovuto **improvvisarmi cantante** per i miei nipoti.

try (one's skill at)
For my nephews' sake I had to try singing.

False Friends

Italian Word	Thematic Meaning(s)	False Friend	Italian Equivalent(s)
ridere	laugh	ride	cavalcare, montare
fallire	fail	fall	cadere, cascare
matto	crazy, mad	matte	flacco; opaco, spento
succedere	happen	succeed	succedere (a); avere successo, riuscire

5.1 Eating and Drinking

la **fame**	hunger
mangiare	eat
Vi posso offrire **qualcosa da mangiare?**	Can I offer you something to eat?
il **pane**	bread
Ora è possibile comprare il **pane nero** anche in Italia.	Now it's possible to buy black bread in Italy too.
la **pasta**	pasta; noodles
Che tipo di pasta **vi piace di più?**	What kind of pasta do you like best?
la **farina**	flour

la **sete**	thirst
Non ho né fame né sete.	I'm neither hungry nor thirsty.
bere	drink
l'**acqua (minerale)**	(mineral) water
Che cosa hai bevuto ieri sera?	What did you drink last night?
– **Niente di speciale**, solo dell'**acqua** minerale.	– Nothing special, just mineral water.
il **latte**	milk
la **limonata**	lemonade; soda pop

la **carne**	meat
la **cotoletta**	cutlet, chop
li **pesce**	fish
Oggi rinunciamo alla carne e mangiamo un po' di pesce.	Today we'll give up meat and eat a little fish.
Fai attenzione che il pesce **sia** fresco e non surgelato.	Make sure that the fish is fresh and not frozen.
il **tonno**	tuna
Con il tonno e le sardine si può fare un ottimo sugo.	An excellent sauce can be made with tuna and sardines.
il **formaggio**	cheese
Il parmigiano è il formaggio italiano più famoso.	Parmesan is the best-known Italian cheese.
le **conserve** *pl*	canned goods
il **consumo**	consumption, usage
consumare	consume, use
Gli italiani consumano **meno** conserve **dei** tedeschi.	Italians use fewer canned goods than Germans.

la **verdura**	vegetables
trovare	find; get
In Italia si trovano tantissimi tipi di verdura.	In Italy one finds a great many types of vegetables.
l'**insalata**	salad
la **frutta**	fruit
Conviene sempre comprare la frutta di stagione.	It's advisable to buy fruits in season.
il **vegetariano**, la **vegetariana**	vegetarian (n.)
vegetariano, a	vegetarian (adj.)

il **panino**	roll
il **cornetto**	croissant
il **salame**	salami
Anna vuole solo un **panino con il salame**.	Anna wants only a roll with salami.
la **salsiccia**	(pork) sausages
il **prosciutto**	prosciutto (cured ham)
cotto, a	baked; done, cooked
crudo, a	raw, uncooked
Ho proprio voglia di un bel piatto di prosciutto con fichi. – Va bene, ma in casa ho solo quello cotto.	I really would like a nice plate of prosciutto with figs. – Fine, but all I have in the house is baked ham.
la **fetta**	slice
l'**uovo**	egg
Le uova sode sono pesanti.	Hard-boiled eggs are hard to digest.

---

i **Change of Gender**

A number of nouns that are *masculine* in the *singular* and end in **o** form a *feminine plural* ending in **a**:

l'uov**o**	*the egg*	le uov**a**	*the eggs*
un pai**o** di forbici	*a pair of scissors*	due pai**a** di forbici	*two pairs of scissors*
un pai**o** di pantaloni	*a pair of pants*	due pai**a** di pantaloni	*two pairs of pants*

For some of these words, there also exists a regular masculine plural form with a *different meaning*. Examples:

il braccio	le braccia	*(human) arms*
	i bracci	*arms, wings (of building); flight (of steps)*
il corno	le corna	*horns, antlers*
	i corni	*hunting-horns*

l'**oliva**
Comprami **un etto di** olive, per favore.

olive
Please buy me 100 grams of olives.

il **peperone**
Che peperoni desidera, signora? **Quelli rossi, quelli** verdi o **quelli** gialli?

pepper
What kind of peppers do you want, madam? Red, green, or yellow?

gli **spinaci** *pl*
Gli spinaci freschi **si comprano** al mercato.

spinach
Fresh spinach is bought at the market.

i **piselli** *pl*

peas

i **fagioli** *pl*

broad beans

i **crauti**

sauerkraut

i **surgelati** *pl*
Il consumo dei surgelati si è diffuso anche da noi.

frozen foods
The use of frozen foods has spread in our country too.

surgelato, a

frozen

il **barạttolo**

can

l'**apriscạtole** *m*

can opener

la **pera**

pear

la **mela**

apple

la **pesca**

peach

l'**arancia**

orange

l'**albicocca**

apricot

la **ciliegia**

cherry

la **macedonia (di frutta)**
per la macedonia **ci vogliono mezzo chilo di** albicocche, **due etti e mezzo di** ciliegie, **sette etti e mezzo di** pesche e qualche arancia.

fruit salad
For fruit salad you need a pound of apricots, half a pound of cherries, one and one-half pounds of peaches, and a couple of oranges.

il **fico**
Compra tu i fichi, **io penso al** prosciutto.

fig
You buy the figs, I'll take care of the prosciutto.

il **cocọmero**
In Italia si può comprare il cocomero **a fette** per strada.

watermelon
In Italy watermelon can be bought by the slice on the street.

il **melone**

melon

il **dolce**
Il panettone è il classico dolce di Natale.

cake; sweet
Panettone is the traditional Christmas sweet bread.

la **torta**

tart, pie, cake, pastry

la **panna**

cream

il **biscotto**	cookie
Questi biscotti **sono di produzione** propria.	These cookies were made in our own bakery.
il **caffè**	coffee
il **tè**	tea
la **menta**	mint; peppermint
tiepido, a	lukewarm, tepid
Ma questo caffè è tiepido, io lo **voglio** caldo!	This coffee is lukewarm; I would like it hot!
freddo, a	cold
caldo, a	warm; hot
il **vino**	wine
Ho già ordinato **un quarto di** vino rosso.	I've already ordered a quarter-liter of red wine.
secco, a	dry
il **cavatappi**	corkscrew
la **birra (alla spina)**	beer (*on draft*)
Una buona birra alla spina è **quello che ci vuole con** la pizza. – Sì, ma ci sediamo a un tavolino.	A good draft beer is just the right thing with pizza. – Yes, but let's sit down at a table.
l'**apribottiglie** *m*	bottle opener
Fatti dare un apribottiglie al bar.	Have them give you a bottle opener at the bar.
lo **spumante**	sparkling wine
Questo spumante è secco come piace a me.	This dry sparkling wine is just what I like.
frizzante	sparkling
il **brindisi**	toast
Facciamo un brindisi alla salute di Wanda!	Let's drink a toast to Wanda's health!
cin cin	Here's to you!
il **cibo**	nourishment; food; dish
Non **tocco cibo** da tre giorni.	I haven't touched food in three days.
gli **alimentari** *pl*	foods, groceries
Nella seconda strada a destra **c'è** un buon **negozio di** alimentari.	There's a good grocery store on the second street to the right.
i **generi alimentari** *pl*	foodstuffs, eatables
l'**alimentazione** *f*	nutrition, feeding
indispensabile	indispensable, essential
Per **mantenersi in** buona salute è indispensabile mangiare frutta e verdura.	To stay in good health, it is essential to eat fruits and vegetables.

la **birreria**	brewery
la **bibita**	(nonalcoholic) beverage; soft
la **bevanda**	drink
l'**alcol**, l'**alcool** *m*	beverage, drink
analcolico, a	nonalcoholic, alcohol-free
ghiacciato, a	ice-cold
Vorrei che le bevande **non** fossero ghiacciate.	I would prefer that the drinks not be ice-cold.
la **cioccolata**	chocolate
Vuoi una bibita? – No, mi faccio una cioccolata calda.	Would you like a soft drink? – No, I'll make myself a hot chocolate.
potabile	potable, drinkable
economico, a	economical; frugal, thrifty
Fare la spesa al supermercato è più economico, ma io non ci vado spesso perché è troppo lontano da casa.	Shopping in the supermarket is more economical, but I don't often go there because it's too far from my house.
caro, a	expensive
i **cereali** *pl*	grains, cereals
nutrire	nourish, feed
nutriente	nutritious
leggero, a	light, easy to digest
I cereali sono molto nutrienti e allo stesso tempo leggeri.	
pesante	

---

i **Easy or Hard, Light or Heavy?**

Distinguish between:

leggero ≠ **pesante**	**facile** ≠ **difficile**
La borsa è **leggera**.	*The purse is light.*
Il baule è **pesante**.	*The trunk is heavy.*
abiti **leggeri**	*light (articles of) clothing*
abiti **pesanti**	*warm (articles of) clothing*
Ieri abbiamo mangiato **leggero**.	*Yesterday we ate lightly.*
un piatto molto **pesante**	*a hard-to-digest dish*
Il compito è **facile**.	*The homework is easy.*
Il compito è **difficile**.	*The homework is hard.*
È **facile** che lui venga.	*It's likely that he will come.*
È **difficile** che lui venga.	*It's unlikely that he will come.*

---

sodo, a	hard-boiled
alla coque	soft-boiled

il **burro**	butter
la **margarina**	margarine
i **salumi** *pl*	sausages
Al Sud si fanno salumi molto piccanti.	In the South they make very spicy sausages.

| la **salumeria** | delicatessen shop |
| Potresti andare in salumeria? **Mi servono** delle salsicce per stasera. | Could you go to the delicatessen shop? I need sausages for this evening. |

---

macelleria – salumeria

While only **carne** and **salsiccia** are sold in the traditional Italian **macelleria**, in a **salumeria** one sometimes will find ready-to-serve **antipasti**, along with sausages, cheese, eggs, pasta, canned goods of all kinds, and delicatessen items.

---

il **macellaio**, la **macellaia**	butcher
la **carne di manzo**	beef
Il macellaio ha assicurato che questa **carne di manzo** è **tenerissima**.	The butcher assured us that this beef is very tender.
Vorrei **mezzo chilo di** (carne di) manzo per **fare il bollito**.	I would like a pound of beef for boiling.
la **scaloppina**	scallop (of veal or pork)
tenero, a	tender
duro, a	tough; hard
la **carne di maiale**	pork
La **carne di maiale** è molto più cara in Italia che in Germania.	Pork is much more expensive in Italy than in Germany.
la **carne di vitello**	veal
il **pollo**	chicken
Come cuciniamo il pollo? – **Facciamolo** arrosto.	How should we cook the chicken? – Let's roast it.

il **fornaio**, la **fornaia**	baker
Se passi dal fornaio **non dimenticare** i panini!	When you pass the baker's, don't forget the rolls!
la **panetteria**	bakery
la **pasticceria**	pastry shop, confectioner's shop
la **pasta**	piece of pastry, cake
Cristina, **fai un salto in** pasticceria e compra qualche pasta per stasera, per favore.	Cristina, run to the pastry shop and buy some cakes for this evening, please.
il **cioccolatino**	(piece of) chocolate

la **scatola** **Che bontà** questi cioccolatini al liquore! – **Ne voglio comprare** una scatola anch'io.	box; can These liqueur-filled chocolates are wonderful! – I want to buy myself a box as well.
gli **agrumi** *pl* il **mandarino** Ti piacciono le mele o vuoi **piuttosto** un mandarino? la **clementina** la **limetta** **maturo, a** la **fragola** il **budino** Vuoi assaggiare il mio **budino alle fragole?**	citrus fruits mandarin (orange), tangerine Do you like apples, or would you prefer a tangerine? clementine lime ripe strawberry pudding Would you like to try my strawberry pudding?
il **liquore** il **tappo** Dov'è il tappo della bottiglia di liquore? la **grappa** Qui si beve spesso una grappa dopo mangiato.	spirits, liquor; liqueur cork Where is the cork for the liqueur bottle? grappa (grape brandy) Here grappa is frequently drunk after a meal.

5.2 Cooking and Dishes

la **cucina** La cucina italiana è leggera e ricca di sapori. **cucinare** **bollire**	kitchen; cuisine Italian cuisine is easy to digest and flavorful. cook, to cook, boil

---

i   **cook**

Distinguish between:

cucinare	*(know how to) cook*
Mia madre cucina molto bene.	*My mother cooks very well.*
bollire	*cook, boil (intransitive)*
far bollire	*bring to a boil*
Prima di buttare la pasta devi far bollire l'acqua.	*You have to bring the water to a boil before putting in the pasta.*
cuocere	*cook (by every method) (intransitive)*
far cuocere	*cook (by every method) (transitive)*

---

preparare — prepare, make, fix
Quando preparo le patate al forno **ci metto** sempre due spicchi d'aglio e un po' di rosmarino. — When I make fried potatoes, I always use two garlic cloves and a little rosemary.
condire ‹condisco› — season, dress
il **sugo** — sauce; juice
la **salsa** — sauce
Come condisci la pasta? **In bianco** o con la salsa di pomodoro? — What do you put on the pasta? Butter and cheese, or tomato sauce?

la **patata** — potato
il **purè** — puree, mashed potatoes
le **tagliatelle** *pl* — *tagliatelle*, broad noodles
il **riso** — rice
Per il risotto ci vuole un riso speciale. — For *risotto*, one needs a special kind of rice.

l'**aglio** — garlic
la **cipolla** — onion
il **pomodoro** — tomato
la **carota** — carrot
Puoi aggiungere le carote tagliate fine. — You can add the thinly sliced carrots.
la **barbabietola** — beet
pelare — peel
Hai finito di pelare le patate? — Have you finished peeling the potatoes?

il **cavolo** — cabbage
pulire ‹pulisco› — clean
Aspetta un attimo, devo prima pulire il cavolo. — Wait a minute, I have to clean the cabbage first.
la **zucchina**, lo **zucchino** — zucchini
occorrere — be necessary
Occorrono almeno dieci zucchini non troppo piccoli. — At least ten zucchini, not too small, are needed.
la **melanzana** — eggplant
ripieno, a — stuffed, filled

il **sale** — salt
Per condire l'insalata bastano sale, pepe, olio e aceto. — It's enough to dress the salad with salt, pepper, oil, and vinegar.
il **pepe** — pepper
l'**aceto** — vinegar
l'**olio** — oil
la **noce moscata** — nutmeg

il **limone**	lemon
piccante	spicy, sharp
salato, a	salted; salty, too salty

il **cuoco**, la **cuoca**	cook
Tonino e Rodolfo sono cuochi **pieni di** fantasia.	Tonino and Rodolfo are very imaginative cooks.
cuocere	cook (by every method)
Hai cotto la carne **troppo a lungo**, è diventata durissima.	You cooked the meat too long; it's terribly tough.
la **pentola**	pot
il **coperchio**	lid
macinare	grind, put through the grinder
Non potresti almeno macinare la carne?	Couldn't you at least put the meat through the grinder?
assaggiare	taste
Ti conviene assaggiare prima di aggiungere **altro sale**.	You should taste first, before adding more salt.
mescolare	stir; mix
aggiungere	add
bruciarsi	burn, get burned
Devi mescolare bene, altrimenti il purè **si brucia**.	You have to stir well, otherwise the puree will burn.
stufare	stew

il **prezzemolo**	parsley
Metti **un po' di** prezzemolo, **un po' di** aglio e una cipolla nella pentola!	Put a little parsley, garlic, and an onion in the pot!
il **sedano**	celery
il **cetriolo**	cucumber
la **prugna**	plum
la **salvia**	sage
Facciamo le tagliatelle con burro e salvia.	We make *tagliatelle* with butter and sage.
il **finocchio**	fennel
la **senape**	mustard
l'**aroma** m	aroma; seasoning
il **rosmarino**	rosemary
l'**ingrediente** m	ingredient
È una ricetta **complicatissima, ci vogliono un sacco di** ingredienti.	The recipe is very complicated, and you need a lot of ingredients!

la **sardina**	sardine
la **trota**	trout
lesso, a	boiled

Cuciniamo la trota lessa?	Shall we poach the trout?
la **sogliola**	sole
fritto, a	fried
la **griglia**	grill
alla griglia	grilled
Non **fargli la** sogliola fritta, la vuole alla griglia.	Don't make him fried sole; he prefers it grilled.

5.3 Eating Out

il **bar**	espresso bar; counter
Faccio sempre la prima colazione al bar con un caffellatte e un cornetto.	I always eat breakfast in an espresso bar and order a latte and a croissant.
la **tavola calda**	snack bar
ordinare	order
la **consumazione**	consumption
Non dimenticarti di pagare anche la mia consumazione.	Don't forget to pay for what I had too.
il **gelato**	ice cream, ice
Qui fanno degli ottimi gelati.	They make excellent ice creams here.
l'**aperitivo**	aperitif
Mi fai assaggiare un sorso del tuo aperitivo?	May I have a taste of your aperitif?
il **cameriere**, la **cameriera**	waiter, waitress
Cameriere, **senta per favore!** Questo cucchiaino è sporco!	Waiter, please! This teaspoon is dirty!
il **conto**	bill, check
Il conto, per favore!	The check, please!
la **mancia**	tip, gratuity

la **(prima) colazione**	breakfast
il **succo (di frutta)**	(fruit) juice
lo **yogurt**	yogurt
lo **zucchero**	sugar
dolce	sweet
acido, a	sour
amaro, a	bitter
la **tazza**	cup

Pay attention:

una tazza **di** caffè	*a cup of coffee*
una tazza **da** caffè	*a coffee cup*
una tazza **a** fiorellini	*a flowered cup*

il **bicchiere**	glass
la **bottiglia**	bottle
Vorrei una tazza di caffè, un bicchiere di succo di frutta ed una bottiglia d'acqua minerale.	I'd like a cup of coffee, a glass of fruit juice, and a bottle of mineral water.

la **rosticceria**	rotisserie, grill shop (quick-service restaurant with take-out foods)
Oggi non ho **voglia di** cucinare. Andiamo in rosticceria a prendere un pollo arrosto, pomodori e melanzane ripieni.	I don't feel like cooking today. Let's go to the *rosticceria* and get a roast chicken and stuffed tomatoes and eggplants.
il **ristorante**	restaurant
Il ristorante è troppo caro, **preferisco mangiare** in una trattoria, **costa meno.**	The restaurant is too expensive; I prefer to go to a trattoria, it costs less.
riservare	reserve
Faccio riservare un tavolo per sei o per otto persone?	Shall I have them reserve a table for six or for eight persons?
la **tovaglia**	tablecloth
Mi cambi la tovaglia per favore, questa è sporca.	Please change the tablecloth; this one is dirty.
la **forchetta**	fork
il **coltello**	knife
il **cucchiaio**	(soup)spoon
il **cucchiaino (da tè/da caffè)**	spoon (for tea or coffee)
Fatti portare un cucchiaino, così assaggi anche tu il gelato.	Have them bring you a teaspoon, then you can try the ice cream too.

il **menù**	menu; (complete) meal, dinner
Io scelgo il menù di pesce e tu?	I'll have the fish dinner, and you?
prendere	take; choose; have
il **primo (piatto)**	first course
Come primo piatto prendo solo una minestra.	As a first course I'll have only soup.
la **minestra**	soup
il **minestrone**	vegetable soup

It's All Soup, Isn't It?

Distinguish between:

la **minestra**	*soup with rice or noodles added*
il **minestrone**	*vegetable soup*
la **zuppa**	*meat or fish soup with no rice or noodles added*
il **brodo**	*broth, soup (water in which meat has been boiled)*

il **piatto**
Il minestrone alla casalinga è il
piatto forte di questo locale.

plate, dish; course (at a meal)
The home-style minestrone is
the best dish in this restaurant.

il **pasto**
il **secondo (piatto)**
Cosa desidera **di secondo**,
signora?
la **bistecca**
ai ferri
Mi faccia una bistecca ai ferri, ma
ben cotta.
arrosto *inv*
il **contorno**
i **fagiolini** *pl*
E **di contorno?** – Vorrei **dei
fagiolini al burro.**
il **filetto**
Ho ordinato per me una cotoletta di
agnello, per Giovanni le seppie, per
Anna **invece** un filetto.
la **pizza**
le **cozze** *pl*
Per mangiare le cozze non
occorre **né** coltello **né** forchetta.
la **seppia**
l'**appetito**
Buon appetito!
– Grazie, altrettanto!

meal
main course
What would you like as a main
course, madam?
steak
grilled, from the grill
Make me a grilled steak, but well
done.
roasted
side-dish, accompaniment
green beans
And as a side-dish? – I'd like
green beans sautéed in butter.
filet steak (beef)
For myself, I ordered a lamb
chop, for Giovanni, octopus,
and for Anna, a filet steak.
pizza
mussels
To eat mussels you need neither
a knife nor a spoon.
octopus, cuttlefish
appetite
Bon appétit!
– Thank you, same to you!

il **dolce**
Non ce la faccio più a mangiare
il dolce.
il **dessert** [de'-ssɛr]
la **zuppa inglese**

dessert
I can't manage a dessert too.

dessert
custard with liqueur-soaked
spongecake

la **carta**
la **lista**
la **vivanda**
l'**osteria**
Pietro va sempre all'osteria a bere
un bicchiere di vino e a giocare a
carte.

carte du jour
menu
dish (of food)
inn; tavern
Pietro always goes to the tavern
to drink a glass of wine and play
cards.

il **vassoio**	tray
speciale	special
la **specialità**	specialty
Quali specialità potete consigliarci?	What specialties can you recommend to us?

il **caffellatte**	latte, *café au lait*
la **tazzina**	small cup
la **spremuta (di frutta)**	freshly squeezed juice
l'**aranciata**	(orange) soda pop, orangeade
Vorrei una **spremuta d'arancia**, per favore. – Mi dispiace, abbiamo solo aranciata in bottiglia.	I'd like freshly squeezed orange juice. – Sorry, we only have orangeade in bottles.

la **fetta**	slice
la **fetta biscottata**	zwieback
la **marmellata**	marmalade; jam
Questa **marmellata di fragole** è troppo dolce.	This strawberry jam is too sweet.
il **miele**	honey
Il miele dell'Abruzzo è molto buono.	The honey from Abbruzzo is very good.

il **sapore**	taste
Che buon sapore ha quest'arrosto! Mi dai la ricetta?	This roast has a wonderful taste! Will you give me the recipe?
l'**odore** *m*	odor, scent
tostare	toast; roast
ricoprire	cover; sprinkle
la **mandorla**	almond
Come dessert Marina aveva preparato una **crema di** banane **ricoperta di** mandorle tostate.	As a dessert, Marina had prepared banana custard with toasted almonds.
la **noce**	nut
schiacciare	crack
Mi schiacci **un paio di noci** per favore? Io non ci riesco.	Will you crack a few nuts for me, please? I can't do it.
la **caramella**	candy
Senti che buone sono queste caramelle **al miele**!	See how good these honey candies taste!

offrire	invite; offer
il **tramezzino**	sandwich
Posso **offrirti** almeno un tramezzino?	May I at least offer you a sandwich?

la **piadina**	special flatbread
stimolare	stimulate, arouse
Mi piace prendere un aperitivo prima di pranzo, **mi stimola** l'appetito.	I like having an aperitif before the midday meal; it stimulates my appetite.

stendersi	stretch out
lo **stato**	condition, state
Dopo mangiato vorrei **stendermi** un po' sul divano. – **Dato il tuo stato, è bene che** tu lo **faccia.**	After eating I'd like to stretch out a little in the sofa. – In your condition, that's a good thing to do.
il **digestivo**	digestive
il **sorso**	sip
Prendi anche **un sorso di** digestivo!	Have a sip of digestive too!

la **trattoria**	restaurant (inn)
il **locale**	restaurant (pub)
il **coperto**	cover (place at table)
Pane e coperto sono compresi nel prezzo.	The bread and cover charge are included in the price.
compreso, a	included
il **tovagliolo**	napkin
In questo locale hanno solo **tovaglioli di carta.**	This pub only has paper napkins.
il **servizio**	service
Qui si mangia ottimamente, ma il servizio è pessimo.	The food here is excellent, but the service is terrible.
servire	serve
lo **stuzzicadenti**	toothpick

il **pranzo**	dinner (at midday); lunch
la **cena**	dinner, supper (evening meal)
pranzare	eat dinner (at midday)
cenare	eat supper (evening meal)
Voglio cenare qui perché **fanno** la migliore zuppa inglese della città.	I want to eat here tonight because they make the best *zuppa inglese* in town.
la **portata**	course
Posso consigliarle un'ottima **portata di** pesce, signore!	I can recommend a wonderful fish course to you.
la **lista delle bevande**	list of beverages

Quando viene il cameriere con la lista delle bevande possiamo già ordinare gli antipasti.	When the waiter comes with the list of beverages, we can go ahead and order the appetizers.

l'**antipasto**	appetizer
Perché non prendiamo tutti **un bell'antipasto** misto?	Why don't we all share a plate of assorted appetizers?
misto, a	assorted, mixed
i **frutti di mare** *pl*	seafood
scottare	be very hot
Attenzione, il piatto con i frutti di mare scotta!	Watch out, the plate with the seafood is very hot!
il **brodo**	broth; soup
Qui fanno un ottimo brodo di pesce. – Lo so, ma preferisco una **zuppa di fagioli.**	The fish soup is excellent here. – I know, but I prefer bean soup.
la **zuppa**	soup
il **bollito misto**	various kinds of boiled meats
Un bollito misto con salsa verde, per favore!	A *bollito misto* with green sauce, please!
l'**agnello**	lamb
alla casalinga	home-style
il **fegato**	liver
Mi dispiace, signore, **il fegato è finito.**	Sorry, sir, we're out of liver.

5.4 Articles of Clothing

vestirsi	get dressed, dress
Non **ho** ancora **finito di vestirmi.**	I haven't finished dressing yet.
spogliarsi	get undressed
il **vestito**	dress; suit
Quanto costa questo vestito **a scacchi?**	How much does this checked dress cost?
Questi vestiti **non servono più.** Perché non li regali **a chi ne ha bisogno?**	These dresses aren't being used anymore. Why don't you give them to someone who needs them?
mettere	put on, wear
Mettiti i pantaloni **di lana che fa** freddo.	Put on the wool trousers; it's cold.
cambiarsi	change clothes
portare	wear

Anna porta abiti troppo seri per la sua età.	Anna dresses too severely for her age.

la **biancheria**	linen or cotton clothing or material
la **maglia**	undershirt
le **mutande** *pl*	underpants
il **pigiama**	pajamas
Sei più bella **con** la camicia da notte che in pigiama.	You look better in a nightgown than in pajamas.
la **calza**	stocking
il **collant** *inv*	panty hose
il **costume da bagno**	bathing suit; swim trunks
La bambina aveva un **costume da bagno a fiori** veramente carino.	The girl wore a really charming flowered bathing suit.

la **camicia**	shirt
Cambiati e metti una camicia con le maniche corte.	Change clothes, and put on a short-sleeved shirt.
la **camicetta**	blouse
elegante	elegant
Quella camicetta nera è molto elegante.	This black blouse is very elegant.
l'**eleganza**	elegance
i **pantaloni** *pl*	pants, trousers
la **giacca**	jacket
Giovanna aveva **un bel paio di pantaloni** blu **con** una giacca beige.	Giovanna had pretty blue trousers and a beige jacket on.
Potresti portare le mie giacche in lavanderia?	Could you take my jackets to the cleaners?
la **gonna (a pieghe)**	(pleated) skirt
il **maglione**	sweater, pullover
Devo **comprarmi** due maglioni nuovi per l'inverno.	I have to buy myself two new winter sweaters.
il **collo (alto)**	turtleneck
Si è comprato un maglione grigio **con il collo alto**.	He bought himself a gray turtleneck sweater.
il **cappotto**	coat
Con questo tempo **è meglio se ti metti** il cappotto.	In this weather, you'd better wear a coat.

la **moda**	fashion
La moda italiana è famosa in tutto il mondo.	Italian fashion is famous all over the world.
la **creazione**	creation
raffinato, a	refined, subtle, sophisticated

Il tuo abito nuovo ha un taglio molto raffinato.	Your new dress has a very sophisticated cut.
la **pelle**	leather
C'è una vasta scelta di borsette in vera pelle.	There's a wide selection of handbags made of real leather.
vero, a	genuine, real

la **scarpa**	shoe
i **saldi di fine stagione**	end-of-season sale
il **paio**	pair·
Mi sono comprata **due paia di scarpe** ai saldi di fine stagione.	I bought myself two pairs of shoes in the end-of-season sale.

il **sarto**, la **sarta**	tailor
consigliare	advise, recommend
il **modello**	model
il **taglio**	cut
Signora, Le consiglio questo modello, è stupendo!	Madam, I recommend this model, it's fabulous!
– Ma veramente preferirei un taglio classico.	– But honestly I'd prefer a classic cut.
le **misure** *pl*	measurements
Devo andare **dalla sarta a farmi** prendere le misure.	I have to go to the tailor to have my measurements taken.
indossare	put on
addosso	on, upon, over
Ma cosa ti sei messo addosso?	What have you put on?

la **qualità**	quality
La qualità è ottima, ma il modello non **è più di moda**.	The quality is excellent, but the model is no longer in fashion.
la **seta**	silk
la **lana**	wool
il **cotone**	cotton
il **lino**	linen
Questa **stoffa di lino** è una meraviglia.	This linen fabric is marvelous!
il **velluto**	velvet
Devo comprare un gilè **di velluto** per mia figlia.	I have to buy my daughter a velvet vest.
stupendo, a	wonderful, splendid

la **macchia**	spot
lavare	wash
Ho provato a lavare, ma la macchia non va via.	I tried washing it, but the spot won't come out.

sporco, a
Non indossare quella camicia, è tutta sporca!
pulito, a
la **lavatrice**
delicato, a
Non puoi mettere questi vestiti in lavatrice, sono troppo delicati!
lavare a secco
la **stoffa**
Questa stoffa deve essere lavata a secco.

dirty
Don't put that shirt on, it's all dirty!
clean
washing machine
delicate; sensitive
You can't put these dresses in the washing machine; they're too delicate!
dry-clean
fabric, material
This fabric has to be dry-cleaned.

cucire
Non **dimenticare** ago e filo, altrimenti non posso cucire.
il **filo**
l'**ago**
le **forbici** *pl*
il **buco**
la **macchina da cucire**
Così non posso fare niente, ci vuole la macchina da cucire!

sew
Don't forget the needle and thread, otherwise I can't sew!
thread
sewing needle
pair of scissors
hole
sewing machine
I can't do anything this way; I need a sewing machine!

spazzolare
Spazzolami bene la giacca, per favore!
appendere
Se appendete subito i vestiti, **non occorre stirarli**.
stirare
il **ferro da stiro**
Perché non **ti sei portato** il ferro da stiro **da viaggio**?

brush
Brush the jacket thoroughly for me, please!
hang up
If you hang dresses up right away, you don't need to iron them.
iron, to
iron (appliance)
Why didn't you take along a travel iron?

aggiustare
il **calzolaio**, la **calzolaia**
Mi si è rotto un tacco, devo trovare assolutamente un calzolaio.

repair; mend
shoemaker
I've broken a heel; I absolutely have to find a shoemaker.

il **reggiseno**
la **sottoveste**
le **calze autoreggenti** *pl*

bra(ssiere)
slip
elasticized stockings/hose

la **camicia da notte**	nightgown, nightshirt
vestire	put on, wear; dress
Ti piace come veste Massimo?	Do you like the way Massimo dresses?
Fai presto a vestire la bambina, è ora di andare.	Please dress the baby quickly; it's time to go.
il **vestiario**	clothing; wardrobe
rinnovare	renovate; wear new clothes
Prima o poi dovrò **decidermi a** rinnovare il mio vestiario.	Sooner or later I'll have to decide to replace my wardrobe.
i **jeans** *pl*	jeans
guardare	look at
Anna, **non perdere tempo a** guardare i jeans, **stiamo cercando** un vestito!	Anna, don't waste time looking at jeans, we're looking for a dress!
a scacchi	checked
la **riga**	stripe
l'**abito**	dress; suit
Maria porta un abito a righe.	Maria is wearing a striped dress.
il **gilè**	waistcoat, vest
il **golf**	cardigan
il **pullover**	pullover
la **manica**	sleeve
il **panno**	cloth, woolen cloth
i **panni** *pl*	dresses
il **soprabito**	overcoat
il **mantello**	coat
l'**impermeabile** *m*	raincoat
il **cuoio**	leather
lo **stivale**	boot
il **sandalo**	sandal
il **tacco**	heel
Luciana **porta** sempre **i tacchi alti**.	Luciana always wears high-heeled shoes.
Io invece **preferisco** le scarpe **senza tacco**.	I prefer flats, however.
griffato, a	brand, designer name
essere in programma	be part of the regular line
essere di moda	be in, be in fashion
sporcare	get dirty, soil

Ti sei sporcato tutto il pullover, Giulio. **Toglilo** subito.	Giulio, you've gotten the entire sweater dirty. Take it off at once.
macchiare	get a spot on
la **lavanderia**	laundry; cleaners
Scusi, c'è una lavanderia **da queste parti?**	Excuse me, is there a laundry in the neighborhood?
il **detersivo**	detergent
Bisogna usare un detersivo per biancheria delicata per questa camicetta **di seta.**	This silk blouse has to be washed with a detergent for delicate fabrics.
il **bucato**	laundry
Facciamo il bucato oggi o domani?	Are we doing the laundry today or tomorrow?
il **sapone da bucato**	curd soap, laundry soap

il **tessuto**	cloth, fabric
tingere	dye
Vorrei tingere questo tessuto **in nero.**	I'd like to dye this fabric black.
la **piega**	pleat
strappare	tear, to
lo **strappo**	tear
Guarda **che strappo ti sei fatto nella** manica!	Look how you've torn your sleeve!
difettoso, a	defective, flawed

il **ferro da maglia**	knitting needle
lavorare a maglia	knit
Sai lavorare a maglia?	Do you know how to knit?

5.5 Jewelry and Accessories

il **gioiello**	jewel, gem
l'**argento**	silver
l'**oro**	gold
il **platino**	platinum
l'**anello**	ring
Quell'anello è di platino e non d'argento.	This ring is made of platinum, not silver.
la **catena**	chain
l'**orecchino**	earring
Vorrei **degli orecchini** con le perle.	I would like pearl earrings.

l'orologio (da polso)	(wrist)watch
Mi si è fermato l'orologio, dovrò cambiare la pila.	My watch has stopped; I'll have to replace the battery.
il **braccialetto**	bracelet
Cristina ha un braccialetto **in** oro bianco e giallo.	Cristina has a bracelet made of white and yellow gold.
la **perla**	pearl

la **borsa**	bag
la **borsetta**	handbag
il **cappello**	hat
la **cintura**	belt
Gli ho regalato una cintura **di** cuoio nero.	I gave him a black leather belt as a present.
la **cravatta**	necktie
il **fazzoletto**	handkerchief
il **foulard**	scarf
Un foulard **in tinta unita è quello che ci vuole.**	A solid-colored scarf is just the right thing.
lo **scialle**	shawl
Portati uno scialle, la sera fa fresco.	Take a shawl, it's cool in the evening.
il **guanto**	glove
la **tasca**	pocket
La mia giacca ha quattro tasche.	My jacket has four pockets.
l'**ombrello**	umbrella

lo **spillo**	pin; brooch
lo **spillo di sicurezza**	safety pin
il **bottone**	button
il **bordo**	border; braid, trim

il **gioielliere**, la **gioielliera**	jeweler
la **fede**	wedding ring
la **spilla**	brooch
Su questa spilla ci sono molte pietre preziose.	This brooch is set with many precious stones.
la **pietra preziosa**	precious stone; jewel, gem

gli **accessori** *pl*	accessories
il **bastone**	(walking) stick, cane
Quel vecchio signore cammina sempre **col** bastone.	This old gentleman always walks with a cane.
la **cerniera**	zipper
Si è rotta la cerniera, **dammi** uno spillo di sicurezza.	The zipper is broken; give me a safety pin.

la **farfalla**	bow tie
la **tinta**	color
la **stringa**	shoelace
Preferisco le scarpe senza stringhe.	I prefer shoes without laces.

5.6 Shopping

la **spesa**	(grocery) shopping
Se mi aspetti vengo a fare la spesa con te.	If you wait, I'll go grocery shopping with you.
il **portafoglio**	wallet
il **portamonete**	coin purse
mancare	be wanting; be missing
Ci manca il latte e **ci mancano** anche **le uova.**	There's no milk, and there are no more eggs either.
il **mercato**	market
Veronica va tutti i giorni al mercato a prendere la verdura.	Veronica goes to the market every day to buy vegetables.
il **supermercato**	supermarket
Hanno aperto un nuovo supermercato in periferia.	A new supermarket has been opened at the edge of town.
passare	pass, go past

comprare	buy
il **negozio**	shop, store, business
il **sacchetto**	bag; sack
Può darmi un **sacchetto di** carta / **di** plastica / **di** stoffa?	Can you give me a paper/plastic/fabric bag?
il **reparto**	department
Scusi, **dov'è** il reparto di **abbigliamento per uomo,** per favore?	Excuse me, where is the men's clothing department, please?
il **commesso,** la **commessa**	salesman, saleswoman
Si rivolga **a quel** commesso e verrà consigliato bene.	Ask this salesman and you'll get good advice.

costare	cost
È proprio un **bel** vestito, **peccato che costi** tanto!	It's really a good-looking suit; too bad it costs so much.
il **prezzo**	price
Mi può dire il prezzo di questi stivali, per favore?	Could you please tell me the price of these boots?
l'**etichetta**	price tag

spendere
Abbiamo speso troppo anche questa volta.

spend
We spent too much this time too.

pagare
In **quel** negozio paghi molto di più.

pay
In that store you pay a lot more.

a buon mercato

cheap; well-priced

la **svendita**

sale

lo **sconto**

discount

---

il **numero**
Che **numero di scarpe** porta?
– Il 36.

size
What is your shoe size?
– Size 36.

la **taglia**
Questo maglione mi piace, ma ho bisogno di una taglia più piccola.

size
I like this sweater, but I need a smaller size.

provare
Dove posso provare questo vestito?

try on
Where can I try on this dress?

la **cabina di prova**

changing room

mettere

put on; wear

cambiare
Vorrei cambiare quest'articolo, è possibile?

change; exchange
Is it possible to exchange this item?

stretto, a
Questa gonna **mi sta stretta, me la fa vedere** in una taglia più grande?

tight, narrow
This skirt is too tight for me; can you show me a larger size?

largo, a

big, wide

corto, a

short

lungo, a

long

---

le **spese**
Vieni con me **a fare spese in centro?**

shopping
Can you come downtown with me to go shopping?

gli **acquisti** *pl*

acquisitions, purchases

la **cassa**
La prego di pagare all'altra cassa, questa è già chiusa.

checkout
Please pay at the other checkout; this one is already closed.

il **cassiere**, la **cassiera**
Ho l'impressione che la cassiera **si sia sbagliata.**

cashier; checkout clerk
I think the checkout clerk made a mistake.

lo **scontrino**
Da qualsiasi negozio si esca, si deve avere sempre lo scontrino, altrimenti si rischia una multa.

cash-register receipt
When you leave a store, you always have to have the cash-register receipt; otherwise you risk having to pay a fine.

gli **spìccioli** *pl*	change, coins
i **contanti** *pl*	cash
C'è uno sconto se si paga in contanti?	Do you give a discount if I pay cash?
l'**assegno**	check
Mi dispiace, non accettiamo assegni.	I'm sorry, we don't accept checks.
a rate	in installments
valutare	value; consider; estimate
Non mi piace pagare a rate.	I don't like paying in installments.
– **D'accordo**, ma hai già valutato cosa è meglio per te?	– I agree, but have you calculated which is better for you?
l'**IVA (imposta sul valore aggiunto)**	VAT, value-added tax
incluso, a	included
Hai chiesto se nel prezzo è inclusa L'IVA?	Did you ask whether the VAT is included in the price?

l'**abbigliamento**	clothing
esporre	exhibit, display
In quel negozio d'abbigliamento hanno esposto bellissimi cappotti in panno.	This clothing store has beautiful wool coats on display.
la **vetrina**	display window
Quel negozio ha sempre articoli molto interessanti in vetrina.	This store always has interesting items in the display window.
l'**artìcolo**	item, article

la **scelta**	selection
togliere	take off, remove
togliersi	take off, remove (one's clothing)
comodo, a	comfortable
Togliti pure quei pantaloni, sono troppo larghi. – Sì, ma sono molto comodi.	Just take those trousers off, they're too big. – Yes, but they're very comfortable.
star bene/male	go well/poorly with; look good on, suit
Questa camicia non **sta bene con quei** pantaloni.	That shirt doesn't go with the trousers.
L'abito blu **ti sta** benissimo, **quello giallo no.**	The blue dress looks good on you, the yellow one doesn't.
combinare	put together, combine

False Friends

Italian Word	Thematic Meaning(s)	False Friend	Italian Equivalent(s)
caldo	warm; hot	cold	freddo
guardare	look at	guard	sorvegliare, custodiare
la panna	cream	pan	la padella
il taglio	cut	tail	la coda

Sartori

Rossini

Vitali

6.1 Construction, Houses, Buildings, and Inhabitants

il **terreno**	lot, site
vendere	sell
Cerco un terreno fabbricabile da queste parti. – Sarà difficile, perché qui non **vendono** più niente.	I'm looking for a building site in this area. – That'll be difficult, because there's nothing more for sale here.
comprare	buy
la **casa**	house
Voglio costruirmi una casa al mare.	I want to build myself a house by the ocean.
costruire ‹costruisco›	build, construct
la **costruzione**	construction; structure
La costruzione di questo edificio è **durata** tre anni.	The construction of this building took three years.
la **pianta**	plan
L'architetto ha preparato la pianta ma non abbiamo ancora **il permesso di costruire**.	The architect has the plan ready, but we don't have a building permit yet.
le **fondamenta** *pl*	foundation

il **materiale**	material
il **cemento**	cement; concrete
il **vetro**	glass
Questo palazzo è **tutto vetro e cemento**.	This high-rise is made completely of glass and concrete.
il **legno**	wood

ricostruire ‹ricostruisco›	reconstruct, rebuild
la **ricostruzione**	reconstruction, rebuilding
Per la ricostruzione di **quel** palazzo **ci vorranno** almeno due anni.	The reconstruction of this building will take at least two years.
il **restauro**	restoration, repair
Chiuso per restauri.	Closed for repair.

il **muro**	wall
il **tetto**	roof
Durante il temporale sono cadute alcune tegole dal tetto.	During the storm, several tiles fell off the roof.
il **garage**	garage
la **camera**	room
Se qualcuno mi cerca, **io sono in camera**.	If someone is looking for me, I'll be in my room.

la **stanza**	room
la **porta**	door
sbattere	slam
Non sbattere la porta in quel modo, per favore!	Please don't slam the door that way!
aprire	open
Ho dimenticato la chiave, puoi aprimi, per favore?	I forgot the key; can you open the door for me, please?
chiudere	close, shut; lock
la **chiave**	key
chiudere a chiave	lock (with a key)
la **finestra**	window
La prossima estate farò mettere le porte e le finestre nuove.	Next summer I'll have new doors and windows put in.
la **scala**	stairs, ladder
lo **scalino**	step

il **piano**	floor, story
Giulia abita al 5° (quinto) piano.	Giulia lives on the fifth floor.
il **vicino**, la **vicina**	neighbor
I nostri vicini sono veramente gentili.	Our neighbors are really nice.
il **campanello**	doorbell
l'**ascensore** *m*	elevator
chiamare	call
L'ascensore è bloccato, bisogna chiamare il portinaio.	The elevator is stuck; you have to call the concierge.
il **riscaldamento**	heating, heat
Fa già **freddo**, è ora di accendere il riscaldamento.	It's cold now; it's time to turn on the heat.
l'**elettricità**	electricity; current
In questa zona di montagna non c'è elettricità.	There's no electricity in this mountainous region.

il **pavimento**	floor
Ci piacciono molto i pavimenti di marmo.	We are very fond of marble floors.
il **soffitto**	ceiling
I soffitti di quella vecchia casa sono tutti decorati.	The ceilings in that old house are all decorated.
la **parete**	wall
Quella parete è ideale per il quadro che hai comprato.	This wall is ideal for the picture you bought.
decorare	decorate

il **corridoio**	corridor, hall

La cucina è **in fondo** al corridoio.	The kitchen is at the end of the hall.
la **camera da letto**	bedroom
Quante camere da letto vi occorrono?	How many bedrooms do you need?
la **camera dei bambini**	children's room; nursery
lo **studio**	study
la **camera degli ospiti**	guest room
la **sala**	(large) room
il **salotto**	drawing room, parlor, living room
la **cucina**	kitchen
il **bagno**	bathroom
Peccato che questo bagno **sia** così piccolo.	Too bad this bathroom is so small.
il **bidè**	bidet
la **vasca da bagno**	bathtub
Mi piacerebbe avere un bagno con vasca e doccia.	I would like a bathroom with a tub and a shower.
il **gabinetto**	toilet
la **toilette**	restroom, toilet
Dove si trova la toilette?	Where is the restroom?
– Al primo piano, signora.	– On the first floor, madam.

cercare	look for
Che tipo di casa stai cercando?	What kind of house/apartment are you looking for?
l'**alloggio**	accommodations; apartment
il **quartiere**	part of town, neighborhood, quarter
Abitiamo in un quartiere molto tranquillo.	We live in a very quiet neighborhood.
cambiare casa	move
Abbiamo cambiato casa sei mesi fa.	We moved six months ago.
il **trasloco**	move
Quando pensate di **fare il trasloco?**	When do you plan to move?

il **proprietario**, la **proprietaria**	owner
il **contratto d'affitto**	rental contract, lease
Il proprietario ha disdetto il contratto d'affitto.	The owner has terminated the lease.
il **padrone (di casa)**, la **padrona (di casa)**	landlord, landlady
l'**affitto**	rent
l'**inquilino**, l'**inquilina**	tenant
Questi lavori devono essere fatti dal proprietario e non dall'inquilino.	These jobs have to be performed by the owner, not the tenant.

affittare	let; rent; lease; hire

---

i

rent

Distinguish between:
rent   **affittare**   *(real estate)*
rent   **noleggiare** *(movable objects)*
Abbiamo affittato una casa, adesso   *We've rented a house; now we have to*
dobbiamo ancora **noleggiare** una macchina.   *rent a car as well.*

---

ammobiliato, a
Qui non **ci sono appartamenti**
ammobiliati.

furnished
    There are no furnished apart-
    ments here.

....

l'agenzia immobiliare
la **vendita**
   Casa in vendita
il **pagamento**
   Il termine per il pagamento è già
   scaduto.
il **termine**

real estate agency
sale
   House for sale
payment
   The date of payment has already
   passed.
due date

....

l'edilizia
l'architetto
fabbricabile
il **permesso (di costruzione)**
il **cantiere**
   L'accesso al cantiere è **vietato**
   agli estranei.
estraneo, a
il **palazzo**
il **grattacielo**

building trade
architect
ready or suitable for building
(building/construction) permit
building site
   Construction site off limits to
   unauthorized persons.
unauthorized; alien
palace; palazzo; large apartment
building; skyscraper

....

l'appartamento in condominio

la **casa a schiera**
la **casa unifamiliare**
il **monolocale**

owner-occupied apartment,
condominium
row house
single-family dwelling
one-room apartment

....

il **muratore**
il **mattone**
la **tegola**
dipingere
l'**intonaco**
la **carta da parati**

mason
brick
tile
paint
plaster
wallpaper

....

la **corrente**
l'**illuminazione** *f*

electric current
illumination; lighting

---

l'**impianto** L'impianto elettrico non funziona più.	plant, installation, system The electrical system doesn't work anymore.
funzionare	function, work
il **cavo** Non c'è più la luce perché si è rotto un cavo.	cable There's no light because a cable broke.
la **presa**	socket
i'**interruttore** *m*	(light) switch
bloccato, a	blocked
il **cortocircuito**	short circuit
il **camino** In quella casa c'è un bellissimo camino **di rame.**	fireplace, chimney In that house there's a beautiful copper fireplace.
la **stufa**	stove
il **termosifone**	radiator; heating element
la **soglia** Lo spazio davanti alla soglia di casa deve restare libero.	threshold, doorstep The area in front of the threshold has to be kept clear.
la **maniglia** L'architetto mi ha consigliato di **mettere le** maniglie **di** ottone **a** tutte le porte.	handle The architect advised me to put brass handles on all the doors.
stabilirsi ‹mi stabilisco›	settle down, establish oneself
il **pianterreno**	ground floor
il **disagio** Gabriella si stabilisce **a pianterreno** perché così non ha **il disagio delle** scale.	discomfort; hardship Gabriella is establishing herself on the ground floor; that way she won't have trouble with the stairs.
il **suolo**	floor
la **portineria** Puoi lasciare il pacchetto in portineria.	superintendent's apartment/office You can leave the parcel with the superintendent.
il **portinaio,** la **portinaia**	caretaker, concierge, superintendent
la **colf (collaboratrice familiare)**	household help, domestic help
l'**antenna**	antenna
la **terrazza** Antonio ha una magnifica terrazza **piena di fiori.**	terrace Antonio has a magnificent terrace full of flowers.
la **ringhiera**	banisters; railing
la **persiana** Aprite le persiane, così entra il sole.	shutter Open the shutters, then the sun will come in.

la **persiana avvolgibile**	roller blind; shade
dare su	look out upon, face
Questa finestra **dà sul** mare, l'altra **sul** cortile.	This window looks out on the ocean; the other one, on the courtyard.
il **soggiorno**	living room
Il soggiorno è molto ampio e ben arredato.	The living room is very large and well furnished.
la **cantina**	cellar, basement
La nostra cantina è fresca.	Our cellar is cool.
la **soffitta**	attic
sfondare	break through, stave in
Vogliamo sfondare il muro che separa le due stanze.	We want to break through the wall that separates the two rooms.
separare	separate
cercasi	wanted
Cercasi camera ammobiliata per luglio – agosto.	Furnished room wanted for July/August.
i **dintorni** pl	surroundings, neighborhood
Sai se c'è ancora qualche appartamento libero qui nei dintorni?	Do you know whether there's another apartment available in this neighborhood?
affittasi	for rent
Affittasi appartamento **di tre camere con servizi.**	Three-room apartment with kitchen and bath for rent.
vendesi	for sale
la **ricerca**	search
Siamo **alla ricerca di** un alloggio adeguato.	We're looking for suitable accommodations.
l'**inserzione** f	ad
Ho messo un'inserzione sul giornale per affittare la casa.	I placed an ad in the paper to rent the house.
confortevole	comfortable
il **condominio**	condominium building
le **spese (supplementari)** pl	(additional) expenses
la **manutenzione**	maintenance
La casa è vecchia e **bisogna fare** continuamente **lavori di manutenzione.**	The building is old, and maintenance work has to be done continually.
rinnovare il contratto	renew the contract
disdire	cancel
l'**accordo**	agreement

Abbiamo **preso un accordo** per rinnovare il contratto con l'inquilino.	We've agreed to renew the contract with the tenant.
sgombrare	vacate
L'inquilino deve sgombrare l'appartamento **entro 15 giorni**.	The tenant has to vacate the apartment within 15 days.

6.2 Apartments, Furnishings

abitare
Ci piace molto abitare qui.
live
We really like living here.

l'**abitazione** f
L'abitazione non è molto grande, ma **piena di** luce.
apartment
The apartment is not very big, but it is full of light.

l'**appartamento**
Cerchiamo un appartamento **a** pianterreno.
apartment
We're looking for an apartment on the ground floor.

il **balcone**
balcony

la **fioriera**
Abbiamo fatto montare sul balcone delle fioriere nuove.
flower box
We had new flower boxes installed on the balcony.

il **terrazzo**
terrace

il **giardino**
Cerco una casa con giardino.
garden, yard
I'm looking for a building with a garden.

arredare
Hai saputo arredare molto bene questa stanza.
furnish, equip
You really have done a good job of furnishing this room.

i **mobili** pl
Ho arredato la mia casa con mobili moderni e qualche pezzo antico.
furniture
I furnished my apartment with modern furniture and a few antiques.

l'**armadio**
Nella camera di Marco **ci sono** tre armadi.
armoire, wardrobe
There are three armoires in Marco's room.

il **cassetto**
drawer

il **tavolo**
table

la **sedia**
I miei amici vogliono comprare un **bel tavolo** con quattro sedie antiche.
chair
My friends want to buy a pretty table with four antique chairs.

il **divano**
Il divano **sta molto bene con** queste due poltrone.
sofa, couch, divan
The sofa goes quite well with the two armchairs.

la **lampada**	lamp
la **tenda**	curtain
il **tappeto**	carpet, rug
il **letto**	bed
coprire	cover
la **coperta**	covering, coverlet, (bed)spread

la **doccia**	shower
il **lavandino**	washbasin, sink
Nel mio bagno ho un lavandino doppio.	In my bathroom I have a double sink.
il **rubinetto**	(water) faucet
Per fortuna **il rubinetto** non **perde** più.	Luckily the faucet doesn't drip anymore.
lo **specchio**	mirror
Non pensi che due specchi **siano troppi** per questo bagno?	Don't you think that two mirrors are too many for this bathroom?

la **radio**	radio
abbassare	turn down (the volume)
Per favore, abbassa la radio!	Please turn down the radio!
alzare	turn up (the volume)
il **televisore**	television
In **quella** casa **tengono** il televisore sempre **acceso**.	In that house the television is always on.

l'**arredatore**, l'**arredatrice**	interior designer, decorator
stendere	spread (out); stretch out
Dove stendiamo questo tappeto?	Where shall we spread this rug?
lo **scaffale**	bookcase
la **lampadina**	light bulb
Quella lampadina è rotta; ora la cambio.	That bulb is burned out; I'll change it now.
il **tavolino**	workbench
Non fare disordine sul mio tavolino da lavoro!	Don't make a mess on my workbench!
il **vaso**	vase; flowerpot
spostare	move (furniture); displace
la **scrivania**	writing desk
Perché vuoi spostare la scrivania?	Why do you want to move the desk?
la **poltrona**	armchair

il **materasso**	mattress
morbido, a	soft

Non **riesco** a dormire perché il materasso è troppo morbido.	I can't sleep because the mattress is too soft.
il **lenzuolo**	(bed)sheet
Ora prendo **le lenzuola** e la coperta e ti preparo subito il letto.	I'll go get the sheets and the coverlet and make your bed right away.
il **guanciale**	pillow
Questo guanciale è troppo alto, potrei averne uno più basso?	This pillow is too high; can I have a flatter one?

6.3 Household and Housework

la **casalinga**	housewife
il **lavoro**	work, job
Il lavoro della casalinga non è così semplice come sembra.	A housewife's job is not as easy as it seems.
Devo ancora sbrigare tutti **i lavori di casa**.	I still have to do all the housework.
pulire ‹pulisco›	clean
la **pulizia**	cleaning (work)
fare le pulizie	do the cleaning
la **polvere**	dust
È **pieno di** polvere dappertutto.	Everything is full of dust.
strofinare	scrub, clean, wipe
Il pavimento della cucina **va strofinato** per bene, altrimenti le macchie **non vengono via**.	The kitchen floor has to be scrubbed well, otherwise the spots won't go away.
fare la stanza	pick up; tidy/do (the room)
Non puoi fare la stanza perché Giovanni dorme ancora.	You can't pick up the room because Giovanni is still sleeping.
il **cestino**	wastepaper basket
Dovresti buttare la carta nel cestino e non sul pavimento!	You should throw the paper in the wastepaper basket and not on the floor!

la **tavola**	table
apparecchiare la tavola	set the table
Puoi aiutare Angela ad apparecchiare la tavola?	Can you help Angela set the table?
la **posata**	cover (knife, fork, and spoon)
Hai già lavato **le posate**?	Have you washed the flatware yet?
lavare i piatti	wash dishes

asciugare	dry
Io lavo i piatti e tu **li** asciughi, così **facciamo prima.**	I'll wash the dishes and you dry; that way we'll be done faster.
asciutto, a	dry
aiutare	help

Direct and Indirect Objects

Some frequently occurring verbs are followed by an *indirect object* in Italian, while others require a *direct object.*

indirect	*direct*
help s.o.	aiutare qu
follow s.o.	seguire qu
thank s.o.	ringraziare qu
contradict s.o.	contraddire qu
listen to s.o.	ascoltare qu
forgive s.o.	perdonare qu
direct	*indirect*
ask s.o.	domandare a qu
cost s.o.	costare a qu
What is this trip costing him?	Quanto gli costa questo viaggio?

---

il **fornello**	stove
Spegni il fornello, è ancora troppo presto per cuocere la pasta.	Turn off the stove; it's still to early to boil the pasta.
il **forno**	oven
accendere	turn on
ampio, a	large, big, ample, spacious
la **teglia**	pan, baking pan; pie-dish
Hai già acceso il forno per il dolce? – Sì, ma **temo che non sia** abbastanza ampio per la tua teglia.	Have you turned on the oven for the cake yet? – Yes, but I'm afraid it's not big enough for your baking pan.
la **padella**	frying pan, pan
spegnere	turn off
il **frigorifero**	refrigerator

i **casalinghi** *pl*	household goods, housewares
Andiamo in un buon negozio di casalinghi.	Let's go to a good household goods store.
domestico, a	domestic
Quell'apparecchio è solo **per uso domestico.**	That appliance is only for domestic use.
la **macchina da/del caffè**	coffee machine
le **stoviglie** *pl*	household utensils, crockery
la **lavastoviglie**	dishwasher

l'**aspirapolvere** *m*
  Devo ancora **passare l'aspirapol-**
  vere nelle camere (da letto), poi
  sono **pronta per** uscire.

vacuum cleaner
  I still have to vacuum in the
  bedrooms, then I'll be ready to
  go out.

la **lavatrice**
  La mia lavatrice nuova ha moltissimi
  programmi.

washing machine
  My new washing machine has a
  great many programs.

l'**asciugatrice**

dryer

---

dare una mano a

lend a (helping) hand

sparecchiare la tavola
  Dammi una mano a sparecchiare
  la tavola, per favore.

clear the table
  Please lend me a hand in clear-
  ing the table.

la **provvista**

provision, supply; purchase

posare
  Qui c'è troppo disordine, non so
  più dove posare le provviste.

lay (down); set (down); put
  There's such a mess here; I don't
  know where to set down the
  shopping.

---

spazzare

sweep

la **scopa**
  Se mi dai la scopa posso già
  spazzare la terrazza.

broom
  If you give me the broom, I can
  start sweeping the terrace.

spolverare
  Carla **sta spolverando**, io **cerco di**
  eliminare un po' di disordine.

dust
  Carla is busy dusting; I'm trying
  to straighten up some of the
  mess.

la **pattumiera**
  Bisogna cambiare il sacchetto
  della pattumiera.

garbage can
  The liner in the garbage can has
  to be replaced.

il **disordine**

disorder, mess

procedere
  C'è tantissimo da fare: procedi-
  amo con calma.

proceed, go about
  There's a lot to do; let's go about
  it calmly.

sbrigare
  Ho ancora troppi lavori da sbrigare
  in casa, non posso **mettermi in**
  poltrona!

expedite; finish off, get done
  I still have too much work to get
  done in the house; I can't just
  idle away my time!

False Friends

Italian Word	Thematic Meaning(s)	False Friend	Italian Equivalent(s)
la camera	room	camera	la macchina fotografica
il cavo	cable	cave	la cantina; la grotta
la scopa	broom	scope	il campo

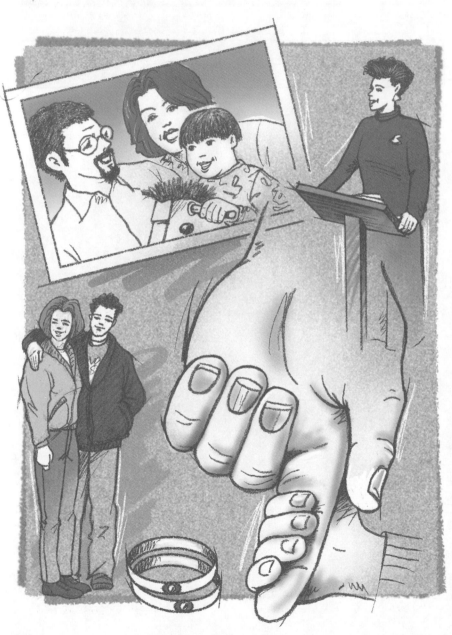

7.1 Persons, Families

la **famiglia**	family
In genere gli italiani sono molto legati alla famiglia.	In general, Italians have very close family ties.
familiare	familiar; intimate; family
la **madre**	mother
Mia madre era una donna meravigliosa.	My mother was a marvelous woman.
il **padre**	father
Quanti anni ha tuo padre?	How old is your father?
i **genitori** *pl*	parents
Vorrei **fare un viaggio** con **i miei genitori.**	I would like to go on a trip with my parents.
il **figlio**, la **figlia**	son, daughter, child
Sono felice che tua figlia **sia** amica della mia.	I'm happy that your daughter is friendly with mine.

---

i

Generic Terms

In many cases, the masculine plural is also used *generically.*

Quanti **figli** avete?	*How many children do you have?*
Ecco i **signori** Frank!	*There are Mr. and Mrs. Frank!*

Similarly:

gli **zii**	*uncle and aunt*
i **nonni**	*the grandparents*
i **suoceri**	*the parents-in-law*

Il **fratello**	brother
I miei fratelli sono già tutti grandi.	My brothers are already grown.
i **fratelli** *pl*	siblings, brothers and sisters
Siamo **in tutto** cinque **fratelli:** due maschi e tre femmine.	There are five of us siblings in all: two boys and three girls.
la **sorella**	sister
Laura è la sorella **minore** di Franco.	Laura is Franco's younger sister.
dipendere da	be dependent on
Finché dipendi **dai tuoi genitori,** fai quello che ti dicono.	As long as you're dependent on your parents, you do what they tell you.

---

il **nonno**, la **nonna**	grandfather, grandmother
Il nonno ha sette anni più della nonna.	My grandfather is seven years older than my grandmother.
andare a trovare	(go) visit

Domani **andiamo a trovare** i nonni.	Tomorrow we're going to visit our grandparents.
l'**antenato**, l'**antenata**	ancestor, ancestress
I miei antenati vivevano **in Lombardia.**	My ancestors lived in Lombardy.
il, la **nipote**	grandson, granddaughter; nephew, niece
Il nonno racconta una bella storia al **nipote.**	Grandfather is telling his grandson a nice story.
La zia gioca in giardino con la **nipote.**	The aunt is playing in the garden with her niece.
il **cugino**, la **cugina**	cousin
Mia cugina ha scritto che verrà **fra** una settimana.	My cousin wrote that she's coming in a week.
lo **zio**, la **zia**	uncle, aunt
Mio zio Giovanni è molto **cordiale con tutti.**	My Uncle Giovanni is very friendly to everyone.
La zia Dina è la sorella **di mio** padre.	Aunt Dina is my father's sister.
il, la **parente**	relative
I nostri parenti vivono nelle Marche.	Our relatives live in the Marche (province).

il **fidanzato**, la **fidanzata**	fiancé(e); boyfriend, girlfriend
Vorrei farti conoscere il mio fidanzato.	I'd like to introduce my fiancé to you.
Livio ha comprato un bellissimo anello per la fidanzata.	Livio bought his fiancée a very beautiful ring.
la **moglie**	wife
La moglie è molto simpatica, il marito **un po' meno.**	The wife is very nice, the husband less so.
il **marito**	husband
sposare	marry
Indovina chi ha sposato Federico!	Guess who Federico married!
il **matrimonio**	marriage, matrimony
È un matrimonio molto felice.	It's a very happy marriage.
la **coppia**	couple, pair
il **bambino**, la **bambina**	boy; girl; child; baby
il **tipo**, la **tipa** *fam*	type, kind

il **cognato**, la **cognata**	brother-in-law, sister-in-law
Oggi ho incontrato **tuo cognato** in città.	Today I met your brother-in-law in town.
il **suocero**, la **suocera**	father-in-law, mother-in-law
Il suocero di Anna è molto malato.	Anna's father-in-law is very ill.

Conosci già **mia suocera**?	Do you know my sister-in-law yet?
i **suoceri** *pl*	parents-in-law
I suoceri dil Letizia sono arrivati ieri.	Letizia's parents-in-law arrived yesterday.
anziano, a	old; aged
I miei suoceri non sono molto anziani.	My parents-in-law are not very old.
il **genero**	son-in-law
Ho due generi molto affettuosi.	I have two very affectionate sons-in-law.
la **nuora**	daughter-in-law
Paola è la nuora **di mia cognata.**	Paola is the daughter-in-law of my sister-in-law.

il **divorzio**	divorce
divorziare	(get a) divorce
convivere	live together
Hanno convissuto a lungo **prima di sposarsi.**	They lived together a long time before they got married.
fidanzarsi	get engaged
Si sono fidanzati già **un anno fa.**	They got engaged a year ago.
sposarsi	get married, marry
Ci sposeremo in Italia in agosto.	We will get married in Italy in August.
lo **sposo**, la **sposa**	(bride)groom, bride
Lo sposo **era in blu.**	The groom was dressed in dark blue.
La sposa aveva un bellissimo abito bianco.	The bride wore a very beautiful white dress.
le **nozze** *pl*	wedding
Le nozze avranno luogo nel duomo **della mia città.**	The wedding will take place in the cathedral of my hometown.

il **babbo**	pop
il **papà**	papa
la **mamma**	mom
il **bimbo**, la **bimba**	baby, infant
Stefania è una bimba molto allegra.	Stefania is a very happy baby.

il **ragazzino**	little boy
maggiore	older
Chi è **il maggiore dei fratelli?**	Which brother is older?

minore Io sono la sorella **minore** di Isabella.	younger I'm Isabella's younger sister.
legittimo, a Lo sapevi che Francesco non è figlio legittimo?	legitimate Did you know that Francesco is an illegitimate child?
il **gemello**, la **gemella**	twin; twin brother, twin sister
assomigliarsi	look alike
unito, a Annalisa e Daria sono gemelle e **si assomigliano come due gocce d'acqua.** – È vero, e sono anche molto unite.	close, united Annalisa and Daria are twins and look as alike as two pins. – That's true, and they're also very close.

l'**infanzia**	infancy, childhood
educare Non è **facile educare** bene i figli.	educate, bring up, rear It's not easy to bring up children well.
l'**educazione** f Liliana ha ricevuto un'ottima educazione.	education, upbringing, rearing Liliana received an excellent education.
la **generazione** Il modo di educare i figli cambia da una generazione all'altra.	generation The method of childrearing changes from one generation to the next.
viziare È **bene** non viziare troppo i figli.	spoil It's good not to spoil children too much.

7.2 Greetings, Farewells, Invitations

salutare Se vedi i tuoi genitori, **salutali** tanto **da parte mia.**	greet; say good-bye; send regards When you see your parents, give them my warm regards.
ciao	hello, hi
stare	be
come Ciao, **come stai?** – Io sto bene, grazie. E tu? **Come stai** oggi?	how Hi, how are you? – I'm fine, thanks, and you? How are you today?
il **saluto**	greeting
cordiale Cordiali saluti a tutta la famiglia.	warm, cordial Warm regards to the whole family.

buongiorno	Good morning; Good day
Buongiorno, signora Rossi, **come sta?**	Good morning, Mrs. Rossi, how are you?
buonasera	Good evening
Buonasera a tutti, cosa **facciamo di bello?**	Good evening, everybody; what fun thing shall we do?
buonanotte	Good night
Dopo **aver dato la buonanotte** a tutti, puoi andare a letto.	After you've said good night to everyone, you can go to bed.
arrivederci	Good-bye
Arrivederci al prossimo anno e fate buon viaggio!	Good-bye until next year, and have a good trip!
arrivederla	Good-bye (polite form of address)
Arrivederla, signor Martini, e grazie della sua visita.	Good-bye, Mr. Martini, and thank you for your visit.
l'**addio**	good-bye, farewell
È arrivato il momento **di dirsi addio!**	It's time to say good-bye!

Il **signor(e)**	Mr; gentleman

 Troncamento

If **signore**, an *occupational designation*, or a *title* ending in **-re** is followed by the *name of the person*, the final **-e** is generally dropped:
The so-called *troncamento* is also used when an *infinitive* is the first element of a compound expression:

far vedere	*show*
aver detto	*have said*
esser stato	*have been*

Note:
In Italian it is quite usual to use the first name after **signor** and **signora**:

Il **signor Mario** è uscito, la **signora Maria** sta a casa.	*Signor Mario has left; Signora Maria is staying at home.*

---

la **signora**	Mrs.; madam; lady
caro, a	dear
Cara signora Giovanna, che piacere **incontrarla!**	Dear Signora Giovanna, what a pleasure to see you!
la **signorina**	Miss; young lady
incontrare	meet, encounter
presentare	introduce, present

Signora Bianchi, Le presento la mia amica Annamaria. | Mrs. Bianchi, may I introduce my friend Annamaria to you?

il **piacere** — pleasure

Piacere di conoscerla, signora! — It's a pleasure to meet you, ma'am!

dare del tu — use (the familiar) *tu*

dare del lei — use (the polite) *lei*

Al signor Ferri **do del lei**, sua moglie ed io invece **ci diamo del tu.** — I call Mr. Fieri *lei*, but his wife and I call each other *tu*.

invitare — invite

Li abbiamo invitati già tre volte e non sono mai venuti. — We've invited them three times now, but they've never come.

partecipare — participate, take part

Grazie dell'invito, parteciperemo volentieri a questa manifestazione. — Thank you for the invitation. We will be happy to participate in this event.

l'**amico**, l'**amica** — friend

Abbiamo invitato anche gli amici di Roberto. — We have invited Robert's friends too.

intimo, a — intimate, close

l'**invitato**, l'**invitata** — (invited) guest

Quanti invitati **ci saranno** alla tua festa? — How many guests will there be at your party?

l'**invito** — invitation

Vorrei mandare l'invito anche a Carlo. **Spero che possa** venire. — I would like to send Carlo an invitation too. I hope he can come.

l'**ospite** m, f — guest

Gli ospiti **se ne sono andati** poco dopo mezzanotte. — The guests left shortly after midnight.

la **visita** — visit

Oggi andiamo **a far visita a** tua nonna. — Today we're going to pay a visit to your grandmother.

Permesso? — May I?

avanti — forward; come in

Permesso? – **Avanti! Si accomodi pure!** — May I? – Come in! Have a seat!

bussare — knock

Si prega di entrare senza bussare! — Please enter without knocking!

benvenuto, a — welcome

Sei sempre benvenuta, **accomodati**, prego! — You're always welcome, please come in!

accomodarsi — sit down; come in

disturbarsi	go to the trouble, put oneself out
dispiacere	be sorry; displease
Mi dispiace che Lei **si disturbi** tanto.	I'm sorry that you're going to such trouble.
favorire ‹favorisco›	have the kindness to; help oneself
Prego, **favorisca**, non **faccia** complimenti!	Please, help yourself! Make yourself at home.
visitare	visit

Visit

Italian has various ways of expressing the notions of going once and going on a regular basis:

doctor, museum:	*visitare*
Ti sei fatto visitare?	*Did you visit the doctor?*
school, restaurant:	*frequentare*
Mio figlio frequenta la prima media.	*My son is in fifth grade.*
pay a visit to s.o.:	*andare/venire a trovare qu*
Stamattina è venuta a trovami Marina.	*Marina visited me this morning.*

---

incontrarsi	meet
Quando ci incontriamo, **alle 10 o alle 11?**	When are we meeting? At ten or at eleven?
vedersi	see one another
È tanto tempo che non ci vediamo.	We haven't seen each other in a long time.
l'ospitalità	hospitality
Spero **di poter ricambiare presto** la tua ospitalità.	I hope to be able to return your hospitality soon.
ospitare	put up for the night
Mi piacerebbe ospitare i tuoi amici, ma purtroppo non ho posto.	I'd be glad to put up your friends for the night, but unfortunately I have no room.
ricevere	receive
Quella signora riceve sempre le amiche **il giovedì.**	This lady always receives her friends on Thursday.
il **ricevimento**	reception
Sono molto **lieta** di venire al vostro ricevimento.	I will be very pleased to attend your reception.
ricambiare	reciprocate, return
A presto!	See you soon!
Arrivederci a presto!	See you soon, good-bye!
conoscere	know; make the acquaintance of

Conosci già i miei colleghi?	Do you know my colleagues?
il, la **conoscente**	acquaintance
In questa città abbiamo molti buoni conoscenti.	In this town we have many good acquaintances.
la **conoscenza**	acquaintanceship
lieto, a	happy, delighted, glad
Molto lieto di fare la Sua conoscenza.	I'm delighted to make your acquaintance.
presentarsi	introduce oneself
Permette che mi **presenti?**	May I introduce myself?

il **legame**	bond, tie; connection
il, la **collega**	colleague
ritrovare	find again, meet again
Ieri ho ritrovato vecchi colleghi che non vedevo da tanto tempo.	Yesterday I ran into some old colleagues whom I hadn't seen in a long time.
la **cortesia**	courtesy, kindness
Per cortesia, potrebbe **aiutarmi?**	Could you help me, please?
La cortesia è sempre apprezzata.	Courtesy is always appreciated.

7.3 Positive and Negative Social Behavior

il **comportamento**	behavior, conduct, deportment
comportarsi	behave, conduct oneself
Secondo noi vi siete comportati **benissimo.**	In our opinion, you behaved very well.
aiutare qu	help someone
Scusi, **può aiutarmi,** per favore?	Excuse me, can you help me, please?
il **favore**	favor
Se posso **farti** un favore, **te lo faccio** volentieri.	If I can do you a favor, I'll be glad to do so.
l'**aiuto**	help
appoggiare	support, to
l'**appoggio**	support
il **soccorso**	help, aid, assistance
Grazie di essere venuta **in mio soccorso, ne avevo bisogno.**	Thank you for having come to my aid. I needed it.
accompagnare	accompany
Posso **accompagnarti** a casa?	May I accompany you home?

accontentare
Prima accontentiamo i bambini,
poi pensiamo ai grandi.

content, satisfy, please
First let's keep the children
happy, then we'll think about
the adults.

calmare
Se non la calmi presto, **sveglierà
tutti i vicini.**

calm (*down*), soothe
If you don't calm her down
right away, she'll wake all the
neighbors.

calmarsi
Per fortuna Daniela **si è calmata**
subito.

become calm, quiet down
Luckily Daniela quieted down
right away.

responsabile
Chi è **responsabile di** questo
lavoro?

responsible
Who is responsible for this
work?

la **responsabilità**
Abbiamo fatto tutto **sotto la
nostra responsabilità.**

responsibility
We did it all on our own
responsibility.

il **rispetto**
Proviamo tutti grande **rispetto
per lui.**

respect
We all have great respect for
him.

sociale
I rapporti sociali sono molto
importanti.

social
Social relations are very
important.

la **società**
La **società di oggi** non condanna
più certe cose.

society
Modern society no longer con-
demns certain things.

offendere
Siamo stati offesi da voi senza
ragione.

offend, insult; hurt, vex
You insulted us for no reason.

l'**offesa**
Non posso dimenticare l'offesa
che ha fatto **a mio cugino.**

offense, insult
I can't forget that he insulted
my cousin.

litigare
Non litighiamo più da tanto
tempo.

quarrel, dispute
We haven't quarreled in a long
time.

avercela con qu

Scusa, **con chi ce l'hai?**
– **Ce l'ho con te**, non l'hai ancora
capito?

be angry at someone, have something against someone
Excuse me, who are you angry
at? – At you, haven't you
grasped that yet?

sciocco, a

silly, stupid, foolish

Secondo me **siete stati sciocchi a comportarvi** così.
In my opinion it was foolish of you to act that way.

la **sciocchezza**
stupidity, foolishness, nonsense; small thing

Non dire sciocchezze!
Don't talk nonsense!

È solo una sciocchezza, ma **spero** che **ti faccia** piacere lo stesso.
It's only a small thing, but I hope you enjoy it nevertheless.

la **rabbia**
rage

Mamma mia, che rabbia mi fai!
Hang it all, how enraged you make me!

il, la **rivale**
rival, opponent

Chi è **il mio** rivale in questa partita?
Who is my opponent in this round?

vendicare
avenge, revenge

Perché **vendichi su di me** l'offesa che ti ha fatto un altro?
Why are you taking revenge on me for someone else's offense?

vendicarsi di
avenge oneself, take revenge

---

abbandonare
abandon

Guido ha abbandonato la famiglia senza dire **nessun motivo**.
Guido abandoned his family without giving a reason.

la **colpa**
guilt, fault

Ma allora di chi è la colpa? – Non lo so, **ma non è certo mia.**
Whose fault is it then? – I don't know, but it's certainly not mine.

deludere
disappoint

Grazia lo ha deluso tanto che **non ne vuole** più **sentir parlare**.
Grazia disappointed him so much that he wants nothing more to do with her.

---

distratto, a
distracted; absent-minded

Per piacere, vuoi ripetere? Ero distratto.
Would you repeat it, please? I was distracted.

la **distrazione**
distraction; absent-mindedness

La causa di quell'incidente è stata solo la distrazione.
The cause of the accident was nothing but absent-mindedness.

stanco, a
tired

Stiamo in piedi, grazie, non siamo stanchi.
We'll stand, thanks; we aren't tired.

stancare
tire; bore

trattenersi da ‹mi trattengo›
refrain from

Adesso **basta**, questa storia ci ha **stancati tutti. Mi trattengo dal dire quello che** penso solo per buona educazione.
That's enough now, this story has bored everyone. I refrain from saying what I think only because of my good upbringing.

trattenere ‹trattengo›
detain; hold back

Se devi proprio andare, non ti tratteniamo più.	If you really have to go, we won't detain you any longer.

l'**atteggiamento**	attitude
Il nostro atteggiamento verso di lui non è cambiato.	Our attitude toward him has not changed.
la **sorpresa**	surprise
È stata una sorpresa anche per noi.	It was a surprise for us as well.
aspettarsi qc	expect
Noi ci aspettavamo da lui un comportamento più gentile.	We had expected more courteous behavior from him
accontentarsi di	be contented, be satisfied with
Non ti preoccupare, io **mi accontento di poco!**	Don't worry, I'm content with little.
arrangiarsi	agree, reach an agreement; manage
Si sono arrangiati tra di loro senza problemi.	They reached an agreement among themselves without difficulty.

introdurre	introduce
Perché non introduci **i tuoi amici** nel nostro circolo?	Why don't you introduce your friends to our group?
intendersi	agree, come to terms; understand; know about
Quei due s'intendono perfettamente.	The two of them get along perfectly.
Se **hai dei dubbi**, chiedi a Luigi.	If you have doubts, ask Luigi. I
Io non me ne intendo.	don't know about it.
intendersela con qu	be hand in glove with someone; have an affair with someone
Dicono che **se l'intenda** con la figlia del capo.	They say that he is having an affair with the boss's daughter.
l'**intesa**	understanding, agreement
agganciare *fam*	hit on
rimorchiare *fam*	take in tow

privilegiare	prefer, favor; grant a privilege to
Non voglio che privilegiate mio figlio **in nessun modo.**	I don't want you to favor my son in any way.
il **privilegio**	privilege; advantage; favor
Francesca ha il privilegio di essere molto socievole.	Francesca has the advantage of being very sociable.
soccorrere	help, aid
Li soccorsero subito e poterono salvarli.	They came to their aid at once and were able to save them.

ottenere	obtain
ricompensare	recompense, reward
Ti assicuro che sarai **ricompensato di tutto.**	I assure you that you will be recompensed for everything.
Le tue parole mi hanno ricompensato **di ogni fatica.**	Your words have rewarded me for all my pains.

sociẹvole	sociable
la **solidarietà**	solidarity
La solidarietà aiuta **più di** qualsiasi legge.	Solidarity helps more than any law.
condivịdere	share (with), participate in; divide

imbrogliare	confuse; cheat, take in
l'**imbroglione**, l'**imbrogliona**	swindler, cheat
Non vogliamo **avere a che fare** con lui, è un grande imbroglione.	We don't want to have anything to do with him; he's an awful cheat.
ingannare	deceive, cheat; betray
Fai attenzione, **quella donna** ha già ingannato molti.	Be careful, that woman has already deceived many people.
sospettare di qu	suspect someone
Nessuno **sospettava di lui** e così li ha imbrogliati **in pieno.**	No one suspected him, and he completely fooled them all.

annoiare	bore
Quella persona mi annoia a morte.	That person bores me to death.
la **delusione**	disappointment
Quell'incontro fu una delusione per tutti.	This meeting was a disappointment for everyone.
infastidire ‹infastidisco›	annoy; inconvenience
Non parlare più di queste cose, **mi infastidisce sentirle.**	Don't talk about those things anymore; it annoys me to hear them.
scocciare fam	make nervous; annoy greatly
stancarsi	get tired, become exhausted
il **riposo**	rest, repose, quiet
Ci siamo stancati troppo ed **abbiamo voglia di** riposo.	We've gotten too tired and we want to rest.

tormentare	torment
Il pensiero di andare tanto lontano lo tormenta da tempo.	The thought of having to go so far away has been tormenting him for a long time.

il **tormento**	torment; worry; pain
Non puoi stare un po' tranquillo?	Can't you be a little quiet?
Sei proprio un tormento!	You're really a pain!
torturare	torture; torment
Non torturarla più con le tue paure.	Don't torture her anymore with your fears.
il **risentimento**	resentment
Come mai tutto questo risentimento nei loro confronti?	Why such resentment toward him?
risentire di	suffer from
Risentiamo molto **della perdita dei nostri genitori.**	We suffer greatly from the loss of our parents.
l'**emarginazione** f	marginalization
Il problema dell'emarginazione di alcuni gruppi ha raggiunto un livello molto alto.	The problem of the social marginalization of certain groups has reached quite a high level.
l'**emarginato, a**	outsider
il **livello**	level

7.4 Possession and Belonging

avere	have
Abbiamo un grande giardino con molti alberi.	We have a large yard with many trees.
possedere	possess, own
Io **non** possiedo **più nulla** in questa zona, ho lasciato tutto a mio fratello.	I no longer own anything in this area; I've turned everything over to my brother.
il **possesso**	possession
Siete ancora **in possesso dei** vostri documenti?	Are you still in possession of your documents?
il **proprietario**, la **proprietaria**	owner, proprietor, landlord
la **proprietà**	property, possession
Le sue proprietà si trovano in Emilia-Romagna.	His properties are in Emilia-Romagna.
proprio, a	own
Ognuno deve **fare attenzione** alle proprie cose.	Everyone should mind his own business.
mio, a	my, mine
I miei fratelli sono in Germania.	My brothers are in Germany.

la mia sorella piccola è tornata ieri.	My little sister returned yesterday.
tuo, a	your, yours (singular)
Quando arrivano i tuoi amici?	When are your friends coming?
Tua madre è molto cara.	Your mother is very dear.
suo, a	his, her, hers; its; their
I suoi parenti vivono in Calabria.	His (her, their) relatives live in Calabria.
nostro, a	our, ours
Nostro padre è di Torino.	Our father comes from Turin.
Le nostre sorelle abitano a Venezia.	Our sisters live in Venice.
vostro, a	your, yours (plural)
Dove sono i vostri zii?	Where are your uncles?
Mio zio Antonio è qui, ma il mio zio preferito è a Padova.	My Uncle Antonio is here, but my favorite uncle is in Padua.
loro	their, theirs
La loro madre è ancora giovane.	Their mother is still young.
I loro nonni sono molto vecchi.	Their grandparents are very old.

appartenere a	belong to
A chi appartiene questa bellissima casa?	Who does this gorgeous house belong to?
essere di	belong to
Di chi è questa borsa?	Who does this bag belong to?
– È di mia zia Emma.	– It belongs to my Aunt Emma.
il patrimonio	patrimony, inheritance
Ha investito il suo patrimonio in opere d'arte.	He has invested his inheritance in works of art.
investire	invest
restituire ‹restituisco›	return, give back
Quando mi restituisci il libro che ti ho prestato?	When will you give me back the book I loaned you?

False Friends 👍 👎

Italian Word	Thematic Meaning(s)	False Friend	Italian Equivalent(s)
minore	younger	minor	minorenne
il/la parente	relative	parent(s)	i genitori

8.1 Education

l'**educazione** f
la **scuola**
  Le scuole pubbliche della nostra
  città sono **ottime**.
scolastico, a
  In Italia l'anno scolastico comincia
  verso la metà di settembre.

education; upbringing
school
  The public schools in our town
  are excellent.
scholastic, school
  In Italy the school year begins
  about the middle of September.

l'**asilo (infantile)**
  La maestra d'asilo di mio figlio è
  molto carina.
la **scuola materna**
la **scuola elementare**
la **scuola media**
  La scuola media è **una scuola**
  dell'obbliogo e dura tre anni.
la **scuola superiore**
  Finite le medie si può passare alle
  scuole superiori.
il **liceo**

kindergarten
  My son's kindergarten teacher is
  very nice.
preschool
elementary school
middle school
  Middle school is compulsory,
  and it lasts three years.
high school
  After finishing middle school,
  one can attend the high schools.
senior high school (upper grades)

la **classe**
  La nostra classe farà una **gita**
  scolastica in maggio.
la **lezione**
  Quante ore di lezione hai oggi?

class
  Our class will take a school trip
  in May.
lesson; school class
  How many classes do you have
  today?

imparare
  Devo ancora imparare la lezione per
  domani.
l'**assenza**
  Non potete **fare tante assenze!**
recuperare
  Devo studiare molto per recuperare le lezioni che ho perduto.
il **recupero**
le **vacanze** pl
  I ragazzi italiani hanno spesso
  parecchi compiti da fare durante le
  vacanze.

learn, study
  I still have to study my lesson
  for tomorrow.
absence
  You mustn't have so many absences!
make up
  I have to study hard to make up
  the lessons I missed.
makeup
vacation
  Italian children often have to do
  quite a lot of assignments during
  vacation.

insegnare

teach

Al liceo classico **insegnano** anche greco e latino.
In a *liceo classico*, Greek and Latin are also taught.

l'**insegnante** *m, f*
teacher

Quest'anno ci saranno molti nuovi insegnanti.
This year there will be many new teachers

il **maestro**, la **maestra**
elementary school teacher

Paolino **vuole** molto **bene alla sua maestra** perché non è autoritaria.
Paolino likes his elementary school teacher a lot because she is not authoritarian.

I maestri delle elementari di Via Cavour sono tutti molto giovani.
The teachers at the elementary school on Via Cavour are all very young.

autoritario, a
authoritarian

severo, a
strict, severe

il **professore**, la **professoressa**
professor; teacher at higher-level schools

Il signor Ferrucci era prima professore alla scuola media, poi è **passato** al liceo.
Mr. Ferrucci was first a middle-school teacher, then he switched to high school.

La mia professoressa d'italiano è molto simpatica.
My Italian teacher is very nice.

l'**esame di maturità**
school-leaving examination, graduation exam

l'**esame di stato** *m*
(first) state examination (at university)

il **diploma**
diploma

Gabriella **ha preso** due diplomi.
Gabriella has earned two diplomas.

la **licenza**
diploma, license

Il **titolo di studio**
certificate of completion

il **collegio**
boarding school

dirigere
direct

il **direttore**, la **direttrice**
headmaster, principal

cooperare
cooperate

Se **cooperate** anche voi **in** questo lavoro, avremo un grande successo.
If you cooperate in this work too, we'll have great success.

Note the following peculiarities in the formation of the feminine form:

il diret**tore**	la diret**trice**
l'at**tore**	l'at**trice**
il pit**tore**	la pit**trice**

For additional peculiarities, see page 141.

la **(pubblica) istruzione**
(public) education system

l'**asilo nido**
day nursery

L'asilo nido è **al completo**; non **possono prendere** altri bambini.	The day nursery is full; no more children can be accepted.
la **scuola dell'obbligo**	compulsory school
il **liceo classico**	high school emphasizing the classics
Il liceo classico comprende due anni di ginnasio e tre anni di liceo e termina con la maturità.	The *liceo classico* includes two years of high school and three of senior high; it ends with the graduation exam.
il **liceo scientifico**	high school emphasizing science and math
prevedere	foresee, expect
Il liceo scientifico prevede cinque anni di studio e l'esame di maturità.	The *liceo scientifico* entails five years of education and a graduation exam.
il **liceo artistico**	high school emphasizing music
In Italia **ci sono** anche licei artistici.	In Italy there are high schools that emphasize music as well.

8.2 School, Classroom Instruction

l'**allievo**, l'**allieva**	pupil, student
Gli allievi **di quel liceo** sono molto bravi.	The students at this high school are very able.
il **compagno**, la **compagna**	classmate, schoolmate
Chi è il tuo **compagno di banco**?	Which schoolmate shares a desk with you?
Oggi pomeriggio voglio studiare **con le mie compagne** di scuola.	This afternoon I want to study with my school friends.
frequentare	attend
Luigi frequenta **la terza media**.	Luigi attends the third grade of middle school.

l'**attenzione** f	attention
I bambini devono **fare attenzione a quello che** dice il maestro.	The children have to pay attention to what the teacher says.
concentrarsi	concentrate
attento, a	attentive
Cercate di stare attenti alle spiegazioni del professore.	Try to be attentive to the teacher's explanations.
Non hai capito la spiegazione perché non sei stato attento.	You didn't understand the explanation because you weren't paying attention.

il **silenzio**
L'insegnante ha dovuto **sgridare**
gli allievi perché **non facevano**
silenzio.

silence, quiet
The teacher had to scold his
pupils because they wouldn't be
quiet.

Distinguish between:
la calma   *calm*
il silenzio   *silence*
la tranquillità   *serenity*

silenzioso, a
zitto, a
Ma questi ragazzi **non stanno mai**
zitti!
ascoltare
Se non ascolti bene, sbaglierai
ancora.

silent, still
quiet, hushed
These boys just won't be quiet.

listen
If you don't listen well, you'll
get it wrong again.

la **pagella**
il **voto**
Hai avuto una buona pagella
quest'anno? – Sì, **sono contento**
dei voti che ho avuto.
bocciare
Piergiorgio purtroppo è stato
bocciato.
promuovere
Luisa è stata promossa **in quarta.**

school report card
grade
Did you get a good report card
this year? – Yes, I'm happy with
the grades I got.
fail, hold back
Piergiorgio unfortunately was
held back.
promote
Luisa was promoted to fourth
grade.

la **materia**
Quante materie devi preparare per
l'esame?
l'**esempio**
L'insegnante ha fatto molti esempi
per **far capire** le regole.
l'**esercizio**
Ora **faremo un esercizio in**
classe.
imparare a memoria
Dobbiamo imparare a memoria
molte date.
il **metodo**
spiegare

subject
How many subjects do you have
to prepare for the exam?
example
The teacher gave a lot of examples to explain the rules.
exercise
Now we'll do an exercise with
the entire class.
memorize, commit to memory
We have to memorize a lot of
dates.
method
explain

Ti spiegherò subito **il metodo** che devi **seguire**.	I'll explain to you right away the method you have to use.
sapere	know; can
Mi dispiace, ma non so calcolare molto bene.	I'm sorry, but I can't do arithmetic well.

Can

For *can* expressing *ability* and *can* expressing *possibility*, Italian uses different verbs:

sapere	*can (ability)*
potere	*can (possibility)*
Naturalmente **so** nuotare, ma oggi non **posso** perché sono raffreddato.	*Of course I can swim, but today I can't because I have a cold.*

i **compiti** *pl*	homework
Per domani abbiamo molti compiti.	We have a lot of homework for tomorrow.
esatto, a	correct, right
l'**errore** *m*	mistake, error
Quanti errori hai fatto nel tuo compito?	How many mistakes did you make in your composition?
lo **sbaglio**	mistake
stupido, a	dumb, stupid
Ho fatto uno sbaglio perché **non riuscivo più** a concentrarmi. – Chiaro, tu non sei affatto stupido.	I made a mistake because I couldn't concentrate anymore. – Of course, you're not dumb by any means.
cancellare	cross out
Cancella **quella** frase, è sbagliata.	Cross out that sentence; it's wrong.
la **frase**	sentence
correggere	correct
Quando hai corretto quel lavoro?	When did you correct this work?

leggere	read
Hai già letto l'**ultimo** romanzo di De Crescenzo?	Have you read the latest novel by De Crescenzo yet?
il **libro**	book
scrivere	write
il **quaderno**	notebook
Dovete scrivere tutte queste formule **nel vostro quaderno**.	You have to write all these formulas down in your notebook.
la **penna**	fountain pen
la **matita**	pencil

Puoi **prestarmi** una penna, per favore? – No, ma se vuoi ho una matita.

Can you lend me a pen, please? – No, but I have a pencil if you want it.

la **biro** *inv*

ballpoint pen

la **lavagna**	blackboard
il **gesso**	chalk
la **spugna**	sponge

Non posso scrivere alla lavagna perché manca il gesso. – **Ora te lo** porto insieme alla spugna.

I can't go to the blackboard because there's no chalk. – I'll bring it to you along with the sponge.

la **lingua straniera**	foreign language
il **tedesco**	German
l'**inglese**	English
il **francese**	French
lo **spagnolo**	Spanish
l'**italiano**	Italian

il **dizionario**

dictionary

Mi può consigliare un buon dizionario?

Can you recommend a good dictionary to me?

l'**enciclopedia**

encyclopedia

Se prendi una buona enciclopedia troverai **tutto quello che ti serve.**

If you get a good encyclopedia, you'll find everything you need.

tradurre

translate

Mi traduci **questa** lettera della mia amica tedesca?

Can you translate this letter to my German girlfriend for me?

la **grammatica**

grammar

La grammatica è molto importante se si vuole parlare bene una lingua straniera.

Grammar is very important if you want to speak a foreign language well.

l'**ortografia**

spelling, orthography

la **geografia**	geography
la **storia**	history
la **matematica**	math(ematics)
la **biologia**	biology
la **fisica**	physics

Suo padre **vorrebbe che** Daniele **studiasse** fisica nucleare.

Daniele's father wants his daughter to study nuclear physics.

la **chimica**	chemistry
l'**arte** *f*	art
la **musica**	music

la **religione**	religion
lo **sport**	sports, athletics

contare	count
Io so contare fino a cento in quattro lingue, e tu?	I can count to one hundred in four languages, and you?
calcolare	calculate; do arithmetic
sommare	add
sottrarre	subtract
moltiplicare	multiply
Per calcolare l'importo devi prima fare una sottrazione. Poi moltiplichi **per** otto e dividi **per** tre.	To calculate the total, you first have to subtract. Then multiply by eight and divide by three.
divịdere	divide

l'**ạula**	classroom; hall
Le aule della nuova scuola sono molto moderne.	The classrooms in the new school are very modern.
lo **scolaro**, la **scolara**	pupil
In questa classe ci sono quindici scolare e otto scolari.	In this class fifteen pupils are girls and eight are boys.
il **banco (di scuola)**	(school) bench
la **cạttedra**	desk; lectern

lodare	praise
il **rendimento**	achievement
L'insegnante ha lodato i ragazzi per il loro rendimento.	The teacher praised the children for their achievement.
sgridare qu	scold, rebuke, chide
insufficiente	inadequate, insufficient; unsatisfactory
sufficiente	adequate, sufficient; satisfactory
sbagliare	do wrong, make mistakes, be in error
copiare	copy
Se **copi dal tuo compagno, avrete** un voto bassissimo **tutti e due.**	If you copy from your neighbor, you'll both get the lowest grade.
suggerire ‹suggerisco›	prompt

la **memoria**	memory
la **spiegazione**	explanation
la **rẹgola**	rule
Faremo ora degli esempi **in cui potrete applicare** la regola che avete appena imparato.	Now we'll do examples in which you can apply the rule you just learned.

la **formula**	formula

l'**alfabeto**	alphabet
Conosci l'alfabeto italiano?	Do you know the Italian alphabet?
il **tema**	theme
I ragazzi della mia classe hanno scritto **dei** temi molto belli.	The boys from my class wrote very nice themes.
il **dettato**	dictation
dettare	dictate
la **scrittura**	handwriting
Non riesco a leggere la tua scrittura.	I can't read your handwriting.
il **vocabolario**	dictionary
Oggi ho dimenticato a casa **il vocabolario d'inglese.**	I left my English dictionary at home today.
la **relazione**	report
riassumere	summarize

il **calcolo**	calculation, computation
Quel bambino è bravissimo a fare i calcoli.	This boy is very gifted at doing arithmetic.
la **somma**	addition
la **sottrazione**	subtraction
la **moltiplicazione**	multiplication
la **divisione**	division
il **compasso**	compass

8.3 University

l'**università**	university
Bologna ha l'università più vecchia del mondo.	Bologna has the oldest university in the world.
la **facoltà**	faculty, college, division of learning
A quale facoltà ti sei iscritto?	In which faculty did you register?
lo **studio**	study, education
Il mio studio è molto lungo, ma mi piace.	My course of study is quite long, but I like it.
studiare	study; learn
Oggi ho studiato bene e non ho **paura dell'esame.**	I studied well today and I'm not afraid of the exam.
diventare	become

lo **studente**, la **studentessa**	student
Gli **studenti del liceo** avranno un incontro con quelli dell'università.	The high school students will meet with the university students.
il **corso**	course (of lectures)
Sto frequentando un corso di filosofia su Aristotele all'università di Bologna.	I'm attending a philosophy course on Aristotle at the University of Bologna.
il **colloquio**	conference
Vorrei avere un colloquio con un assistente di archeologia.	I'd like to have a conference with an assistant in the Archeology Department.

la **scienza**	(natural) science
Mi affascinano le scienze.	I'm fascinated by the natural sciences.
la **medicina**	medicine
la **farmacia**	pharmacy
l'**ingegneria**	engineering
nucleare	nuclear
l'**informatica**	information technology

la **filosofia**	philosophy
A Giovanni piacerebbe studiare storia e filosofia.	Giovanni would like to study history and philosophy.
la **letteratura**	literature
le **lettere** *pl*	liberal arts
la **legge**	law
Studiamo **tutti e tre** lettere, e voi? – Noi studiamo legge e **tra poco ci laurreeremo.**	All three of us are studying liberal arts, and you? – We're studying law and soon we'll graduate.
l'**economia**	economics
l'**archeologia**	archeology
l'**architettura**	architecture
C'è la facoltà di architettura in quest'università?	Does this university have a School of Architecture?

il **latino**	Latin
il **greco**	Greek
la **lettura**	lecture; reading
Bisogna fare **esercizi di lettura inglese.**	Reading exercises in English has to be done.
il **lettore**, la **lettrice**	lecturer

esaminare	test, examine

In quante materie **sarai esaminato?**	How many subjects will you be tested in?
l'**esame** m	test, exam(ination)
il **risultato**	result
Che **risultato** hai avuto all'esame?	What results did you get on the exam?
risultare	result
Che quota è risultata dai tuoi calcoli?	What rate results from your calculations?
rimandare	fail (someone)
Non avevo studiato abbastanza e quindi sono stato rimandato.	I hadn't studied enough, so I was given a failing grade.
iscriversi	enroll, register
l'**istituto**	institute
Frequento l'**istituto interpreti** da due anni.	I've attended the translation institute for two years.
la **borsa di studio**	scholarship
Spero di vincere una borsa di studio **per la** Gran Bretagna.	I hope to win a scholarship to study in Great Britain.
universitario, a	university, academic
la **riforma**	reform
La riforma dell'università non ha portato solo vantaggi.	University reform has not brought advantages alone.
la **tesi**	thesis, dissertation
la **laurea**	university graduation; Italian doctorate
Hai scelto una tesi di laurea molto bella ma anche problematica.	You've chosen a fine, but also difficult, topic for your thesis.
laurearsi	graduate, get one's degree
la **lode**	commendation, praise
Anna si è laureata con lode.	Anna graduated *cum laude*.
lo **scienziato**, la **scienziata**	scientist
Giuseppe ha tutte le doti per diventare un ottimo scienziato.	Giuseppe has all the gifts needed to become an excellent scientist.
la **dote**	gift

False Friends			
Italian Word	Thematic Meaning(s)	False Friend	Italian Equivalent(s)
il banco (di scuola)	(school, etc.) bench	bank	la banca
la fiscia	physics	physique	il fisico
la licenza	diploma	license	il permesso
suggerire	prompt	suggest	proporre, sostenere

9.1 Tools and Skilled Trades

il **manuale**
manual, handbook

l'**apparecchio**
apparatus, device, machine

Non puoi usare **quell'apparec-chio**, è rotto.
You can't use this device; it's broken.

l'**attrezzo**
utensil, tool, implement

Per questo lavoro **ho bisogno di** molti attrezzi.
I need a lot of tools for this job.

usare
use

trasformare
transform, alter

Con poco lavoro e pochi attrezzi abbiamo trasformato tutta la stanza.
With a little work and a few tools, we've transformed the entire room.

la **sega**
saw

Questa sega **non taglia più**.
This saw is dull.

il **martello (pneumatico)**
(pneumatic) hammer, (air) hammer

il **chiodo**
nail

la **vite**
screw

Di quante viti avete bisogno per fissare **quello** scaffale?
How many screws do you need to fasten these bookshelves?

le **tenaglie** pl
pliers

il **trapano**
drill, borer, auger

il **pennello**
brush

lo **smalto**
enamel

applicare
apply

Questo pennello **va bene per** applicare lo smalto.
This brush is good for applying enamel.

la **vernice**
paint

il **secchio**
bucket

Non prendere quel secchio di vernice, è già quasi vuoto.
Don't take that paint bucket; it's almost empty.

il **metro**
meterstick, metric tape measure

Se non mi dai un metro non posso misurare niente.
If you don't give me a meterstick, I can't measure anything.

il **metro pieghevole**
inch rule

pesare
weigh

la **bilancia**
scales, balances

la **livella**
mason's level, spirit level

l'**attrezzatura**
equipment; outfit; machinery

Hai una bellissima attrezzatura e puoi **fare tutto da solo.**
You have fantastic equipment and can do everything yourself.

l'**arnese** m	tool, implement, utensil
Cosa vuoi fare con **quell'arnese** che hai in mano?	What do you plan to do with the tool you have in your hand?
la **trapanatrice**	drilling machine, drill press, drill
il **gattuccio**	keyhole saw, compass saw
utilizzare	utilize

il **gancio**	hook
Dove devo attaccare i ganci?	Where should I attach the hooks?
attaccare	attach
il **lucchetto**	padlock
Non importa se non hai la chiave, metteremo un lucchetto.	It doesn't matter if you don't have a key. We'll put on a padlock.
legare	connect, join; fasten
lo **spago**	string, cord; twine; tie
Preferisco legare questa scatola con lo spago.	I prefer to tie this box with string.

fissare	fix; fasten
la **corda**	rope; cord
Se il nastro adesivo non tiene, **fissalo** con una corda.	If the adhesive tape doesn't hold, fasten it with cord.
il **nodo**	knot
pendere	hang

il **cacciavite**	screwdriver
Questo cacciavite è troppo piccolo, ce ne **vuole** uno più grande.	This screwdriver is too small; a bigger one is needed.
la **pinzetta**	tweezers
Ci **vuole** una pinzetta, con le dita non **ce la fai**.	You need tweezers, you can't do it with your fingers.
la **molla**	spring, mainspring
Bisogna cambiare le molle, sono rovinate.	The springs are ruined; they need to be replaced.
la **pompa**	pump
la **conduttura**	conduit, water pipe
Mi servono le tenaglie per riparare la conduttura.	I need pliers to repair the water pipe.

l'**interruttore** m	switch
L'impianto non funziona perché l'interruttore è rotto.	The system won't work because the switch is broken.
la **presa di corrente**	socket
la **prolunga**	extension cord; extension cable

La presa di corrente è troppo lontana, **ci vuole** una prolunga.	The socket is too far away; an extension cord is needed.
la **catena di montaggio** Da quanto tempo lavori alla catena di montaggio? il **nastro (trasportatore)** Tutti i pezzi pronti **vanno messi** sul nastro.	assembly line How long have you been working on the assembly line? (conveyor) belt All the finished pieces are put on the conveyor belt.

9.2 Office, Office Items

la **carta** Quanta carta **ti serve** ancora?	paper How much more paper do you need?
la **busta** Non trovo più le buste, dove sono?	envelope I can't find the envelopes anymore; where are they?
la **carta da lettere** La carta da lettere è nel secondo cassetto.	writing paper, stationery The writing paper is in the second drawer.
il **foglio** Mi serve solo un foglio bianco.	sheet I need only one white sheet.
la **matita**	pencil
la **penna (stilografica)** Questa penna scrive molto bene.	fountain pen This pen writes very well.

la **macchina da scrivere**	typewriter
elettrico, a	electric(al)
automatico, a	automatic
registrare	register, book; write down
Hai registrato tutti i dati?	Have you recorded all the data?

la **lente d'ingrandimento**	magnifying glass
il **timbro**	postmark; stamp
Sei sicuro che ci sia il timbro sulla busta?	Are you sure that the envelope is postmarked?
il **nastro adesivo**	adhesive tape
la **clip**	paper clip

il **calendario**	calendar
segnare	note; mark, sign
Abbiamo segnato tutto sul calendario con la matita.	We marked everything on the calendar in pencil.

l'**agenda**
Hai scritto tutti gli appuntamenti sull'agenda?

appointment book
Did you write down all the appointments in the appointment book?

il **computer**
Ho imparato anch'io **ad usare** il computer!

computer
Even I have learned to use a computer.

il **dato**
Dobbiamo ancora registrare tutti i dati.

datum, fact
We still have to enter all the data.

i **dati**

data

cliccare
Ho già cliccato due volte, ma non succede niente, sei sicuro che questo comando sia **quello giusto?**

click
I've already double-clicked, but nothing happens. Are you sure that this command is the right one?

l'**elaborazione** f
Questo programma è per l'elaborazione dei testi.

processing
This is a word processing program.

e-mail (la casella di posta eletronica) [i'meil]

e-mail

il **file** [fail]

file

memorizzare

store

il **disco**, il **dischetto**
Puoi memorizzare tutto sul disco.

disk, diskette
You can store everything on a disk.

la **stampante**

printer

premere
Basta che Lei prema il bottone a destra e l'apparecchio funziona.

print
All you need to do is press the button, and the machine will operate.

fotocopiare

photocopy

la **scheda**
Vorrei fotocopiare alcune pagine del tuo libro. – **Non ce n'è bisogno**, abbiamo già tutto sulle schede.

index card, filing card
I'd like to photocopy a few pages from your book. – There's no need, we already have everything on filing cards.

la **calcolatrice**

pocket calculator; calculating machine

La calcolatrice automatica è molto comoda.

The automatic calculator is very convenient.

il **raccoglitore**
Quanti raccoglitori **ti servono?**

file, folder
How many files do you need?

la **penna biro**

ballpoint pen

Cosa **preferisci**, la penna biro o **quella stilografica?**	Which do you prefer, a ballpoint or a fountain pen?
il **pennarello**	felt-tip pen
l'**evidenziatore** *m*	highlighter
la **gomma (per cancellare)**	eraser
il **temperino**	pencil sharpener
cancellare	erase; cross out, delete
sottolineare	underline
Ti prego di non sottolineare con la penna stilografica.	Please don't underline with the fountain pen!
l'**etichetta**	label
la **cartella**	briefcase; folder
Metti tutti i fogli nella cartella e **chiudila** con il nastro adesivo.	Put all the sheets in the folder and tape it closed.
la **carta carbone**	carbon paper
la **colla**	glue; paste
Questa colla è troppo secca, **non** serve più.	The glue is too dry; it can't be used anymore.
logoro, a	worn out, tattered, frayed
logorare	wear out, fray
il **laptop** ['lætɔp]	laptop computer
il **notebook** ['noutbuk]	notebook computer
elettronico, a	electronic
Non è sempre facile imparare ad usare gli apparecchi elettronici.	It's not always easy to learn to use electronic equipment.
la **cartuccia**	cartridge
corsivo	cursive
grassetto	bold(faced) type
magro	light(faced) type
la **barra spaziatrice**	space bar

9.3 Vocational and Professional Training, Occupations

apprendere	learn
Un proverbio dice: **Apprendi l'arte e mettila da parte.**	A proverb says: A man with a trade can always provide for himself.
l'**apprendista** *m, f*	apprentice; trainee
In questa fabbrica lavorano molti apprendisti.	Many trainees work in this factory.
il, la **praticante**	apprentice

Elsa lavora come praticante **in uno studio notarile.**	Elsa works as an apprentice in a notary's office.
l'**istruzione** f	instruction; (occupational) training
Marcello **sta terminando** la sua istruzione professionale.	Marcello is finishing his professional training.
professionale	professional, vocational
la **formazione professionale**	professional or vocational training; job training

il **capo**	boss
l'**officina**	workshop, factory, works
In quest'officina **non c'è nessun** apprendista.	There are no apprentices in this workshop.
il **settore**	sector; area
In questo settore lavorano solo operaie.	Only female workers work in this area.

la **professione**	(academic) profession
Scusi, **che professione fa?**	Excuse me, what is your profession?
il, la **professionista**	professional
il **libero professionista**, la **libera professionista**	freelancer; self-employed person
Sono professore di economia e lavoro come libero professionista.	I'm a teacher of economics and I work on a freelance basis.
l'**insegnante** m, f	teacher
l'**avvocato**, l'**avvocatessa**	lawyer
Ho bisogno di un buon avvocato, **me ne** puoi consigliare uno della tua città?	I need a good lawyer. Can you recommend one from your town to me?
il, la **giornalista**	journalist
il, la **designer**	designer
l'**ingegnere**	engineer
Massimo non vuole diventare ingegnere, ma fisico.	Massimo wants to become a physicist, not an engineer.

| il **dottore**, la **dottoressa** | doctor, physician |
| Il dottore mi ha detto che **non è niente di grave.** | The doctor told me that it's nothing serious. |

Peculiarities in forming the feminine:

il dottore	la dott**oressa**
il professore	la profess**oressa**
lo stud**ente**	la stud**entessa**

For additional peculiarities, see page 125.

| il **medico** | physician, doctor |

Non è meglio chiamare subito il medico?	Isn't it better to call the doctor right away?
il **veterinario**, la **veterinaria**	veterinarian
il, la **dentista**	dentist
Quando avete l'appuntamento dal dentista?	When do you have an appointment with the dentist?
il, la **farmacista**	pharmacist
È meglio farsi consigliare dal **farmacista** prima di prendere **quella** medicina.	It's better to get advice from a pharmacist before taking this medication.
lo **psicologo**, la **psicologa**	psychologist
l'**infermiere**, l'**infermiera**	nurse, orderly
Ferdinando ha imparato il **lavoro da infermiere facendo** il servizio civile.	Ferdinando learned to work as a male nurse while doing civilian service.

-ista

The ending **-ista** is used in the singular for both masculine and feminine nouns. Examples:

il/la farmacista	i farmacisti/le farmaciste	*pharmacist*
il/la dentista	i dentisti/le dentiste	*dentist*
l'alpinista	gli alpinisti/le alpiniste	*mountain climber*
il/la ciclista	i ciclisti/le cicliste	*cyclist*

---

l'**agente** *m, f*	agent, representative
Giulio cerca un posto come **agente di commercio**.	Guilio is looking for a job as a commercial representative.
l'**agenzia**	agency
I cugini di Sergio hanno **un'agenzia viaggi**.	Sergio's cousins have a travel agency.
l'**assistente** *m, f*	assistant
collaborare	work together; cooperate
Mi piacerebbe molto che tu **collaborassi** con me.	I would like you to work with me.
il **segretario**, la **segretaria**	secretary
Il signor Rossi non c'è, ma **Le passo la sua segretaria**.	Mr. Rossi is not in; I'll connect you to his secretary.

---

il **poliziotto**, la **poliziotta**	policeman, policewoman
Adriano vuole fare il poliziotto quando sarà grande.	Adriano wants to be a policeman when he grows up.
il **pompiere**	firefighter

Spesso i bambini dicono che da grandi **faranno i pompieri**.

Little boys often say that they want to be firefighters when they grow up.

l'**autista** *m, f*
Domandiamo all'autista se ci può **portare in** Piazza del Popolo.

driver, chauffeur
Let's ask the driver whether he can take us to the Piazza del Popolo.

il **cameriere**, la **cameriera**
In questo locale ci sono sempre pochi camerieri.
Mariella fa la cameriera nell'Hotel Michelangelo.

waiter, waitress; chambermaid
There are always just a few waiters in this place.
Mariella is a chambermaid at the Hotel Michelangelo.

il **commesso**, la **commessa**

salesman, saleswoman; salesclerk

il **parrucchiere**, la **parrucchiera**
Lucia fa la parrucchiera per signore. È un parrucchiere molto famoso, ma non te lo consiglio perché è troppo caro.

hairdresser
Lucia works as a ladies' hairdresser. This hairdresser is very well known, but I can't recommend him because he's too expensive.

il **casalingo**, la **casalinga**
Anna ha imparato un buon mestiere, ma **preferisce** fare la casalinga.

househusband, housewife
Anna learned a good trade, but she prefers to be a housewife.

il **marinaio**
Il mestiere di marinaio può essere ricco d'avventure.

sailor, seaman
A sailor's job can be full of adventure.

il **pescatore**, la **pescatrice**

fisherman, fisherwoman

il **cuoco**, la **cuoca**
Paolo e Antonio sono cuochi e apriranno presto un ristorante.

cook
Paolo and Antonio are cooks, and they will open a restaurant soon.

il **macellaio**, la **macellaia**

butcher

il **meccanico**, la **meccanica**
Da quale meccanico porti la tua macchina?

mechanic
To which mechanic do you bring your car?

l'**elettricista** *m, f*
Non riesco a riparare il guasto **da solo**, chiama l'elettricista.

electrician
I can't repair the damage myself; call the electrician.

il **falegname**
Dobbiamo chiamare il falegname per riparare l'armadio, o lo portiamo nella sua bottega?

carpenter, joiner
Do we have to call the carpenter to repair the armoire, or shall we take it to his workshop?

il **tęcnico**
Stamattina è venuto il tecnico e mi ha detto che non è più possibile riparare la macchina.

technician
This morning the technician was here, and he told me that the machine can't be repaired anymore.

il, la **sorvegliante**

caretaker, watchman; supervisor, inspector

sorvegliare
il **montaggio**
il **montatore**, la **montatrice**
montare
Questi operai montano le macchine in fabbrica.
smontare

supervise
mounting; assembly, installation
machine-fitter, setter, assembler
mount, set up, assemble, install
These workers assemble the cars in the plant.
dismantle, disassemble, dismount

l'**apprendistato**
Quanti anni dura il tuo apprendistato?
la **preparazione**
istruire ‹istruisco›
il **perfezionamento**

apprenticeship; training
How many years does your apprenticeship last?
preparation
instruct; train
completion; advanced training, further education/training

l'**architetto**
Luigi è architetto e si è specializzato nella costruzione di scuole.
il, la **commercialista**

Grazie al mio commercialista ho potuto risparmiare molti costi.
il, la **consulente fiscale**
l'**intęrprete** m, f
Il lavoro dell'interprete è molto duro e non così facile come sembra.

architect
Luigi is an architect, and he specializes in building schools.
business consultant, economic consultant
Thanks to my consultant I was able to save a lot on expenses.
tax consultant/adviser
interpreter
An interpreter's work is very tiring and not as easy as it seems.

lo, la **psichiatra**
Credo proprio che quel ragazzo abbia bisogno di un buono psichiatra.
il **neurǫlogo**, la **neurǫloga**
il **ginecǫlogo**, la **ginecǫloga**
l'**urǫlogo**, l'**urǫloga**
l'**ortopędico**, l'**ortopędica**

psychiatrist
I really think that boy needs a good psychiatrist.
neurologist
gynecologist
urologist
orthopedist

il **matemątico**

mathematician

l'informatico — computer scientist/technician
il fisico — physicist
il chimico — chemist
Nando ha deciso di diventare chimico. — Nando has decided to become a chemist.
il laboratorio — lab(oratory)
mettersi a — enter into, start
probabile — probably
Dato che Lei è chimico, perché non si mette a lavorare in un laboratorio? – È probabile che io lo faccia. — Since you're a chemist, why not go to work in a lab? – That's probably what I'll do.

il, la rappresentante — representative
Due giorni fa è venuto il rappresentante della ditta Giacomini per farci vedere i suoi prodotti. — Two days ago the representative of the Giacomini Company was here to present his products.
il venditore, la venditrice — salesman, saleswoman; vendor
All'angolo di quella strada c'è sempre un venditore di giornali. — There's always a newspaper seller on this corner.
la modella — (fashion) model
il fotografo, la fotografa — photographer
Il fotografo che ha il negozio in Via Gramsci verrà a fare le fotografie alla nostra festa. — The photographer who has the shop in Via Gramsci will come to take pictures at our party.
il ragioniere, la ragioniera — bookkeeper
Il capo di questo reparto è il ragionler Rizzi. — The head of this department is the bookkeeper Rizzi.

il giardiniere, la giardiniera — gardener
scegliere — choose, select
Ha scelto il mestiere di giardiniere perché ama molto i fiori. — He chose the occupation of gardener because he loves flowers.

ℹ It's Your Choice!

Distinguish between:

scegliere — *select, choose, pick out*
Non abbiamo ancora scelto! — *We haven't made our selection yet.*
la scelta — *selection, choice*
eleggere — *elect, choose, appoint*
Chi verrà eletto Presidente degli Stati Uniti? — *Who will be elected president of the United States?*
le elezioni — *elections*
votare — *vote*
Solo il 60% della popolazione ha votato. — *Only 60 percent of the population voted.*

l'**agente di polizia** m, f	police officer
Gli agenti di polizia hanno **indagato sul** caso.	The police officers investigated the case.
l'**assistente sociale** m, f	social worker
l'**assistenza sociale**	social welfare
il **postino**, la **postina**	letter carrier, postal worker
Il postino suona sempre e aspetta fuori perché ha paura del mio cane.	The postman always rings and waits outside because he's afraid of my dog.
il **mestiere**	(nonacademic) profession, trade, craft, job
l'**artigiano**, l'**artigiana**	artisan, craftsman, tradesman
esperto, a	expert, experienced
esigente	demanding, exacting, strict
Non è più tanto facile trovare buoni artigiani. – Io **ne cerco uno** molto esperto, perché sono molto esigente.	Good craftsmen are hard to find these days. – I need a very experienced one, because I'm quite demanding.
l'**esigenza**	need, necessity; requirement; exigency
Le posso consigliare un sarto **capace di soddisfare** tutte le sue esigenze.	I can recommend a tailor who will meet all your requirements.
la **bottega**	shop, store
il **barbiere**	barber
È proprio **ora che tu vada** dal barbiere! Ma oggi è lunedì ed è chiuso.	It's really time for you to go to the barber! But today is Monday, and the shop is closed.
l'**agricoltore** m	farmer, agriculturist
Mi piace fare l'agricoltore e lavorare la terra.	I like being a farmer and tilling the soil.
il **fornaio**, la **fornaia**	baker
Ora vado **dal fornaio** a comprare pane fresco.	I'm going to the baker's now to buy fresh bread.
il **pittore**, la **pittrice**	painter
Domani verranno i pittori e mi hanno promesso di finire i lavori in tre giorni.	Tomorrow the painters are coming; they've promised me to finish the work in three days.
l'**orologiaio**, l'**orologiaia**	watchmaker, clockmaker
All'angolo di Via Manzoni c'è un orologiaio molto bravo.	There's a very good watchmaker on the corner of Via Manzoni.
il **sarto**, la **sarta**	tailor, dressmaker, seamstress
La sarta ha detto che consegnerà il vestito la prossima settimana.	The dressmaker said she would bring the dress next week.

il **calzolaio**, la **calzolaia**	shoemaker, cobbler, shoe repairman
ritirare	pick up
Se passi da quelle parti, ricordati di ritirare le scarpe dal calzolaio.	If you're in the area, remember to pick up the shoes at the shoemaker's.
il **muratore**, la **muratrice**	mason
l'**idraulico**, l'**idraulica**	plumber
il **carpentiere**, la **carpentiera**	carpenter

9.4 Work, Working Conditions

lavorare	work, to
il **lavoro**	work
Il mio lavoro non è molto faticoso.	My work is not very tiring.
specializzato, a	specialized; skilled, qualified
Da quanto tempo sei lavoratrice specializzata?	How long have you been a skilled worker?
lavorativo, a	working, work
Durante l'orario lavorativo non si può uscire dalla fabbrica.	During working hours it's forbidden to leave the plant grounds.
programmare	plan
Bisogna programmare bene la formazione professionale dei lavoratori	The workers' training has to be well planned.

la **fabbrica**	factory, plant
In questa fabbrica lavorano più di cento operai.	More than one hundred workers work at this factory.
la **licenza**	license
Lavoriamo su licenza per il Portogallo.	We work under license for Portugal.
invalido, a	disabled, unable to earn a living
Mario non lavora più perché è invalido.	Mario doesn't work anymore, because he's disabled.
l'**operaio**, l'**operaia**	worker
Le operaie sono molto **contente della loro paga**.	The female workers are very happy with their pay.
Salvatore e Giuseppe sono **operai specializzati**.	Salvatore and Giuseppe are skilled laborers.
la **paga**	pay, wages
l'**anticipo**	advance

La paga **non mi basta mai fino alla fine del mese**, devo chiedere sempre un anticipo.	My pay never lasts until the end of the month; I always have to request an advance.

---

l'**impiegato**, l'**impiegata** Le impiegate **escono dall'ufficio** alle 17.00.	employee The female employees leave the office at 5 P.M.
lo **stipendio** Gli stipendi dei nostri impiegati sono molto buoni.	salary The salaries of our employees are very good.
guadagnare	earn
faticoso, a **Guadagno bene**, ma il lavoro è faticoso.	tiring, exhausting I earn good money, but the job is exhausting.
l'**impegno** Il signor Canestrari ha troppi **impegni di lavoro**, non può venire.	obligation, duty Mr. Canestri has too many work obligations; he can't come.
l'**impiego** Ho deciso che se perderò quest'impiego non lavorerò più.	situation, post, job, position I've decided not to work anymore if I lose this job.

---

assumere Siamo stati assunti tutti insieme **tre mesi fa**.	employ, hire We were all hired together three months ago.
l'**emancipazione** *f* Grazie all'emancipazione ora le donne vengono assunte anche per i lavori tecnici.	women's liberation Thanks to women's liberation, women now are employed in technical occupations as well.
emancipato, a	liberated
la **molestia sessuale** La molestia sessuale sul posto di lavoro porta al licenziamento.	sexual harassment Sexual harassment in the workplace results in dismissal.
licenziare Hanno licenziato Mario **su due piedi** e lui è andato al sindacato.	dismiss Mario was dismissed on the spot, and he went to the union.

---

disoccupato, a **Ci sono** molti disoccupati in Italia?	unemployed, jobless Are there many unemployed persons in Italy?
lo **sciopero**	strike
il **sindacato**	union

Il sindacato ha chiamato i dipendenti ad **entrare in sciopero** per
24 ore.

The union has called on the per-
sonnel to go on strike for 24
hours.

la **concorrenza**
La concorrenza in questo campo
non è molto forte.
Canale 5 fa molta concorrenza
alle altre stazioni.
concorrente

competition
The competition in this area is
not very strong.
Channel 5 is giving the other
stations a lot of competition.
competing, rival

l'**artigianato**
il **lavoratore**, la **lavoratrice**
I lavoratori **hanno fatto sciopero**
per avere un salario più alto.
**Da semplice lavoratore è
diventato** capo del reparto.

handicraft
worker; employee
The employees went on strike
to get higher wages.
He has risen from being a
simple worker to being department head.

il **salario**
il **turno**
A che ora sei **di turno?**

wage, pay
shift
What time does your shift
begin?

il, la **pendolare**
lo **straordinario**
Il salario è basso ma faccio
sempre diverse **ore di
straordinario.**

commuter
overtime
The pay is low, but I always do
some overtime.

il **collaboratore**, la
collaboratrice
Nel nostro ufficio ci sono tre
nuovi collaboratori.
la **collaborazione**
il, la **dipendente**
Il numero dei dipendenti è
rimasto sempre uguale.
l'**azienda**
Ieri hanno deciso che l'azienda
assumerà dieci nuove operaie.

colleague, coworker

We have nine coworkers in our
office.
collaboration; cooperation
employee
The number of employees has
always remained the same.
business, concern, shop, company
It was decided yesterday that the
shop will hire ten new female
workers.

l'**impresa**
L'impresa dell'ingegner Bianchi è
più grande di **quella** concorrente.
l'**ubicazione**
lo **stabilimento**
Ho sentito che chiuderanno tutti
gli stabilimenti.

enterprise, firm
Engineer Bianchi's firm is bigger
than that of the competition.
location, site
plant
I heard that all the plants will
be closed.

il **guadagno**	profit, gain; earnings
Mi sembra che quest'anno **abbiate avuto** un ottimo guadagno.	It seems to me that you've had very good earnings this year.
la **domanda d'impiego**	job application
l'**occupazione**	occupation, job
la **tariffa**	tariff, rate, rates
scioperare	go on strike
Maria **non** sciopera **mai** perché ha paura di perdere l'impiego.	Maria never goes on strike, because she's afraid of losing her job.
sindacale	(pertaining to a) union
È' stato organizzato uno sciopero sindacale per domani.	A union strike has been organized for tomorrow.
i **contributi previdenziali**	social insurance contributions
il **diritto all'assistenza**	right to a pension; right to maintenance
lo **sviluppo**	development
Quali sviluppi hanno avuto gli scioperi degli ultimi giorni?	How have the strikes of the last few days developed?
il **licenziamento**	dismissal, layoff
Abbiamo paura che ci sarà **un licenziamento in massa.**	We're afraid that there will be mass layoffs.
la **disoccupazione**	unemployment
Il problema della disoccupazione **si fa sentire** in molti paesi.	The problem of unemployment is felt in many countries.
la **cassa integrazione**	unemployment benefits
I miei amici **sono in cassa integrazione** già da cinque mesi.	My friends have been drawing unemployment benefits for five months now.
il **prepensionamento**	pre-retirement

False Friends			
Italian Word	Thematic Meaning(s)	False Friend	Italian Equivalent(s)
la carta	paper	card	la cartolina
il dato	datum, fact	date	la data
licenziare	dismiss, lay off	license	concedere una licenza
segnare	note; mark	sign	firmare
lo stipendio	salary	stipend	la borsa di studio
il timbro	stamp	timber	il legname
il turno	shift	turn	l'ordine m

10.1 Leisure Time, Hobbies, and Games

il **tempo libero**	leisure time, free time
uscire	go out
Preferirei uscire, **cosa ne dici?**	I'd rather go out, what do you think?
il **passatempo**	pastime
Noi giochiamo solo per passatempo, **lui invece fa sul serio.**	We play just as a pastime, but he takes it seriously.
l'**hobby** m	hobby
preferito, a	favorite; preferred
Qual è il tuo hobby preferito?	What's your favorite hobby?
– Al momento **ho l'hobby della fotografia.** – Io invece **preferisco occuparmi della** mia collezione di francobolli.	– At the moment my hobby is photography. – I, however, prefer to spend time on my stamp collection.
la **fantasia**	imagination
Luigi ha pochi passatempi perché gli manca la fantasia.	Luigi has few pastimes because he lacks imagination.

ballare	dance, to
il **ballo**	dance
la **discoteca**	disco(theque)
Vieni con noi in discoteca? – No, **quell'ambiente** non mi piace.	Are you coming to the disco with us? – No, I don't like the atmosphere there.
l'**entrata**	admission; entry
Quanto si paga per l'entrata?	What's the price of admission?
la **banda musicale**	(musical) band
Perché non **andiamo a sentire** la banda musicale in piazza?	Why don't we go to the square to hear the band?
il **concerto**	concert

l'**ambiente** m	atmosphere; milieu
annoiarsi	be bored
la **compagnia**	society; company
Vogliamo passare la serata **in modo da non annoiarci.**	We want to spend the evening in a way that's not boring.
– **State tranquilli,** non c'è gente noiosa nella mia compagnia.	– Don't worry, there are no bores in my group of friends.
noioso, a	boring
monotono, a	monotonous
Come sono monotone queste domeniche!	How monotonous these Sundays are!

la **passeggiata**
Durante la passeggiata ho perso il portafoglio.

walk
I lost my billfold on a walk.

la **bicicletta**
il **giro**
Chi ha voglia di fare un giro in bicicletta? – Io verrei volentieri a **fare un giro.**

bicycle, bike
tour, excursion, trip
Who wants to go on a bike trip? – I'd like to come along on a trip.

la **gita**
l'**avventura**
Con lui diventa un'avventura anche **andare in bicicletta.**

outing, excursion
adventure; experience
With him, even a bike trip turns into an adventure.

andarci
Hanno organizzato una bella gita a Palermo, **ci andiamo** anche noi?

go there, go along
A nice excursion to Palermo has been organized. Shall we go along?

il **borsellino**
Ho lasciato il mio borsellino a casa.

wallet
I left my wallet at home.

la **piscina**
Noi andiamo **tutti i sabati** in piscina.

swimming pool
We go to the swimming pool every Saturday.

la (sedia a) **sdraio**
la **spiaggia**
Martina ha preso **le sdraio** ed è andata alla spiaggia.

deck chair
beach
Marina took the deck chairs and went to the beach.

sdraiarsi
riposare
riposarsi
Perché non vai a riposare anche tu? – Mi riposerò durante il fine settimana.

lie down; stretch out
rest
rest oneself
Why don't you go rest a little too? – I'll rest on the weekend.

la **barca**
il **motoscafo**
Vorrei piuttosto fare **una gita in barca.** – Benissimo! Allora **andiamo in motoscafo** all'Isola del Giglio.

boat
motorboat
I'd rather take a boat trip. – Great! Then let's go by motorboat to the Isola del Giglio.

divertirsi
Con questo gioco non mi diverto più, **vogliamo cambiare?**

have a good time, enjoy oneself
I don't enjoy this game anymore; shall we play a different one?

rilassarsi — relax

godere — enjoy
Bisogna **saper godere** il tempo libero. — You have to know how to enjoy your free time.

lęggere — read

soddisfare ‹soddisfo› — satisfy
Fare fotografie non mi soddisfa più. — Taking photographs doesn't satisfy me anymore.

---

il **gioco** — game

giocare — play

le **carte** *pl* — cards
Alberto e Franco giocano a carte tutte le sere. — Alberto and Franco play cards every evening.

---

fotografare — (take a) photograph
Ma tu fotografi proprio tutto! — You really photograph everything!

la **foto(grafịa)** — photography

la **diapositiva** — slide
Hai visto **che belle foto** abbiamo fatto? – Sì, ma a me **piacciono più** le diapositive. — Did you see what great photos we took? – Yes, but I like the slides more.

il **flash** — flash

---

il **fine settimana** — weekend
Avete già deciso come passerete il fine settimana? — Have you decided yet how you'll spend the weekend?

passare — spend

passeggiare — walk, take a walk
Mi place molto passeggiare sulla spiaggia. — I like to walk on the beach.

il **passeggio** — walk
A Silvana piace molto **andare a passeggio in centro**. — Silvana likes going for a walk in town.

la **noia** — boredom; annoyance, nuisance
Cosa possiamo fare di bello per far passare la noia? — What fun thing can we do to fight off boredom?
Che noia che la macchina si sia rotta proprio adesso! — What a nuisance that the car breaks down right now!

---

frequentare *qu* — frequent; associate with, have contact with

frequente — frequently
Frequentate ancora i vecchi amici della spiaggia? – Sì, ci incontriamo **di frequente**. — Are you still in contact with the old friends from the beach? – Yes, we meet frequently.

noleggiare	rent
la **barca a remi**	rowboat
Noleggiamo una barca a remi?	Shall we rent a rowboat?
remare	row
la **barca a vela**	sailboat
Andare in barca a vela è una cosa meravigliosa.	Sailing is marvelous.
la **vela**	sail
Ora c'è vento, tira su le vele!	Now there's wind; hoist the sails!
navigare a vela	sail, to

l'**attività**	activity
gli **scacchi** *pl*	chess
Vogliamo fare una **partita a scacchi?**	Shall we play a game of chess?
il **circolo**	circle, group; club
le **bocce** *pl*	boccie (*game*)
Nel nostro paese hanno aperto un circolo di giocatori di bocce.	A boccie club was started in my village.
Vieni con me a **fare una partita a bocce?**	Will you come with me for a game of boccie?
il **golf**	golf
Ho già sentito molti commenti sui problemi che comporta l'iscrizione al vostro club del golf. – Se vuoi, ti introduco io.	I've heard a lot of comments about the problems of obtaining membership in your golf club. – If you like, I'll bring you in.

il **giocattolo**	toy
nuovo, a	new

 Unstressed adjectives normally precede the word they modify; *stressed adjectives* follow the word modified. Note the *differences in meaning*:

una **nuova** macchina	*a new (= different) car*
una macchina **nuova**	*a (brand-)new car*
una **semplice** domanda	*a single question*
una domanda **semplice**	*a simple (= uncomplicated) question*

---

godersi qc	enjoy
Il bambino **si gode i suoi giocattoli nuovi.**	The little boy enjoys his new toys.
la **giostra**	merry-go-round
Abbiamo promesso ai bambini **di farli andare in giostra.**	We promised the children to let them ride the merry-go-round.

la **macchina fotografica**
Mi puoi prestare la tua macchina fotografica?

camera
Can you lend me your camera?

l'**obiettivo**
Ho comprato un obiettivo nuovo per la mia macchina fotografica.

lens
I've bought a new lens for my camera.

la **pellicola**
Vorrei una **pellicola per diapositive**, per favore.

film (roll)
I would like a film for slides, please.

sviluppare
Vorrei **far sviluppare** subito le fotografie di oggi.

develop
I'd like to have today's photos developed at once.

il **negativo**
Se mi dai i negativi faccio stampare le copie per tutti.

negative
If you give me the negatives, I'll have copies made for everyone.

la **raccolta**
Maurizio **fa la raccolta di libri antichi.**

collection
Maurizio collects old books.

raccogliere

gather, assemble

collezionare

collect

i **fumetti** pl
Io raccolgo fumetti degli anni quaranta. – E da quando li collezioni?

comics, comic books
I collect comics from the 1940s. – And how long have you been collecting them?

il **cruciverba**

crossword puzzle

il **dado**
Mi piace molto fare i cruciverba e a te? – A me piace **giocare a dadi.**

die
I like to do crossword puzzles, and you? – I enjoy playing games with dice.

il **lotto**
Ho sentito che i tuoi vicini hanno vinto molti soldi **al** lotto.

lottery
I heard that your neighbors won a lot of money in the lottery.

il **totocalcio**

soccer pool

la **schedina**
Ho riempito la mia schedina, ma poi **non l'ho giocata.**

(soccer-pool) coupon
I filled out my coupon, but then I didn't turn it in.

la **fortuna**
Ma che fortuna! **Ai dadi vinci sempre!**

luck
What luck! You always win at dice!

fortunato, a
Ma che fortunato sei! Sei proprio nato con la camicia!

lucky
You're so lucky! You were really born lucky!

10.2 Sports

lo **sport**
Perché non **fai un po' di sport?** Ti
farebbe bene!

sport(s), athletics
Why don't you play some
sports? It would do you good.

sportivo, a
Da giovane ero molto sportivo, ora
non più.

sporty, athletic
I was very athletic in my youth,
but not anymore.

praticare
Quale sport devo praticare,
secondo te?

engage in
What sport should I play, in
your opinion?

l'**atleta** *m, f*

athlete

il **campione**, la **campionessa**
Giovanni è il **campione di tennis**
del nostro club.

champion
Giovanni is our club's tennis
champion.

l'**allenamento**
la **tuta (sportiva)**
lo **stadio**

training
tracksuit
stadium

il **campionato**
Quale squadra vincerà il campionato **secondo te?**

championship
Which team will win the championship, in your opinion?

la **gara**
la **partita**
il **titolo**
la **medaglia**
È la quarta medaglia che vince.

competition, contest, match; race
game, round, match
title
medal
This is the fourth medal he's
won.

la **carriera**
mondiale
Nella sua carriera sportiva ha vinto
due medaglie olimpiche e tre titoli
mondiali.

career
world
During his career in sports, he
has won two Olympic medals
and three world championship
titles.

la **finale**
La finale **avrà luogo fra tre
giorni.**

final
The final will take place in three
days.

la **coppa**
La Lazio **ha vinto la Coppa Italia**
nel 1998 e **lo scudetto** nel 2000.

cup
Lazio Rom won the Italian Cup
in 1998 and the national championship in 2000.

vincere

win

Se vogliamo vincere la gara, dobbiamo **darci da fare.**	If we want to win the competition, we have to try hard.
la **vittoria**	victory, win
Per **il Torino** è stata la prima vittoria in questo campionato.	For the Turin club, this was the first victory this season.
perdere	lose
La Roma ha perso tre **partite consecutive.**	Rome has lost three games in a row.
la **sconfitta**	defeat, loss
È stata una brutta sconfitta, ma la prossima volta **vinceremo** noi.	It was a painful loss, but we'll win next time.

l'**arbitro**	judge
Con un altro arbitro la vittoria sarebbe stata nostra!	With a different judge, victory would have been ours.
fischiare	hiss, whistle
L'arbitro ha già fischiato, non hai sentito?	The judge already blew the whistle, didn't you hear?

la **corsa**	race; run
La corsa **avrà inizio** alle ore 11.00.	The race begins at 11 A.M.
il **percorso**	stretch, distance
correre	run
nuotare	swim
Chi viene a nuotare con me?	Who's coming swimming with me?
il **traguardo**	finish post, finish line
Chi **è arrivato primo** al traguardo?	Who was the first at the finish line?
raggiungere	reach; hit *(a target)*
l'**anticipo**	start, advantage; lead

la **ginnastica**	gymnastics
Quante ore di ginnastica fai **alla settimana?**	How many hours of gymnastics do you do each week?
la **cabina**	dressing booth
lo **spogliatoio**	dressing room
la **palestra**	fitness center, gym(nasium)
Si vede che Francesco va sempre in palestra, guarda **che muscoli si è fatto!**	It's obvious that Francesco goes to the gym regularly; just see what muscles he has now!
la **cyclette** [si'klɛt]	exercise bike, stationary bike
svelto, a	slender
il **salto**	jump; vault
Fra poco cominceranno le gare di **salto in alto, in lungo** e **con l'asta.**	The competitions are about to begin in the high jump, broad jump, and pole vault.

battere — beat; vanquish, defeat
l'**avversario**, l'**avversaria** — opponent
L'avversario era molto forte, ma l'abbiamo battuto **lo stesso**. — The opponent was very strong, but we beat him nevertheless.
l'**attacco** — attack
la **difesa** — defense
Non vale molto **in difesa** ma **all'attacco** è bravissimo. — He's not very good on defense, but as an attacker he's excellent.

il **calcio** — soccer
In Italia il calcio è lo sport nazionale. — Soccer is Italy's national sport.
il **calciatore**, la **calciatrice** — soccer player
il **giocatore**, la **giocatrice** — player
il **portiere** — goalkeeper, goalie
Il portiere **è riuscito a fermare la palla**. — The goalkeeper succeeded in stopping the ball.
la **palla** — ball
il **pallone** — ball, soccer ball
Tutti i ragazzi amano **il gioco del pallone**. — All boys like playing soccer.
tirare — kick
Chi tira i vostri calci d'angolo (di rigore)? — Who kicks your corners (penalties)?
segnare — score
il **gol** — goal
il **palo** — goalpost
il **tempo** — half (time)
Nel primo tempo hanno fatto tre gol. — Three goals were scored in the first half.

il **motociclismo** — motorcycling
l'**automobilismo** — motor-racing
il **ciclismo** — cycling, biking
Il ciclismo è molto popolare in Italia. — Cycling is very popular in Italy.
il **Giro d'Italia** — Giro d'Italia (bike race)
Quando passa il Giro d'Italia **tutti fanno festa**. — When the Giro d'Italia goes past, everyone celebrates.
il **tifoso**, la **tifosa** — fan, supporter
Ogni anno ci sono **migliaia di** tifosi **lungo il percorso** per incitare i corridori. — Every year thousands of fans stand at the edge of the course to cheer on the riders.
il **tifo** — enthusiasm

Dobbiamo **fare il tifo**, altrimenti la nostra squadra non vince.	We have to cheer them on; otherwise our team won't win.

lo **skateboard** ['skeitbɔrd]	skateboard
i **pạttini in lịnea**	inline skates
i **pạttini a rotelle**	roller skates
pattinare	(ice) skate
la **slitta**	sled
gli **sci** *pl*	skis
Credo che questi sci **siano** troppo lunghi per me.	I think these skis are too long for me.
la **pista**	trail, course, run, track
Mi può dire, per favore, dov'è una **pista per pattinare?**	Can you tell me where there's a skating rink?

il **ping-pong**	table tennis, ping-pong
la **pallacanestro**	basketball
la **pallamano**	handball
Data la sua altezza dovrebbe proprio giocare a pallacanestro e non a pallamano.	Given his size, he would be better off playing basketball, not handball.
la **pallavolo**	volleyball
il **tennis**	tennis
Il **campo da tennis**	tennis court

il **campo sportivo**	sports field, playing field
La folla al campo sportivo **gridava a più non posso.**	The crowd at the playing field shouted with all their might.
gli **artịcoli sportivi** *pl*	sporting goods
Dove trovo un buon negozio di articoli sportivi?	Where can I find a good sporting goods store?
l'**attrezzatura sportiva**	sports equipment, athletic equipment

il, la **dilettante**	amateur athlete
il, la **professionista**	professional athlete
Siamo dilettanti, ma abbiamo un'attrezzatura sportiva **da professionisti.**	We're amateurs, but we have athletic equipment for pros.
l'**asso**	ace
Michele è **un vero asso del tennis,** ma non ha intenzione di diventare professionista.	Michele is a real tennis ace, but he doesn't intend to turn pro.
il **vincitore**, la **vincitrice**	winner, victor
Il vincitore aveva il vantaggio di **giocare in casa.**	The winner has the home-court advantage.

la **rivincita**	return match; revenge
Il vincitore gli ha promesso una rivincita.	The winner promised him a return match.
superare	surpass, overcome

il **fisico**	physique
Non ho il fisico adatto per questo sport.	I don't have the right physique for this sport.
la **fitness**	fitness
la **prestazione**	achievement; performance
faticoso, a	exhausting, tiring
Questo sport è troppo faticoso per me.	This sport is too exhausting for me.
la **fatica**	exhaustion, fatigue
Fai tanta fatica perché **ti manca il fiato**.	You're struggling so hard because you're short of breath.
la **bevanda isotonica**	sports drink, isotonic drink
il **fiato**	air; breath
il **fiatone**	shortness of breath

il **vantaggio**	lead; advantage
Dopo cinque minuti **eravamo già in vantaggio**.	After five minutes we already had the lead.
lo **svantaggio**	deficit; disadvantage
La nazionale ha recuperato lo svantaggio in pochi minuti.	The national team came from behind within a few minutes.
pareggiare	equal
Hanno pareggiato cinque minuti fa.	Five minutes ago they tied the score.
il **pareggio**	draw, tie

la **squadra**	team
la **nazionale**	national team
il **club**	club
qualificato, a	qualified
Il nostro club non si è qualificato per la finale.	Our club didn't qualify for the final.
lo **scudetto**	title; national Italian championship

scommettere	bet, to
la **scommessa**	bet
Scommetto dieci a uno sulla mia squadra. – Accetto la scommessa.	I'll bet 10 to 1 on my team. – I'll take that bet.

lo **sforzo**	exertion, effort
Gli sforzi di tutta la squadra hanno contribuito alla vincita dello scudetto.	The efforts of the entire team contributed to winning the championship.
sforzarsi	exert oneself
contribuire ‹contribuisco›	contribute
respingere	repel, drive back
l'**intervento**	intervention
L'**intervento** dell'arbitro è **stato corretto.**	The referee was right to intervene.

passare	pass, to
Dopo aver respinto l'attacco dovrebbe **passare la palla in avanti.**	Once the attack is driven back, he ought to pass the ball forward.
il **passaggio**	pass
il **tiro**	shot, kick

la **ripresa**	second half
Nella ripresa il Milan ha giocato molto meglio.	Milan played much better in the second half.
supplementare	additional
Speriamo che non ci siano **i tempi supplementari.**	We hope there's no overtime.

l'**atletica leggera**	track and field events
Da quanti anni **fai** atletica leggera?	How long have you been a track and field athlete?
la **maratona**	marathon (race, run)
la **corsia**	racetrack, cinder track.
Tu dovrai correre **nella terza corsia.**	You'll have to run on Track 3.
la **staffetta**	relay
A che ora sono le **corse a staffetta?**	What time are the relay races?
l'**ostacolo**	obstacle; hurdle
La corsa a ostacoli è già finita da un'ora.	The hurdle race was over an hour ago.

l'**asta**	pole
il **salto con l'asta**	pole vault
il **salto in alto**	high jump
il **salto in lungo**	broad jump
il **salto triplo**	triple jump
il **lancio del peso**	shot put
il **lancio del giavellotto**	javelin throw

il **decatlon**	decathlon
il **pentatlon**	pentathlon

il **nuoto**	swimming
Il nuoto è **lo sport più completo.**	Swimming is the most all-round sport.
il **crawl**	crawl
il **nuoto a rana**	breaststroke
La mia cara Susanne è **molto portata per il nuoto a rana.**	My dear Susanne is a talented breaststroke swimmer.
il **nuoto sul dorso**	backstroke
il **trampolino**	diving board; trampoline
tuffarsi	jump; dive
l'**immersione**	diving
il **sub**	skin diver
il **salvagente**	lifebelt
avventuroso, a	risky; adventurous
Luigi è sempre attratto dai viaggi avventurosi.	Luigi is always attracted to adventure travel.
affogare	drown
Questo tratto di mare è molto pericoloso; se non si sta attenti si rischia di affogare.	This section of the ocean is very dangerous; if you're not careful, you run the risk of drowning.

sciare	ski
Perché non scii più?	Why aren't you skiing anymore?
– Perché voglio prima **riposarmi** un po'.	– Because I want to rest a little first.
lo **sci alpino**	alpine skiing
lo **sci di fondo**	cross-country skiing
lo **snowboard**	snowboard
lo **sci nautico**	water ski
È possibile **fare sci nautico** in questa zona?	Can you go water skiing in this area?

la **boxe**	boxing
la **lotta**	wrestling
Che tipo di lotta fai?	What kind of fighting do you do?
– **Lotta libera.**	– Freestyle wrestling.
lottare	wrestle; fight
Ho dovuto lottare molto per vincere.	I had to fight hard to win.

il **doping**	doping
dopare	dope, to

10.3 Theater, Film, and Television

il **teatro**	theater
Questo teatro **ricorda molto** la Scala di Milano.	This theater greatly resembles La Scala in Milan.
la **commedia**	comedy
comico, a	comic(al)
Anche a me piacciono gli spettacoli comici.	I like comedies too.
la **risata**	laughter
l'**atto**	act
È una commedia **in tre atti** molto divertente.	It's a very entertaining comedy in three acts.
l'**opera**	opera
Andate anche voi all'opera?	Are you also going to the opera?
recitare	perform, act; recite
la **parte**	part
Era una parte molto **difficile da recitare**, ma Gassman è stato bravissimo come sempre.	The part was very difficult, but Gassman was excellent as always.
la **rappresentazione**	presentation, performance

il **cinema**   movie theater; movies

Unchanged Plural

In addition to the forms that end in a stressed vowel or in a consonant, the following nouns are unchanged in the plural (their final vowel is not a "true" ending, however):

il cinema(tografo)   i cinema(tografi)
la foto(grafia)   le foto(grafie)
la moto(cicletta)   le moto(ciclette)

---

il **biglietto d'ingresso**	ticket (of admission)
Abbiamo già i biglietti d'ingresso per il cinema.	We already have our movie tickets.
il **film**	film
Al *Moderno* danno il nuovo film di Nanni Moretti.	The new film by Nani Moretti is playing at the *Moderno*.
filmare	film
la **cinepresa**	(movie) camera
girare (un film)	shoot (a film)
Leonardo Di Caprio è a Roma per girare un nuovo film.	Leonardo Di Caprio is in Rome to shoot a new film.
divertente	entertaining, amusing
rilassante	relaxing
lo **schermo**	screen

la **regia**	direction
La regia è buona, ma il soggetto non vale molto.	The direction is good, but the subject's not great.
l'**attore**, l'**attrice**	actor, actress
rappresentare	depict, play, portray
attirare	attract

il **pubblico**	audience, public
applaudire ‹applaudo, applaudisco›	applaud
Il pubblico ha applaudito **per un quarto d'ora.**	The audience applauded for a quarter of an hour.
assistere a	attend

ℹ️ Transitive – Intransitive

Distinguish between:

assistere qu *(transitive)*	*assist, help s.o.*
assistere a qc *(intransitive)*	*attend, be present at s.th.*
Il pubblico che **assisteva allo** spettacolo si è divertito in sacco.	*The audience in attendance at the performance found it enormously entertaining.*

---

la **scena**	stage; scene
Il pubblico ha applaudito più volte **a scena aperta.**	The audience applauded repeatedly during the show.
il **ballerino**, la **ballerina**	dancer
il **circo**	circus
C'è un famoso circo russo in città, **ci andiamo?**	There's a famous Russian circus in town; shall we go?
l'**umorismo**	humor

guardare la televisione	watch television
lo **schermo**	screen
Allontanati dallo schermo, **fa male agli** occhi!	Sit farther away from the screen; you're hurting your eyes like that!
il **programma**	program
il **canale**	channel
il **cavo**	cable
Da noi **non c'è ancora** la **televisione via cavo.**	We don't have cable TV yet.
il **satellite**	satellite
la **telecamera**	television camera

lo **studio**	studio
la **trasmissione**	broadcast, telecast
il **servizio**	report
il **reportage**	reporting

la **serie**	series
il **(film) poliziesco**	crime film
il **(film) giallo**	thriller

il **festival**	festival
Il Festival del Cinema di Venezia è famoso **in tutto il mondo.**	The Venice Film Festival is famous all over the world.
assegnare	award
Al film vincitore **viene assegnato** il Leone d'oro.	The winning film is awarded the Golden Lion.
lo **spettacolo**	performance, show
Che spettacolo c'è stasera?	What's showing tonight?
l'**attrazione**	attractive
attraente	presentation; performance
la **rappresentazione**	performance
Noi **andiamo a vedere** l'ultima rappresentazione. Vieni **anche tu?**	We're going to see the last performance. Are you coming along?
l'**intervallo**	intermission
il **divertimento**	entertainment
Buon divertimento!	Have fun! Enjoy yourself/selves!

il, la **regista**	director
Il regista è molto **contento dei risultati** ottenuti.	The director is very happy with the results obtained.
sconosciuto, a	unknown
famoso, a	famous
noto, a	well-known
favoloso, a	fabulous
il **ruolo**	role
interpretare	interpret; play
Secondo me Monica Belluci ha interpretato il suo ruolo **in modo favoloso.**	In my opinion, Monica Belluci played her role fabulously well.
lo **spettatore**, la **spettatrice**	viewer, spectator

la **compagnia teatrale**	theatrical company, ensemble
Questa compagnia teatrale è famosa per la **rappresentazione di drammi classici.**	This theatrical company is famous for its presentations of classical plays.
il **dramma**	drama; play
drammatico, a	dramatic
la **tragedia**	tragedy
Le tragedie classiche sono sempre impressionanti.	The classical tragedies are always impressive.
classico, a	classical

il **balletto**	ballet
Dato che ti piace tanto, andiamo a vedere il balletto.	Since you enjoy it so much, we'll go see the ballet.
l'**orchestra**	orchestra
Domani **ci sarà** un concerto dell'orchestra sinfonica della RAI.	Tomorrow there will be a concert by the RAI Symphony Orchestra.
il **varietà**	variety, vaudeville
Non amo molto il varietà.	I don't like variety shows much.
essere in programma	be on the program, be scheduled

la **varietà**	variety
magico, a	magical
il **mostro**	monster
Ai miei bambini piacciono anche i film pieni di mostri.	My children even like movies that are full of monsters.
l'**umorista** *m, f*	comedian, comic, humorist
i **cartoni animati** *pl*	animated film (cartoon)

la **biglietteria**	ticket window, box office
La biglietteria è aperta **fino alle otto.**	The box office is open until 8.
il **guardaroba**	cloakroom
il **palcoscenico**	stage
Alla fine dello spettacolo il palcoscenico era **pieno di fiori.**	After the show the stage was covered with flowers.
la **platea**	orchestra
Cerchiamo un posto **in platea** o preferite **un palco?**	Shall we look for an orchestra seat, or do you prefer a box seat?
il **palco**	box

10.4 Celebrations

la **tradizione**	tradition
l'**uso**	custom; fashion
l'**usanza**	custom; usage
la **festa**	party; feast; holiday
la **festa mobile**	movable feast
popolare	popular

il **Natale**	Christmas

Auguriamo a tutti un buon Natale ed un felice Anno Nuovo.
We wish everyone a merry Christmas and a happy New Year.

Santo Stefano
St. Stephen's Day (day after Christmas)

il **Capodanno**
New Year's Day

la **Pasqua**
Easter

Da noi si dice: "Natale con i tuoi, Pasqua con chi vuoi."
Here we say: "Spend Christmas with your family, Easter with anyone you choose."

la **Pasquetta**
Easter Monday

la **Pentecoste**
Pentecost

il **carnevale**
carnival

Desidererei tanto **vedere** una volta **il famoso carnevale di Venezia.**
I'd so much like to see the famous Carnival of Venice once.

la **maschera**
mask

---

augurare
wish

Vi auguro tanta felicità!
I wish you much happiness!

il **compleanno**
birthday

gli **auguri**
good wishes

Tanti auguri per il tuo compleanno!
Happy birthday!

Auguri!
Happy holiday!, Best wishes!

il **regalo**
gift

---

baciare
kiss, to

abbracciare
embrace, hug

Quando mi saluta mi bacia ed abbraccia sempre.
When she greets me, she always hugs and kisses me.

il **bacio**
kiss

l'**amicizia**
friendship

Il bacio è un segno d'amore ma anche di amicizia.
The kiss is a sign of affection and friendship as well.

---

la **gente**
people

Quanta gente avete invitato!
How many people you've invited!

il **contatto**
contact

l'**appuntamento**
appointment; date

insieme
together

Ci siamo dati appuntamento per andare insieme alla **festa del paese.**
We made a date to go to the village festival together.

il **gruppo**
group

la **relazione**
relation, connection, acquaintanceship

In questa città **abbiamo ottime relazioni**.	We have excellent connections in this city.
ęssere disposto, a a	be inclined/willing to
Saresti disposto a venire insieme a me alla festa del patrono?	Would you be willing to go to the feast of the patron saint with me?

festivo, a	festive, festal; merry
In questo mese **ci sono** molti giorni festivi.	This month has a lot of holidays.
festeggiare	celebrate
l'**onomąstico**	name day
Tu lo festeggi l'onomastico?	Do you celebrate your name day?
la **festività**	festivity
folclorįstico, a	folklore
Stasera ci sarà uno spettacolo folcloristico **in piazza**.	This evening there's a folklore show in the square.
l'**anniversario**	anniversary
Il 20 febbraio abbiamo il nostro decimo **anniversario di nozze**.	February 20 will be our tenth wedding anniversary.
precędere	precede
precedente	previous
Abbiamo dovuto festeggiare il giorno precedente perché **era domenica** ed era più comodo per tutti.	We had to celebrate the previous day because it was Sunday and more convenient for everyone.
successivo, a	following
Sarà meglio che ci incontriamo nei giorni **successivi alle festività di fine anno**, così **avrò** più tempo.	It'll be better if we meet during the days following the New Year's celebrations; then we'll have more time.
la **vigilia**	eve, day before
Il 24 dicembre è **la vigilia di Natale**.	The 24th of December is Christmas Eve.

l'**annuncio**	announcement
Quando verrà dato l'annuncio delle nozze?	When will the wedding date be announced?
l'**evento**	event
Quando **festeggerete il lieto evento**?	When will you celebrate the happy event?
l'**invitato**, l'**invitata**	guest
Gli invitati sono stati accolti con grande gioia.	The guests were received with great joy.
accǫgliere	receive
l'**ospitalità**	hospitality
I miei amici ti ringraziano ancora tanto per la tua ospitalità.	My friends thank you again for your hospitality.

ospitare — give hospitality, entertain; put up for the night

Cosa regaliamo ad Alberto e Laura che **ci hanno ospitati con tanta gentilezza?**

What shall we give Alberto and Laura, who entertained us so graciously?

contare su — count on

Puoi **contare su di me,** sono sempre **lieto di averti a casa mia.**

You can count on me; I'll always put you up for the night.

la **befana** — Befana (grandmotherly witch who, according to old tradition, brings gifts to children at Epiphany)

La notte da 5 al 6 gennaio la befana porta dolci ai bambini buoni e carbone a quelli cattivi.

On the night of January 5, Befana brings sweets to the good children and lumps of coal to the bad ones.

la **leggenda** — legend
misterioso, a — mysterious

In gli Stati Uniti non si conosce questa leggenda. Ma anche al Nord ci sono molte leggende misteriose.

This legend is unknown in the United States, but in Northern Europe there are many mysterious legends.

regalare — present, give a present
avvolgere — wrap up
badare a — watch out

In quale carta avvolgiamo il regalo? – In quella rossa, ma bada di non romperla.

What paper should we wrap the gift in? – In the red one, but watch out and don't tear it.

False Friends 👍 👎

Italian Word	Thematic Meaning(s)	False Friend	Italian Equivalent(s)
il gioco	game	joke	il scherzo
la corsa	race	course	il corso
il ballo	dance	ball	la palla
la barca	boat	bark	la scorza

11.1 Travel Preparations, Trips

la **vacanza**	vacation
i **preparativi** *pl*	preparations
Federica vuole fare una vacanza **diversa dal solito**: va in Namibia e ora è **tutta presa dai preparativi.**	Federica wants a different vacation than usual. She's flying to Namibia and is now completely busy with the preparations.
la **visita**	visit
La visita del Parco Nazionale durerà **tutta la giornata.**	The visit to the national park will last all day.
visitare	visit, pay a visit

viaggiare	travel
Amo molto viaggiare, e tu?	I love to travel, and you?

The Exceptions Confirm the Rule – Verbs of Motion

Most verbs of motion are conjugated with **essere,** but there are some exceptions:
Abbiamo viaggiato molto. *We have traveled a great deal.*

Similarly:
nuotare	*swim*
camminare	*walk, go on foot*
correre	*run*

---

il **viaggio**	trip
l'**andata**	journey there, going returning, coming back
il **ritorno**	round-trip
Volete **un biglietto di andata e ritorno?**	Do you want a round-trip ticket?
ritornare	return
l'**orario**	schedule
Ho bisogno dell'orario arrivi – partenze.	I need the schedule of arrivals and departures.
l'**arrivo**	arrival
la **partenza**	departure
La partenza è stata **rimandata di un'ora.**	The departure has been delayed for an hour.
imbarcarsi	embark, (go on) board; sail
Abbiamo una comunicazione importante per i passeggeri **che si sono imbarcati qui.**	We have an important message for the travelers who boarded here.
la **valigia**	suitcase

fare la valigia	pack the suitcase
disfare la valigia	unpack the suitcase
il **bagaglio**	baggage, luggage
Con tutto questo bagaglio abbiamo bisogno di un portabagagli.	With all this luggage we need a porter.

il, la **cliente**	customer, client
l'**agenzịa viaggi**	travel agency
il **programma**	program, prospectus
In mancanza di un programma migliore **seguiremo quello** dell'ultimo viaggio.	In the absence of a better program, we'll follow that of the previous trip.
informarsi	inquire, ask for information
l'**itinerario**	travel route, itinerary
Vi siete informati sull'itinerario del viaggio?	Have you inquired about the trip itinerary?
la **carta geogrạfica**	map
Ho comprato una carta geografica di tutta la regione perché **non ne sono pratico.**	I bought a map of the entire region because I don't know my way around here.

la **bassa stagione**	low season, off season
l'**alta stagione**	high season, peak season
il, la **turista**	tourist (n.)
turịstico, a	tourist (adj.)
Abbiamo fatto un giro turistico bellissimo.	We took a very nice tour.
la **guida turịstica**	tourist guide
Abbiamo bisogno di una guida turistica **che parli** inglese.	We need a tourist guide who speaks English.

la **conferma**	confirmation
Ci manca ancora la conferma, ma **partiremo** certamente **il giorno previsto.**	We still don't have a confirmation, but we'll certainly leave on the day scheduled.
la **comunicazione**	announcement, message, communication
la **mancanza**	lack, absence
annullare	cancel, call off; annul
Ho deciso di annullare la **prenotazione per** Parigi.	I've decided to cancel the reservation for Paris.
stornare	cancel

le **ferie** pl	vacations, holidays
Quando andrai in ferie quest'anno?	When are you going on vacation this year?

il **turismo**	tourism
Qui per fortuna non c'è ancora troppo turismo.	Thank God there aren't too many tourists here yet.
il **dépliant**	brochure, pamphlet
il **tour operator**	tour operator
l'**inclusive tour**	all-inclusive tour
accogliente	inviting
È un hotel molto accogliente e **ci troviamo bene.**	The hotel is very inviting, and we enjoy it here.

il **bagagliaio**	baggage compartment
il **portabagagli**	porter
il **deposito bagagli**	baggage checkroom
Lasciamo **tutte le valigie** al deposito bagagli.	We're leaving all our suitcases in the baggage checkroom.

il **viaggiatore,** la **viaggiatrice**	traveler, passenger
I signori viaggiatori sono pregati di allacciare le cinture di sicurezza.	The passengers are requested to fasten their seatbelts.
rivolgersi a	address oneself, apply to
l'**azienda di soggiorno**	tourist (information) office
Per tutte le informazioni turistiche, può **rivolgersi** all'azienda di soggiorno.	For all tourist information, you can go to the tourist information office.
l'**ente del turismo**	tourist information association
il **visto**	visa
Non occorre più il visto per andare in quel paese.	For that country a visa is no longer needed.
rimandare	postpone
Abbiamo rimandato il viaggio, anche se avevamo pagato già un acconto.	We've postponed the trip, although we had already made a deposit.
l'**acconto**	deposit, down payment

lo **scompartimento**	compartment
il **non fumatore**	smoker
il **fumatore**	nonsmoker
Dov'è lo scompartimento (per) fumatori?	Where is the smoking compartment?
libero, a	vacant, free
occupato, a	occupied, taken, booked
Ma come, siamo solo all'inizio della stagione ed è già tutto occupato?	We're just at the start of the season, and everything's already taken; how come?

la **carta stradale** Questo paese non è segnato sulla carta stradale.	road map This village is not marked on the map.
la **carta verde** **In un viaggio** all'estero **si consiglia di** portare la carta verde.	green insurance card When traveling abroad, it's advisable to carry the green insurance card with you.
facilitare	facilitate, make easier
l'**autostop**	hitchhiking
Facciamo l'**autostop?**	Shall we hitchhike?

l'**imbarcazione** *f* È sicura quest'imbarcazione?	boat Is this boat safe?
la **crociera** **Allora, si va in crociera o no** quest'anno?	cruise Well, are we going on a cruise this year or not?
la **seggiovia** Non posso **andare in seggiovia** perché **soffro di vertigini.**	chair lift I can't take the chair lift because I get dizzy.

11.2 Accommodations

l'**albergo**	hotel
l'**albergatore**, l'**albergatrice**	hotelier, hotel owner
l'**hotel** *m*	hotel
la **pensione** Conoscete **qualche pensione** vicino al mare?	pension, private hotel Do you know of any pension near the ocean?
prenotare	reserve
la **prenotazione** Avete già prenotato l'albergo? – Sì, la prenotazione è stata confermata ieri.	reservation Have you already made a hotel reservation? – Yes, the reservation was confirmed yesterday.
completo, a **al completo** *avv* **Mi dispiace**, signore, ma **siamo al completo.**	full full up Sorry, sir, but we're full up.
riservato, a Questo tavolo è riservato per noi.	reserved This table is reserved for us.
il **vitto** Il vitto in quest'albergo è ottimo.	food; board The food in this hotel is excellent.

costoso, a
Cerchiamo un **buon albergo**, ma
non troppo costoso.

expensive, costly
We're looking for a good hotel,
but not too expensive.

il **campeggio**
A 15 km da qui c'è un campeggio con attrezzature
modernissime.
la **tenda**

camping; campground
Fifteen kilometers from here
there's a campground with very
modern facilities.
tent

la **camera singola**
Se cerchi una camera matrimoniale ed una camera singola, puoi
rivolgerti all'Hotel La Rovere nel
Vicolo Sant'Onofrio.
la **camera matrimoniale**
pernottare
il **pernottamento**
Desiderano solo il pernottamento,
mezza pensione o **pensione
completa?**
mezzo, a
l'**acqua corrente**
Vorrei avere almeno l'acqua
corrente!
la **camera con bagno**
la **camera con prima colazione**
la **sveglia telefonica**
il **voucher**

single room
If you're looking for a double
room and a single room, you
can try La Rovere Hotel in
Vicolo Sant'Onofrio.
double room
spend the night
night's stay
Do you want just a room, breakfast and one meal ("half board"),
or full board?
half
running water
I'd like running water at least!

room with shower/bath
room with breakfast
wake-up service
voucher

l'**agriturismo**
l'**ostello (della gioventù)**
il **sacco a pelo**
Se **non c'è posto all'**ostello
dovremo dormire nel sacco a
pelo.
lo **zaino**
Non uso mai la valigia, preferisco
lo zaino.

vacation on a farm
youth hostel
sleeping bag
If there's no room in the youth
hostel, we'll have to sleep in the
sleeping bag.
backpack
I never take a suitcase; I prefer a
backpack.

il **camper**
Abbiamo comprato un camper
nuovo per il prossimo viaggio.
la **roulotte**

camper
We've bought a new camper for
the next trip.
camping trailer

False Friends

Italian Word	Thematic Meaning(s)	False Friend	Italian Equivalent(s)
la camera	room	camera	la macchina fotografica

12.1 Visual Arts

l'**arte** f	art
le **arti figurative** pl	visual art
il **pittore**, la **pittrice**	painter
la **pittura**	painting
Ti **interessi di** pittura moderna?	Are you interested in modern painting?
il **dipinto**	painting
il **quadro**	picture, painting
la **tela**	canvas
È un dipinto su tela?	Is the picture painted on canvas?
disegnare	draw
Quand'ero piccola disegnavo molto, ora non più.	When I was little I drew a lot, but I don't anymore.

l'**esposizione** f	exhibition
la **galleria**	gallery
Nella galleria di Via Margutta c'è una bellissima esposizione di Luciano Pelizzari.	In the gallery on Via Margutta, there's a beautiful exhibition by Luciano Pelizzari.
il **museo**	museum
il, la **custode**	museum guard
l'**acquisto**	acquisition
acquistare	
Il nostro museo ha acquistato un quadro di Modigliani.	Our museum has acquired a painting by Modigliani.
l'**originale** m	original
Questa è davvero **una copia** perfetta dell'originale.	This is actually a perfect copy of the original.

il **monumento**	monument
Questi monumenti **saranno anche famosi**, ma li trovo molto brutti.	These monuments may be very famous, but I think they're quite ugly.
classico, a	classical
la **scultura**	sculpture
Mi piace molto la scultura moderna. – Io preferisco le sculture classiche.	I like modern sculpture a lot. – I prefer the classical sculptures.
l'**arco**	arch
Ci incontriamo vicino all'Arco di Augusto, va bene?	We'll meet at the Arco di Augusto, all right?
il **tesoro**	treasure
L'Italia è **piena di tesori d'arte**.	Italy is full of art treasures.

la **pinacoteca**	picture gallery
Sei mai stato alla Pinacoteca di Brera?	Have you ever been to the Brera Gallery?
la **mostra**	show
mostrare	show, to
inaugurare	open
l'**inaugurazione** f	opening
Hanno inaugurato la mostra dello scultore Buratti proprio ieri sera.	The sculptor Buratti's show was opened last night.
– Lo so, all'inaugurazione **c'era trantissima gente.**	– I know, a huge crowd was at the opening.
il **critico d'arte**	art critic

lo **schizzo**	sketch
Il pittore mi ha pregato di esaminare gli schizzi che ha preparato.	The painter asked me to examine the sketches he had done.
il **disegno**	drawing
dipingere	paint
Massimiliano **sa dipingere** molto bene.	Massimiliano can paint quite well.
l'**acquerello**	watercolor
l'**affresco**	fresco
Hai già visto gli affreschi della Cappella Sistina?	Have you seen the frescoes in the Sistine Chapel yet?
colorato, a	colored
Non mi piacciono i disegni colorati, **li preferisco in bianco e nero.**	I don't like colored drawings, I prefer black-and-white ones.
il **ritratto**	portrait
l'**espressione** f	expression
Guarda questo ritratto: non trovi anche tu che gli occhi hanno un'espressione triste?	Look at that portrait. Don't you agree that the eyes have a sad expression?

la **cornice**	frame
sostituire ‹sostituisco›	replace
Vorrei **sostituire le cornici agli acquerelli** che ho comprato ieri.	I'd like to replace the frames of the watercolors I bought yesterday.
romanico, a	Romanesque
gotico, a	Gothic
rinascimentale	Renaissance
barocco, a	Baroque
contemporaneo, a	contemporary

Non mi piace l'arte barocca, **preferisco quella** contemporanea.	Baroque art doesn't appeal to me; I prefer contemporary art.

lo **scultore**, la **scultrice**	sculptor, sculptress
scolpire ‹scolpisco›	sculpt
il **mosaico**	mosaic
Avete già visto i mosaici di Ravenna?	Have you seen the Ravenna mosaics yet?
il **rilievo**	relief
restaurare	restore
Hanno **restaurato il Cenacolo** di Leonardo da Vinci.	Leonardo da Vinci's "Last Supper" has been restored.

12.2 Music

l'**artista** *m, f*	artist
la **musica**	music
la **musica classica**	classical music
Se non ti dispiace, preferirei ascoltare musica classica.	If it doesn't bother you, I'd like to listen to classical music.
musicale	musical
Quella ragazza è molto **musicale**.	That girl is very musical.
la **nota**	musical note
Sai leggere le note?	Can you read notes?
la **chiave**	key
la **melodia**	melody
Non conosco questa melodia.	I don't know this melody.
l'**armonia**	harmony
la **sinfonia**	symphony
Mauro mi ha regalato **tutte le sinfonie** di Beethoven dirette da Karajan.	Mauro gave me all Beethoven's symphonies directed by Karajan.
dirigere	direct
Chi dirige stasera?	Who's directing this evening?

lo **strumento musicale**	musical instrument
il **piano(forte)**	piano
Lo strumento musicale che ascolto **più volentieri** è il piano.	The instrument I like listening to best is the piano.
il **tasto**	key
I tasti **di quel vecchio piano** sono **tutti gialli.**	The keys of this old piano are all yellow.
il **violino**	violin, fiddle
suonare	play

Veronica **sta imparando a suonare** il violino.
la **chitarra**
Ti piace di più la chitarra elettrica o **quella** classica?
la **batteria**
A quest'ora non puoi suonare la batteria, pensa ai vicini!

Veronica is learning to play the violin.
guitar
Which do you prefer, the electric guitar or the classical guitar?
percussion instruments, drums
You can't play drums anymore at this hour; think of the neighbors!

il **jazz**
il **pop**
il **rap**
il, la **rapper**
il **rock**
la **techno**
il **discjockey**

jazz
pop
rap
rapper
rock
techno
disk jockey, DJ

l'**opera**
la **voce**
  Che bella voce! Dovresti studiare canto.
cantare
il, la **cantante**
l'**immagine** f
  Si è creato quell'immagine **con il lancio che ha avuto in TV.**
brillante
il **successo**
la **canzone**
il **tenore**
  Fra I tenori la voce che preferisco è quella di Beniamino Gigli.
il **soprano**
il **basso**
l'**aria**
  Ho trovato un vecchio disco con **le arie** più celebri **delle opere** di Mozart.

opera
voice
  What a beautiful voice! You should study voice.
sing
singer
picture; image
  He created this image for himself with his TV debut.
brilliant
success
song
tenor
  Among the tenors, I prefer Beniamino Gigli's voice.
soprano
bass
aria
  I found a record with the best-known arias from Mozart's operas.

il, la **musicista**
assistere a
  Ho assistito alla rappresentazione del balletto *Lo schiaccianoci* alla Scala di Milano.

musician
attend
  I attended a presentation of the *Nutcracker* ballet at La Scala in Milan.

il **concorso**
Ha vinto un posto di studio **con un concorso.**

competition, contest
He was admitted for study there through a competition.

il **conservatorio**
Alessandro studia composizione al conservatorio.

conservatory
Alessandro is studying composition at the conservatory.

il **suono**

sound

il **tono**
Hai sentito che tono ha questa tromba?

tone; sound
Did you hear how that trumpet sounds?

la **tonalità**

tonality

la **scala (musicale)**

(musical) scale

maggiore

major

minore

minor

il **compositore**, la **compositrice**

composer

la **composizione**

composition

sinfonico, a

symphonic

la **danza**
Trovo che questa musica non sia **troppo adatta** per una danza.

dance
I don't think this music is especially suitable for dancing.

il **direttore d'orchestra**
Pare che ci sia un nuovo direttore d'orchestra, ne sai qualcosa?

orchestra director
It seems there's a new orchestra director; do you know anything about it?

il **flauto**
Il suono del flauto è meraviglioso.

flute
The sound of the flute is marvelous.

la **tromba**

trumpet

l'**organo**
È bellissimo **sentire l'organo** in una vecchia cattedrale.

organ
It's wonderful to listen to the organ in an old cathedral.

il **tamburo**
Ai bambini piace molto **suonare il tamburo.**

drum
Children love to beat the drum.

la **corda**

string

12.3 Literature

la **letteratura**
Conosco bene **sia** la letteratura inglese **che quella** italiana.

literature
I'm very familiar with both English and Italian literature.

lo **scrittore**, la **scrittrice**

writer

Alessandro Baricco è uno scrittore di grande talento.	Alessandro Baricco is a very talented writer.
l'**opera**	work

il **romanzo**	novel
il **racconto**	short story
Le mie letture preferite sono i romanzi e i racconti.	Novels and short stories are my favorite reading.
Ho appena letto un racconto che **ha per sfondo il periodo** fra le due guerre mondiali.	I've just read a story that is set against the background of the period between the two world wars.
il **dramma**	drama
la **commedia**	comedy
la **tragedia**	tragedy
il **poeta**, la **poetessa**	poet
I poeti romantici inglesi sono famosi anche in Italia.	The English romantic poets are also well-known in Italy.

---

a–i

Masculine nouns that end in **a** in the singular take the ending **i** in the plural; examples:

il poeta	i poeti
il problema	i problemi
il tema	i temi

---

la **poesia**	poem; poetry
il **verso**	verse
Ho letto dei versi bellissimi, ma non ricordo il titolo della poesia.	I read some beautiful verses, but I've forgotten the title of the poem.

la **biblioteca**	library
In casa nostra siamo **tutti dei grandi lettori, ecco perché** la nostra biblioteca è così ricca.	In our house we're all big readers; that's why our library is so large.
il **lettore**, la **lettrice**	reader
la **libreria**	bookstore
il **libro**	book
il (**libro**) **giallo**	detective novel, mystery novel ("yellow book")
Se passi in libreria, comprami qualche libro giallo.	If you go to the bookstore, buy me a few whodunits.
la **copertina**	book cover, jacket
I romanzi gialli in Italia **hanno preso questo nome** dal colore della copertina.	In Italy, mystery novels got their name from the yellow book cover.

il **rilievo**
Nel libro che mi hai regalato
viene messo molto in rilievo il
paesaggio della campagna
toscana.

importance, significance
In the book you gave me, the
Tuscan landscape plays a very
important role.

la **traduzione**
il **talento**
il **premio**
Sai chi ha vinto il Premio
Campiello quest'anno?

translation
talent
prize
Do you know who got the
Campiello Prize this year?

la **lirica**
ispirare
Sembra che sia stata una donna
bellissima **ad ispirargli** la sua
lirica.

lyric poetry
inspire
A very beautiful woman is said
to have inspired his lyric poetry.

l'**immaginazione** f
Ci vuole molta immaginazione
per capire **tutti i suoi** simboli.

imagination
To understand all his symbols,
you need a lot of imagination.

il **ritmo**
Questa poesia ha un ritmo
stupendo.

rhythm
The rhythm of this poem is
wonderful.

il **metro**
la **rima**
Non fa rima, non senti?
l'**elaborazione** f

meter
rhyme
It doesn't rhyme, can't you tell?
elaboration; creation

l'**autore**, l'**autrice**
creativo, a
Il periodo più creativo di Alberto
Moravia è **stato quello** fra il 1947
e il 1970.

author
creative
Alberto Moravia's most creative
period was between 1947 and
1970.

il **narratore**, la **narratrice**
Ascolto con piacere i narratori dei
vecchi tempi.

narrator, storyteller
I like listening to the storytellers
of olden times.

il **volume**
Mi puoi prestare questo volume
di poesie?

volume
Can you lend me this volume of
poetry?

l'**introduzione**
Devi leggere anche l'introduzione,
è molto importante.

introduction
You have to read the introduction too; it's very important.

l'**indice** m
il **capitolo**
Quanti capitoli hai già scritto?

index
chapter
How many chapters have you
written by now?

lo **stile**	style
Ammiro molto lo stile della scrittrice Grazia Deledda.	I greatly admire the style of the writer Grazia Deledda.
il **simbolo**	symbol
la **lettura**	reading
la **novella**	novella
la **favola**	fairy tale
Avete già letto le favole dei fratelli Grimm?	Have you read the Grimm brothers' fairy tales yet?
favoloso, a	fabulous
il **diario**	diary
I diari di Ernst Jünger **vanno annoverati fra** i più importanti del Novecento.	Ernst Jünger's diaries are among the most important of the twentieth century.
l'**illustrazione** f	illustration
In questo libro **ci sono delle illustrazioni** veramente splendide.	This book contains some really splendid illustrations.
annoverare tra	number among
il **capolavoro**	masterpiece
L'ultima novella di Aldo Palazzeschi è veramente un capolavoro.	Aldo Palazzeschi's last novella is truly a masterpiece.
importante	important
il, la **protagonista**	protagonist, main character

False Friends

Italian Word	Thematic Meaning(s)	False Friend	Italian Equivalent(s)
la novella	novella	novel	il romanzo
la pittura	painting	picture	il quadro
il rilievo	significance	relief	il sollievo
il romanzo	novel	romance	la romanza

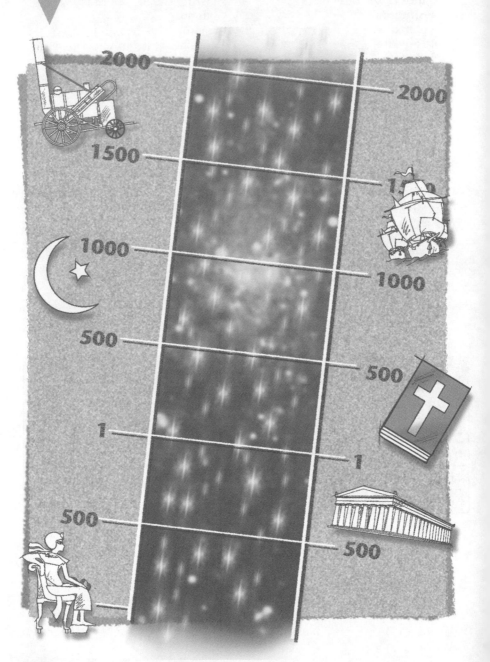

13.1 History

la **storia**	history
la **cultura**	culture
Conosci la storia dell'Italia?	Are you familiar with Italy's history?
– Sì, ed anche la sua grande cultura.	– Yes, and with its great culture too.
l'**epoca**	epoch
il **Medioevo**	Middle Ages
Quale epoca ti sembra più interessante? – **Ti sembrerà strano**, ma amo molto il Medioevo.	Which epoch seems most interesting to you? – It may seem strange to you, but I'm very fond of the Middle Ages.
antico, a	antique, ancient; previous
moderno, a	modern
il **progresso**	progress

il **re**, la **regina**	king, queen
il **principe**, la **principessa**	prince, princess
l'**imperatore**, l'**imperatrice**	emperor, empress
lo **splendore**	splendor
la **fortuna**	fortune, luck
sovrano, a	sovereign
l'**influenza**	influence
la **rivoluzione**	revolution
La Rivoluzione Francese ha rovesciato il vecchio regime.	The French Revolution toppled the old regime.

l'**erede** *m, f*	heir
ereditare	inherit
l'**eredità** *f*	inheritance
grande	grand, magnificent
la **grandezza**	enormous, immense, huge
enorme	rich
ricco, a	riches
la **ricchezza**	poor
povero, a	poverty
la **povertà**	slave
lo **schiavo**, la **schiava**	

la **civiltà**	culture
la **civilizzazione**	civilization
colto, a	cultured
storico, a	historic
lo **storico**	historian
la **storiografia**	historiography

l'antichità	antiquity
medioevale	medieval
il **Rinascimento**	Renaissance
Il Rinascimento ha favorito lo sviluppo di **tutte le arti.**	The Renaissance promoted the development of all the arts.
il **Cinquecento**	sixteenth century
Il **Cinquecento** è un secolo molto importante per l'arte italiana.	The sixteenth century is very important for Italian art.
il **Risorgimento**	Risorgimento (Italy's national revival in the nineteenth century)
Durante il Risorgimento ci sono state molte lotte per creare **l'Italia unita.**	During the Risorgimento there were many battles in order to create a united Italy.
il **Novecento**	twentieth century
Il Novecento è il secolo delle grandi rivoluzioni tecniche.	The twentieth century is the century of the great technical revolutions.

i Duecento – Novecento

The eight centuries from the thirteenth to the twentieth can be indicated by *cardinal numbers* (instead of ordinal numbers).
Examples:

il **Duecento**	*the Duecento (thirteenth century)*
il **Trecento**	*the Trecento (fourteenth century)*
il **Novecento**	*the Novecento (twentieth century)*

la **ribellione**	rebellion, uprising
il, la **ribelle**	rebel
nuocere	harm, be harmful
Non sempre la ribellione nuoce, **anzi,** spesso è necessaria.	A rebellion is not always harmful; sometimes it is even necessary.
rovesciare	topple, overthrow
l'**unità**	unity
borghese	bourgeois, middle class
Quella francese è **stata una rivoluzione borghese.**	The French Revolution was a middle-class revolution.
la **resistenza**	resistance
Il popolo **ha fatto molta resistenza,** ma è stato sconfitto.	The people offered great resistance, but were defeated.

il **duca,** la **duchessa**	duke, duchess
il **ducato**	duchy
il **regno**	kingdom

Il regno d'Italia è **finito con** il referendum del 1946.	The kingdom of Italy came to an end with the popular referendum of 1946.
l'**impero**	empire
L'impero romano è **stato** uno dei più grandi dell'antichità.	The Roman Empire was one of the greatest empires in ancient times
romano, a	Roman
la **corona**	crown
la **grandezza**	grandeur
Ammiro molto la grandezza delle cattedrali medioevali.	I greatly admire the grandeur of the medieval cathedrals.
il **fenomeno**	phenomenon
Questo è un fenomeno **storico-culturale comune** a molti popoli.	This is a phenomenon of cultural history that is common to many peoples.

la **colonna**	column
Del foro sono rimaste solo poche colonne.	Of the Forum, only a few columns remain.
le **rovine** *pl*	ruins
Le rovine della civiltà romana sono numerose non solo in Italia, ma anche in molti altri paesi europei.	Not only in Italy, but also in many other European countries, there are numerous ruins of Roman culture.
scavare	excavate
gli **scavi** *pl*	excavations
In questa zona ci sono scavi che **meritano di essere visti**.	In this area there are excavations that are worth seeing.

invadere	invade
l'**invasione** *f*	invasion
L'invasione della Polonia segna l'inizio della seconda guerra mondiale.	The invasion of Poland marks the beginning of World War II.
sconfiggere	defeat, conquer

13.2 Religion

Dio	God
Tu **credi in** Dio?	Do you believe in God?
divino, a	divine
il **dio**, la **dea**	god, goddess
gli **dei pagani**	heathen gods

lo **spirito**	spirit
santo, a	holy
Oggi è **il giorno di Santa Barbara**.	Today is St. Barbara's Day.
Sant'Antonio è il **santo protettore** degli animali.	St. Anthony is the patron saint of animals.
San Gennaro è il **santo patrono** dei napoletani.	St. Gennaro is the patron saint of the people of Naples.
la **religione**	religion

l'**anima**	soul
pregare	pray
Preghiamo sempre per le anime dei nostri morti.	We always pray for the souls of our dead.
felice	happy
Sono **felice di aver imparato** a pregare.	I am happy because I have learned to pray.
la **felicità**	happiness
sopportare	bear
Chi **sa pregare** sopporta meglio i problemi della vita.	Anyone who can pray bears life's problems more easily.
la **candela**	candle
È andato in chiesa **ad accendere** una candela a Sant'Antonio.	He went to church to light a candle to St. Anthony.
il **destino**	fate, destiny
Tu credi al destino?	Do you believe in destiny?
destinare a	destine to; doom to
la **destinazione**	purpose; destination
la **prospettiva**	prospect
E quali prospettive avete per il futuro?	And what prospects do you have for the future?
la **speranza**	hope
sperare in	hope for
Sto passando un brutto momento, **ma continuo a sperare in giorni migliori**.	I'm having a bad time just now, but I keep hoping for better days.

la **setta**	sect
segreto, a	secret
Questa setta **non ha niente a che fare con** la religione, è una setta segreta.	This sect has nothing to do with religion; it's a secret society.
il **segreto**	secret

Cristo	Christ
Cristo ha predicato la povertà.	Christ preached poverty.

cristiano, a	Christian
Gesù	Jesus
la **croce**	cross
Insegna a quel bambino a fare il segno della croce.	Show the child how to make the sign of the cross.
il **segno**	sign
risorgere	rise again
Cristo è risorto il terzo giorno.	Christ rose again on the third day.
il **vangelo**	Gospel
Il vangelo è il messaggio di Cristo.	The Gospel is Christ's message.

il **paradiso**	paradise
l'**angelo**	angel
Questa musica **sembra** un coro di angeli.	This music sounds like a choir of angels.
il **santo**, la **santa**	saint
il **patrono**	patron saint
il **peccato**	sin
pentirsi di	repent; regret
Mi pento **dei miei peccati.**	I repent my sins.
l'**inferno**	hell
All'inferno tutti!	To hell with everybody!
il **diavolo**	devil
Ma va' al diavolo, mi hai proprio stancato!	Go to the devil, I've really had enough of you!
Non lasciarti tentare dal diavolo!	Don't let the devil tempt you!

cattolico, a	Catholic
il **papa**	pope
il **prete**	priest
Trovi giusto che i preti cattolici non **possano sposarsi?**	Do you think it's right that Catholic priests are not allowed to marry?
il **sacerdote**	priest, clergyman
il **monaco**, la **monaca**	monk, nun

predicare	preach
la **messa**	Mass
benedire	bless
Dio ti benedica!	God bless you!
l'**altare** m	altar
la **chiesa**	church
il **duomo**	cathedral
la **campana**	bell

Le campane di **tutta la città suonano a festa.**	The bells all over town ring on feast days.
il **campanile**	bell tower

religioso, a	religious
Francesca è molto religiosa e vuole farsi suora.	Francesca is deeply religious and wants to be a nun.
sacro, a	holy, sacred
In India le mucche sono sacre.	Cows are sacred in India.
la **fede**	faith, belief
Gente di poca fede!	Ye of little faith!
il, la **fedele**	believer
la **superstizione**	superstition
Non confondere la fede con la superstizione!	Don't confuse faith with superstition!
il **miracolo**	miracle
la **sorte**	fate, destiny, fortune, lot

lo **scrupolo**	scruple; doubt; hesitation
Martina mi ha confidato di avere sempre molti scrupoli.	Marina confided to me that she still has many doubts.
la **virtù**	virtue
Tra le sue tante virtù c'è anche quella di saper amare il prossimo.	Among his many virtues is the ability to love his fellow man.
la **carità**	mercy; charity
Fammi la carità di ascoltarmi.	Be so kind as to listen to me.
Facciamo la carità **a quella** povera donna.	We'll give alms to that poor woman.
il **prossimo**	neighbor, fellow man
sacrificare	sacrifice, to
il **sacrificio**	sacrifice
confidare qc a qu	confide something to someone
la **preghiera**	prayer
Il bambino **dice le sue preghiere tutte le sere.**	The little boy says his prayers every night.
la **bestemmia**	curse, blasphemy

tollerare	tolerate
(il, la) **protestante**	Protestant
Ci sono molti protestanti nel tuo paese?	Are there many Protestants in your country?
la **sinagoga**	synagogue
(l')**ebreo, a**	Jewish; Hebrew; Jew, Jewess

la **moschea**	mosque
Conosci la Moschea Blu di Istanbul?	Do you know the Blue Mosque in Istanbul?
musulmano, a	Muslim, Moslem (adj.)
il **musulmano**, la **musulmana**	Muslim, Moslem (n.)
l'**islam** m	Islam
l'**islamizzazione**	Islamization
il **tempio**	temple
In Sicilia ci sono molti **templi** antichi.	In Sicily there are many ancient temples.
la **cattedrale**	cathedral
All'interno della cattedrale **ci sono** bellissime cappelle.	Inside the cathedral there are beautiful chapels.
la **cappella**	chapel

il **canto**	song
Amo molto ascoltare canti sacri.	I love to hear sacred music.
il **coro**	choir

la **bibbia**	Bible
il **battesimo**	baptism
la **communione**	communion
Domenica prossima Sebastiano **farà la Prima Comunione.**	Next Sunday Sebastiano will make his first communion.
la **cresima**	confirmation
pentito, a	penitent
confessarsi	confess
Non basta confessarsi, **bisogna** anche **essere pentiti.**	It's not enough to confess, you also have to be penitent.
assolvere da	absolve of
È stato assolto dai suoi peccati.	He was absolved of his sins.
la **grazia**	grace
Mattia dice che Santa Lucia **gli ha fatto la grazia.**	Mattia says that St. Lucia has heard his prayer.
celeste	heavenly, celestial
Il regno celeste è il paradiso.	The heavenly kingdom is paradise.
la **misericordia**	charity
sprecare	waste
Perché non fai **qualche opera di misericordia**, invece di sprecare il tuo tempo?	Why don't you do some charitable works, instead of wasting your time?

il **clero**	clergy
don	don (title of honor for priests)

il **parroco**	parish priest
Don Giancarlo è un **buon parroco** e si occupa davvero della **cura delle anime**.	Don Giancarlo is a good parish priest and truly is concerned with spiritual welfare.
il **vescovo**	bishop
È **uso** baciare l'anello del vescovo.	It's the custom to kiss the bishop's ring.
il **cardinale**	cardinal
il **pontefice**	pope
il **frate**	friar; monk; brother
il **convento**	convent; monastery
Da queste parti c'è il famoso convento di Fra Cristoforo.	In this area is the famous monastery of Fra Cristoforo.
la **suora**	nun; sister
Spesso le suore lavorano negli ospedali.	Nuns often work in hospitals.

13.3 Philosophy

la **filosofia**	philosophy
Mi occupo molto delle filosofie orientali.	I'm very interested in Oriental philosophies.
il **filosofo**, la **filosofa**	philosopher
Vico è uno dei filosofi italiani più famosi.	Vico is one of the most famous Italian philosophers.

il **morale**	moral (n.)
la **morale**	morality; morals (n.)
morale	moral (adj.)
la filosofia morale	moral philosophy
il **diritto**	right
È **logico che si debbano** rispettare i dirtti degli altri.	It is logical that the rights of others must be respected.
individuale	individual
l'**essere** m	being
umano, a	human
il **pensiero**	thought
occuparsi di	busy oneself, concern oneself with
la **coscienza**	consciousness; awareness; conscience
fondamentale	fundamental
La **coscienza di sé** è fondamentale per ongi **essere umano**.	Self-awareness is of fundamental importance for every human being.

l'**elemento**
Condivido molti elementi delle
filosofie orientali.

element
I am in agreement with
many elements of Eastern
philosophies.

assoluto, a
relativo, a
Tutto è relativo a questo mondo.

absolute
relative
Everything is relative in this world.

reale
la **realtà**
La realtà è ben diversa da quello
che pensi tu.

real
reality
Reality is quite different from
what you think.

logico, a
la **ragione**
La ragione non **va sempre
d'accordo con** i sentimenti.

logical
reason
Reason and emotions are not
always in agreement.

il **motivo**
Forse i miei motivi **non ti sembrano logici,** sono però senz'altro
morali.

motive; reason
My motives may not seem
logical to you, but at any rate
they are moral.

valido, a
la **validità**

valid
validity

la **categoria**
Anche le idee possono essere rac-
colte in categorie.

category
Ideas too can be summed up in
categories.

il **concetto**
la **concezione**
la **concezione della vita**

concept; idea; thought
philosophy of life

il **principio**
elementare
essenziale
A me interessano solo le cose
essenziali.

principle
elementary; essential
Only the essential things interest
me.

immaginario, a
assurdo, a
Quest'ipotesi è troppo assurda per
essere accettata.

imaginary
absurd
This hypothesis is too absurd to
be accepted.

l'**assurdità** f

absurdity; nonsense

la **teoria**
Su quali elementi si basa **quella
teoria?**

theory
What elements is this theory
based on?

l'**ipotesi** f
la **questione**
Ti assicuro che è una questione
reale e non immaginaria.

hypothesis
question; proposition
I assure you this is a real question, not an imaginary one.

il **metodo**	method
ragionare	think; reason; argue; discuss
Ti prego di non perdere la testa e di ragionare con calma.	Please don't lose your head; discuss things calmly.
razionale	rational
Se useremo un metodo razionale, non avremo problemi.	If we use a rational method, we'll have no problems.
l'**impronta**	stamp, mark, impression
Il grande filosofo Platone **ha lasciato la sua impronta in** tutta la filosofia occidentale.	The great philosopher Plato left his mark on all of Western philosophy.
il **manifesto**	manifesto

False Friends

Italian Word	Thematic Meaning(s)	False Friend	Italian Equivalent(s)
la sorte	fate, destiny, lot	sort	la sorta

14.1 Domestic Political Order

lo **Stato**	State
il **territorio**	territory
Lo Stato ha il diritto di difendere il suo territorio.	The state has the right to defend its territory.
statale	state
difendere	defend
il **popolo**	people
la **democrazia**	democracy
il **dominio**	rule; dominion
La democrazia vuol dire dominio del popolo.	Democracy means rule of the people.
la **monarchia**	monarchy
La monarchia **esiste ancora in diversi paesi** europei.	Several European countries are still monarchies.

la **politica**	politics
il **politico**	politician

---

i Occupational Designations

For some occupations, only the masculine form exists. Examples:

il **politico**	*politician*
il **matematico**	*mathematician*
il **medico**	*doctor, physician*
il **giudice**	*judge*
il **chimico**	*chemist*

In a very few cases, the feminine noun is used for both genders:

la **spia**	*spy*
la **guida**	*guide*

---

il, la **presidente**	president
Chi è ora Presidente della Repubblica?	Who is president of the republic now?
il **Presidente del Consiglio**	*official title of the head of the Italian government*
la **guardia del corpo**	bodyguard
Il presidente è accompagnato da una guardia del corpo.	The president is accompanied by a bodyguard.
il **Capo del Governo**	head of the government
il **governo**	government
cadere	fall, to
Il governo è **caduto** di nuovo.	The government has fallen once again.
la **caduta**	fall

il **ministro**	minister
ritirarsi da	withdraw; retire; resign
Dopo gli scandali delle ultime settimane il ministro Rossi si è ritirato dalla politica.	After the scandals of the last few weeks, Minister Rossi has withdrawn from politics.
il **parlamento**	parliament
l'**opposizione** f	opposition
Il governo **ha grosse difficoltà** perché l'opposizione è molto forte.	The government is in great difficulty because the opposition is very strong.
il **deputato**, la **deputata**	deputy
Il parlamento italiano è composto dalla **Camera dei Deputati** e dal **Senato**.	The Italian Parliament consists of the Chamber of Deputies and the Senate.
il **partito**	party
In questo momento i partiti al governo sono tre.	Right now there are three parties in the government.
votare	vote
Votare è un diritto ma anche un **obbligo civile**.	Voting is a right, but also a civic duty.
il **voto**	vote
favorevole	favorable
il **favore**	favor
A favore di chi voterai?	Who will you vote for?
la **critica**	criticism
La critica è stata feroce **con** i politici del partiti di destra.	The criticism of the politicians from the right-wing parties was fierce.
il **privilegio**	privilege
la **riforma**	reform
pubblico, a	public
privato, a	private
Sono in atto molte riforme del diritto pubblico e di **quello** privato.	Many reforms of public law and private (civil) law are under way.
la **repubblica**	republic
La repubblica è una forma di governo democratico molto antica.	The republic is a very old form of democratic government.
repubblicano, a	republican
democratico, a	democratic
i **verdi** pl	the Greens
socialista	socialist
la **femminista**	feminist

Non credo che darò il mio voto alle femministe.	I don't think I'll give my vote to the feminists.
il **potere**	power
governare	rule
Per governare ci vuole **la maggioranza**.	To rule, you need a majority.
il **sistema**	system
corrotto, a	corrupt
Secondo l'opinione pubblica questo sistema è troppo corrotto.	According to public opinion, this system is too corrupt.
corruttibile	corruptible
il, la **fascista**	fascist
il **dittatore**	dictator

la **sede**	seat
la **Camera dei deputati**	Chamber of Deputies
La Camera dei deputati italiana conta attualmente 630 membri.	The Italian Chamber of Deputies currently has 630 members.
il **senato**	senate
Il Senato **ha sede** a Palazzo Madama.	The Senate has its seat in the Palazzo Madama.
il **ministero**	ministry
Mi può dire, per favore, dov'è la sede del Ministero degli Esteri?	Can you tell me where the seat of the Foreign Ministry is?
il, la **portavoce**	government spokesman/ spokeswoman
pronunciarsi	express oneself
la **maggioranza**	majority
la **maggioranza parlamentare**	parliamentary majority
la **minoranza**	minority

le **elezioni** *pl*	elections
A chi **darai** il tuo voto alle prossime elezioni?	Who will you vote for in the upcoming elections?
l'**elettore**, l'**elettrice**	voter
eleggere	elect
Puoi eleggere solo le persone indicate nell'elenco.	You can elect only the persons indicated on the list.
il **referendum**	referendum
l'**elenco**	list; register
il **bollettino**	bulletin; report
Hai letto l'ultimo **bollettino regionale**?	Have you read the latest bulletin on the situation in the region?

spiare	spy, to
la **spia**	spy

| Vorrei sapere quante spie lavorano in questo ministero! | I'd like to know how many spies work in this ministry! |
| lo **spionaggio** | espionage |

14.2 Public Administration

l'**organizzazione** *f*	organization
l'**amministrazione** *f*	administration
la **burocrazia**	bureaucracy
il **municipio**	city hall, town hall
l'**ufficio**	office
il **sindaco**	mayor
Il sindaco **inaugurerà** il nuovo municipio domani.	Tomorrow the mayor will inaugurate the new city hall.
la **carica**	appointment, office; charge
in carica	in office
la **funzione**	function
Che funzione ha Lei in quest'ufficio?	What function do you have in this office?

federale	federal
Gli Stati Uniti è una repubblica federale.	The United States is a federal republic.
la **regione**	(administrative) region
L'Italia è divisa in venti regioni.	Italy is divided into twenty regions.

regionale	regional
l'**amministrazione regionale**	regional administration
la **misura**	measure, step
Queste misure sono state prese dall'amministrazione regionale.	These measures were taken by the regional administration.
la **provincia**	province
Quante province ha la vostra regione?	How many provinces does your region have?
il **capoluogo**	chief town (of province, etc.)

residente	resident, residing
Io sono un'italiana **residente** all'estero.	I am an Italian residing abroad.
l'**abitante** *m, f*	inhabitant
Quanti abitanti ha questa città?	How many inhabitants does this town have?
il **cittadino**, la **cittadina**	citizen
È **ora che** diventiamo tutti cittadini d'Europa.	It's time that we all become citizens of Europe.

l**ị**bero, a	free

la **polizịa**	police
il **poliziotto**, la **poliziotta**	policeman, policewoman
la **manifestazione**	demonstration
A quella manifestazione c'erano molti poliziotti.	Many policemen were needed in that demonstration.
la **polizịa stradale**	traffic police
la **multa**	fine
Perché la polizia stradale **vi ha fatto la multa?**	Why did the traffic police give you a fine?

l'**autorità pụbblica**	public authority
la **pụbblica amministrazione**	public administration, administrative authority
È compito della pubblica amministrazione **dettare il piano dei lavori.**	It's the job of the public authorities to determine the work plan.
il **comune**	community
Ogni provincia è divisa in comuni.	Each province is divided into communities.
comunale	communal
l'**anạgrafe** f	residents' registration office
l'**ufficio dello stato civile**	registry office

la **residenza**	residence, place of residence
fisso, a	fixed
Renzo non ha mai avuto una **residenza fissa.**	Renzo has never had a fixed place of residence.
il **certificato**	certificate
il **certificato di nạscita**	birth certificate
Mi serve il **certificato di nascita** e quello di residenza.	I need the birth certificate and the residential registration certificate.
il **certificato di nulla osta**	certificate of non-objection, import (clearance) certificate
il **certificato di buona condotta**	certificate of good conduct
la **dichiarazione**	declaration; statement; certificate

l'**istituzione** f	institution
l'**ente** m	entity, body, agency
Per queste cose sono competenti gli enti pubblici.	The public agencies are responsible for this.
l'**associazione** f	association
il **membro**	member
Quanti membri ha la vostra associazione?	How many members does your association have?
i **servizi** pl	services
l'**assistenza sociale**	social welfare

I servizi dell'assistenza sociale sono organizzati molto bene.	The social welfare services are very well organized.

la **questura**	police headquarters
l'**organo**	organ
La questura è l'organo principale della polizia **in ogni provincia**.	The police headquarters is the principal organ of the police in every province.
il **commissariato**	police station; commissioner's office
Dobbiamo **andare** subito **al commissariato a denunciare il fatto**.	We have to go to the police station right away to report the incident.
l'**ispettore**, l'**ispettrice**	inspector

la **nomina**	naming, appointment; nomination
nominare	name, appoint; nominate
l'**incarico**	assignment, task
L'ispettore ha ricevuto l'incarico di controllare le operazioni.	The inspector was given the assignment of supervising the operations.
incaricare di	entrust with
svolgere	carry out
l'**inchiesta**	investigation
Chi è stato **incaricato di svolgere** l'inchiesta?	Who was assigned to carry out the investigation?
il **compito**	assignment, task
principale	principal, main
la **potenza**	power; strength

14.3 Law, Justice System, Crime

la **giustizia**	justice
la **legge**	law
proteggere	protect
La legge protegge i cittadini.	The law protects the citizens.
la **protezione**	protection
legale	legal
obbligare	obligate
Non lo faccio perché **mi va, è la legge che mi obbliga**.	I'm not doing it because I enjoy it; I'm legally obliged to do so.
punire ‹punisco›	punish
Chi testimonia il falso verrà punito.	Anyone who gives false testimony will be punished.

il **tribunale**	court of justice, tribunal
la **pretura**	police court; district court; court of first instance
la **carta da bollo**	stamped paper (required for official certifications or petitions)

Dovete **presentare** la domanda **in carta da bollo alla pretura.**	You have to submit the request to the district court on stamped paper.
la **corte**	court
riunirsi	assemble, gather
La corte si è riunita in camera di consiglio.	The court has assembled in the consultation room.
riunire ‹riunisco›	reunite, rejoin

Il **processo**	trial, procedure, proceedings
rinviare	adjourn; postpone, defer
Il processo è **stato rinviato** a marzo.	The trial was postponed until March.
sospęndere	suspend; adjourn; defer
la **sospensione**	suspension; postponement
la **cąusa**	cause; action, suit
Come è finita la causa civile di Antonio?	How did Antonio's civil suit turn out?
civile	civil
il **diritto civile**	civil law
penale	penal
il **diritto penale**	penal law, criminal law
accusare	accuse
È stato accusato di furto.	He was accused of theft.
l'**accusa**	accusation, charge
In base all'accusa **verrà fatto** un processo penale.	On the basis of the accusation, criminal proceedings will take place.

l'**imputato**, l'**imputata**	accused
l'**avvocato**, l'**avvocatessa**	lawyer, attorney
il, la **testimone**	witness
I testimoni sono stati **obbligati a presentarsi in** tribunale.	The witnesses were obliged to appear before the court.
il **giųdice**	judge
Il giudice ha dato ragione a lui.	The judge ruled in his favor.
la **Procura della Repubblica**	public prosecutor's office
condannare	condemn, sentence
Il delinquente **è stato condannato a** quattro anni e cinque mesi.	The criminal was sentenced to four years and five months in prison.
la **sentenza**	sentence
l'**ergąstolo**	lifelong imprisonment, life sentence

il **cąrcere**	prison

L'imputato è in carcere già da sei mesi.	The accused has been in prison for six months now.
la **sicurezza**	security
sicuro, a	secure
fuggire	escape, to
Quel detenuto **ha cercato di fuggire** già due volte.	This prisoner has already made two attempts to escape.
la **fuga**	escape, flight
inseguire	pursue, chase; follow up

il, la **criminale**	criminal
Il criminale è stato arrestato **stanotte.**	The criminal was captured last night.
il **reato**	crime; misdemeanor
Di che reato **lo accusano?**	What crime is he accused of?
la **banda**	band
il **teppismo**	vandalism
il **ladro**, la **ladra**	thief
Pare che il ladro **abbia rubato** proprio tutto.	It looks as if the thief really made off with everything.
rubare	steal, rob
violentare	rape
ricattare	extort, blackmail
il **ricatto**	extortion, blackmail
uccidere	kill, murder
mortale	fatal, mortal
Due dei passeggeri hanno riportato ferite mortali.	Two passengers suffered fatal injuries.

l'**indagine** f	search, investigation
indagare su	investigate, search into
Si sta indagando sulle cause dell'incidente.	The causes of the accident are being looked into.
la **traccia**	trace
l'**inquirente**	examining judge
Secondo gli inquirenti si tratta di un delitto commesso **a scopo di rapina.**	In the view of the examining judge, it is a question of robbery.
il **sospetto**	suspicion
C'è il sospetto **che abbia violentato** la ragazza, ma mancano le prove.	There is a suspicion that he raped the girl, but there's no proof.
arrestare	arrest
l'**ordine di cattura**	warrant of arrest
la **prigione**	prison

la **prova**	proof
provare	prove
innocente	innocent
Non è **stato** difficile per Luigi **provare che era innocente.**	It was not difficult for Luigi to prove his innocence.

il, la **terrorista**	terrorist
Vogliono portare i terroristi in una prigione più sicura.	They intend to move the terrorists to a more secure prison.
isolare	isolate
l'**isolamento**	isolation

l'**allarme** m	alarm
Abbiamo fatto mettere l'impianto d'allarme anche in casa.	We had an alarm system installed in our house too.
allarmare	alarm, to
Ancora **non si sa** chi ha allarmato la polizia.	It's not yet known who alarmed the police.
la **sirena**	siren

costituire ‹costituisco›	constitute, form; establish
la **costituzione**	constitution
Nell'Ottocento ci sono state grandi lotte **per ottenere** la costituzione.	In the nineteenth century there were huge fights to obtain a constitution.
il **codice**	code; statute book
I due codici più importanti sono **quello penale** e **quello civile.**	The two most important codes are the penal code and the civil code.
il **codice civile**	civil code
il **codice commerciale**	commercial code
il **codice penale**	penal code, criminal code
lo **statuto**	statute
il **vigore**	force (of law)
violare	violate, infringe
Hanno violato una vecchia legge **in vigore** da tanti anni.	They have violated an old law that has been in force for many years.

la **lite**	litigation, lawsuit
il, la **rappresentante in giudizio**	agent, attorney of record
pendente	pending
Questa lite è pendente già da troppo tempo.	This lawsuit has already been pending too long.
la **giuria**	jury

Nei tribunali italiani **non c'è la giuria come in quelli** americani.	In Italian courts there is no jury like that in American courts.
la **procura**	power of attorney; proxy
il **mandato**	mandate, commission; proxy
Ho dato il mandato al miglior avvocato della città.	I've appointed the best lawyer in town as my attorney.
Il **procuratore della Repubblica**	public prosecutor
Il procuratore della Repubblica tutela il rispetto della legge.	The public prosecutor supervises compliance with the law.
testimoniare	give evidence, testify
la **testimonianza**	testimony
l'**interrogatorio**	examination; cross-examination
deporre	depose, bear witness, give evidence
la **deposizione**	deposition
quadrare	square; agree
svolgersi	occur, happen
Il processo si svolgerà **a porte chiuse.**	The trial will take place in camera.
la **condanna**	sentence, verdict
La condanna è stata molto dura, ma giusta.	The sentence was very harsh, but just.
il **compromesso**	compromise, mutual concession; arbitration; settlement
Finirà certo con un compromesso.	It will surely end in a settlement again.
affidare qc a qu	entrust something to someone
il **tutore**	guardian
la **tutela**	guardianship
I figli sono stati affidati alla **tutela** della madre.	The mother was awarded guardianship of the children.
tutelare	supervise; guard
offeso, a	offended, injured, affronted
Non fare l'offeso!	Don't be offended!
denunciare	report; denounce
Avete già denunciato il fatto?	Have you reported the matter yet?
l'**avviso di garanzia**	*official notice of the starting of a police investigation to the person in question*
revocare	revoke, repeal
la **revoca**	revocation, repeal
commettere	commit
il **delitto**	crime, offense, misdeed

il, la **delinquente**	delinquent, criminal
l'**identikit**	identikit; drawing based on description
il **detenuto**, la **detenuta**	prisoner
Questo detenuto deve **essere isolato dagli altri.**	This prisoner has to be isolated from the others.
evadere	break out, to; escape, to
l'**evasione**	break-out, escape

lo **spaccio**	illegal dealing
spacciare	deal
Chi spaccia droga è **perseguibile dalla legge.**	Anyone who deals drugs is punishable under the law.
il **furto**	theft
la **rapina**	robbery
rapire ‹rapisco›	kidnap
il **rapimento**	kidnapping
liberare	free, set free
Hanno rapito di nuovo un ricco industriale. L'hanno liberato un mese dopo il rapimento.	Once again a rich industrialist was kidnapped. He was freed one month after the kidnapping.
l'**omicidio**	murder

tradire ‹tradisco›	betray; deceive
Se fai così, **tradisci la fiducia** di tutti.	If you do that, you betray everyone's trust.
il **tradimento**	betrayal; deception; treason
toccare	touch; concern
la **mafia**	
Il fenomeno della mafia tocca ormai tutto il mondo.	The mafia phenomenon concerns the entire world by now.
la **commissione antimafia**	anti-mafia commission

il **trucco**	trick
la **truffa**	theft, swindle, fraud, trick
l'**inganno**	deception
È stato condannato per inganno e **truffa aggravata.**	He was convicted of deception and aggravated fraud.
ingannare	deceive
Non credo che sia tanto facile ingannare la polizia.	I don't think it's so easy to fool the police.

sparare	shoot, fire
Dicono che siano stati in due a sparare.	They say that two perpetrators fired shots.
lo **sparo**	shot

il **colpo**	blow; shot
la **rivoltella**	revolver
la **pistola**	pistol
il **fucile**	gun, rifle
Hai sentito? Questo era un colpo di fucile!	Did you hear? That was a gunshot!
sequestrare	confiscate
La polizia ha sequestrato due rivoltelle.	The police have confiscated two revolvers.
la **tangente**	bribe; share

vigilare	watch over; supervise
la **scomparsa**	disappearance
Ieri è stata denunciata la scomparsa di altre tre persone.	Yesterday the disappearance of three more persons was reported.
scomparso, a	missing

14.4 International Relations

il **mondo**	world
Tutti desideriamo la pace nel mondo.	We all want peace in the world.
la **nazione**	nation
l'**integrazione** f	integration
la **comunità**	community
l'**Unione Europea**	European Union
gli **Stati membri dell'Unione Europea**	member states of the European Union
UE	EU
l'**Unione Monetaria**	Monetary Union
lo **Stato partecipante**	participating country
soddisfare	fulfill
fallire	fail, miss
il **trattato**	treaty

la **riunione**	meeting
la **conferenza**	conference
Dove avrà luogo la conferenza dei ministri?	Where will the conference of ministers take place?
il **congresso**	congress
internazionale	international
le **relazioni internazionali**	international relations

Siamo appena tornati da un congresso internazionale molto interessante.	We've just returned from a very interesting international congress.
il **dialogo**	dialogue
Il dialogo fra i popoli europei è diventato molto più intenso.	The dialogue among the peoples of Europe has become much more intense.
la **discussione**	discussion
la **posizione**	position; standpoint
Questa discussione deve **servire a** chiarire la posizione politica **di ciascuno di noi.**	This discussion should serve to clarify the political position of each one of us.
liberamente	freely

diplomatico, a	diplomatic
il **console**	consul
Mio figlio vuole **fare la carriera diplomatica** e diventare console.	My son wants to be a career diplomat and become a consul.

unire ‹unisco›	unite
l'**unione** f	union
autonomo, a	autonomous
Il Trentino-Alto Adige è una regione autonoma.	Trentino-Alto Adige is an autonomous region.
l'**autonomia**	autonomy
l'**indipendenza**	independence
Autonomia e indipendenza non sono **la stessa cosa.**	Autonomy and independence are not the same thing.
progredire ‹progredisco›	make progress, develop further
L'idea europea è progredita nel corso degli anni.	The European idea has developed further over the years.

sfidare	challenge, to
la **sfida**	challenge
il **boicottaggio**	boycott
il **sabotaggio**	sabotage
Sembra che sia stato un atto di sabotaggio a provocare quel terribile incidente.	It looks as if the terrible accident was caused by an act of sabotage.
la **solidarietà**	solidarity
La solidarietà è un regalo ed un privilegio **per chi la riceve.**	Solidarity is a gift and a privilege for anyone who experiences it.

le **sanzioni**	sanctions
l'**ultimatum**	ultimatum

scappare	run away, escape
sfuggire a	avoid, shun; escape
l'**ostaggio**	hostage
il **riscatto**	ransom
torturare	torture
l'**esilio**	exile
Durante il periodo fascista molte persone sono andate in esilio.	During the fascist era, many people went into exile.
il **campo prọfughi**	refugee camp
l'**asilo**	asylum
La gente che è scappata dal proprio paese ha trovato asilo qui.	The people who fled from their country have found asylum here.
negoziare	negotiate
la **trattativa**	negotiation
Nei prossimi giorni **avranno inizio** le trattative tra i due paesi.	Negotiations between the two countries will begin in the next few days.
il **vẹrtice**	summit
Questo sarà un **incontro al vertice.**	This will be a summit meeting.
disporre	prepare, arrange
la **disposizione**	arrangement; decree
Bisogna osservare le disposizioni **in vigore.**	The decrees in force must be observed.
osservare	observe; adhere to
l'**ambasciata**	embassy
il **consolato**	consulate
Per queste pratiche devi **rivolgerti** all'ambasciata e non al consolato.	For these matters you have to address yourself to the embassy, not the consulate.
la **prạtica**	matter, affair

14.5 Peace, War, the Military

la **pace**	peace
Evviva la pace!	Long live peace!
i **negoziati per la pace**	peace negotiations
il **trattato di pace**	peace treaty
l'**ONU**	UN, United Nations
militare	military

Giuliano è partito ieri **per il servizio militare.**	Giuliano left yesterday for his military service.
il **servizio militare**	military service
la **base militare**	military base
l'**esercito**	army
I carabinieri **fanno parte** dell'esercito.	The carabinieri are part of the army.
la **marina**	navy
Lorenzo vuole diventare **ufficiale** di marina.	Lorenzo wants to become a naval officer.
l'**aviazione militare** f	air force
l'**ufficiale** m	officer
il **generale**	general
È un **generale a quattro stelle.**	He is a four-star general.
il **soldato**, la **soldatessa**	soldier
I soldati **andranno in manovra** per due settimane.	The soldiers are going on maneuvers for two weeks.
il **maresciallo**	marshal; police inspector *(carabinieri)*
il **carabiniere**	*carabiniere (Italian gendarme)*

l'**arma**	weapon
armato, a	armed
la **bomba**	bomb
l'**atomo**	atom
atomico, a	atomic
la **bomba atomica**	atomic bomb
esplodere	explode
La bomba è esplosa **a pochi metri dalle case.**	The bomb exploded a few meters from the houses.
l'**esplosione** f	explosion

la **guerra**	war
Abbasso la guerra!	Down with war!
Speriamo che non **scoppi** più **nessuna** guerra.	We hope that there won't be another war.
la **violenza**	violence, force
la **vittima**	victim
sfollare	evacuate
Fortunatamente l'esplosione **non ha fatto vittime** perché gli abitanti erano già sfollati.	Fortunately the explosion claimed no victims, because the inhabitants had already been evacuated.
distruggere	destroy
L'esplosione ha distrutto **tutto il paese.**	The explosion destroyed the entire village.

resistere a	resist, offer resistance
la **resistenza**	resistance; resistance movement
Mio zio ha combattuto nella resistenza.	My uncle fought in the resistance.
il **nemico**, la **nemica**	enemy
Il nemico ascolta!	The enemy is listening!
ritirarsi	retreat
L'esercito si è ritirato dopo **tre giorni di dure lotte.**	The army retreated after three days of heavy fighting.
il **riparo**	cover, shelter; remedy
il **partigiano, a**	partisan
Il partigiani trovarono riparo sui monti vicini.	The partisans found shelter in the nearby mountains.
la **commissione**	commission
il **disarmo**	disarmament
La commissione internazionale per il disarmo si è riunita ieri.	The international disarmament commission met yesterday.
neutrale	neutral
Il nostro paese non può restare neutrale, anche se lo vorrebbe.	Our country can't remain neutral, even if it would like to do so.
il **regolamento**	regulation
la **caserma**	barracks
l'**uniforme** f	uniform
la **divisa**	uniform
La nostra divisa è grigioverde, e la vostra?	Our uniform is gray-green, and yours?
la **marcia**	march
marciare	march, to
La Lunga Marcia dei cinesi è diventata famosa. – Sì, come **quella dei fascisti** che **marciarono su Roma** nel 1922.	The Long March of the Chinese has become famous. – Yes, like that of the fascists who marched on Rome in 1922.
la **manovra**	maneuver
il **conflitto**	conflict
Nell'ultimo conflitto è **stato lanciato** un **numero enorme di** missili.	In the last conflict a great many missiles were fired.
l'**aggressione** f	aggression
la **rivolta**	revolt
C'è stata una rivolta militare contro il dittatore.	A military revolt against the dictator took place.

l'assalto	attack
radicale	radical
occupare	occupy
l'**occupazione** f	occupation
conquistare	conquer
la **conquista**	conquest
arrendersi	surrender
I soldati si sono arresi e **sono**	The soldiers surrendered and
stati fatti prigionieri.	were taken prisoner.
la **resa**	capitulation
il **prigioniero**, la **prigioniera**	prisoner of war
il **trionfo**	triumph
suscitare l'entusiasmo	arouse enthusiasm
combatterre	combat; fight
violento, a	violent
È stato combattuto **in modo vio-**	There was heavy fighting on
lento da entrambe le parti.	both sides.
il **missile**	missile
il missile intercontinentale	intercontinental missile
il **cannone**	cannon
il **carro armato**	tank
la **mina**	mine
lanciare	throw, hurl; launch

False Friends

Italian Word	Thematic Meaning(s)	False Friend	Italian Equivalent(s)
rubare	steal	rub	fregare
la truffa	deceit	truffle	il tartufo

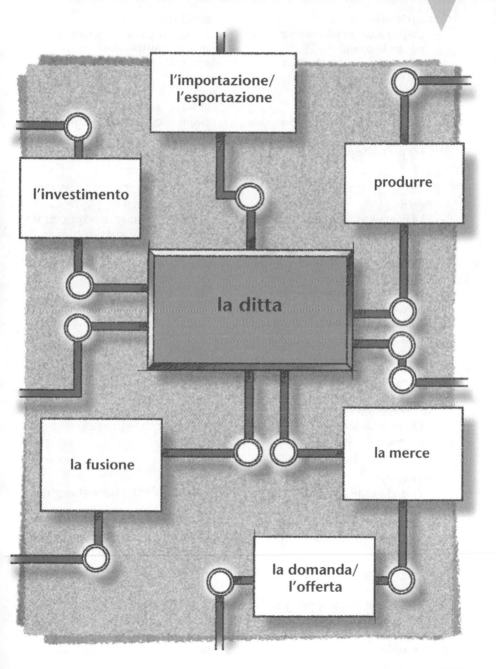

l'importazione/
l'esportazione

l'investimento

produrre

la ditta

la fusione

la merce

la domanda/
l'offerta

15.1 Agriculture and Fishing

l'**agricoltura**
L'agricoltura à molto importante per molti paesi.

agriculture
Agriculture is very important for many countries.

il **contadino**, la **contadina**

farmer, farm woman

piantare

plant

seminare

sow

coltivare
Questo campo è **coltivato a grano**.

cultivate, grow
Grain is cultivated in this field.

miętere
Fra poco **bisogna** mietere il grano.

mow; cut (corn); reap, harvest
Soon the grain has to be harvested.

l'**orto**
La contadina si alza sempre molto presto e va nell'orto.

vegetable garden
The farm woman always gets up very early and goes to the vegetable garden.

il **campo**
Questi campi **producono poco** e qui c'è una grande miseria.

field
These fields produce little, and there is great indigence here.

il **trattore**
Il contadino lavora nei campi con il trattore.

tractor
The farmer works in the fields with the tractor.

la **vigna**

vineyard

la **vite**
È ora di piantare le viti e di **preparare la vigna**.

vine
It's time to plant the vines and get the vineyard ready.

la **vendemmia**
Quest'anno la vendemmia è **stata** ottima.

vintage, grape harvest
This year the vintage was excellent.

il **raccolto**
Quando comincia il raccolto?

harvest
When does the harvest begin?

il **prodotto**

product

naturale
Oggi **tutti** vogliono avere prodotti naturali.

natural
These days everyone wants to have natural products.

l'**allevamento**
I Marchetti hanno il più grande allevamento della zona.

cattle breeding, livestock breeding
The Marchettis have the biggest livestock operation in the area.

la **stalla**

stall

la **paglia**

straw

Andiamo a comprare **due sacchi di** paglia **dal contadino.**	We're going to buy two bags of straw from the farmer.
il **fieno**	hay
Avete abbastanza fieno per il bestiame?	Do you have enough hay for the livestock?
l'**erba**	grass
il **prato**	meadow

la **pesca**	fishing
la **flotta da pesca**	fishing fleet
pescare	fish
la **rete**	net
il **(moto)peschereccio**	trawler, trawling boat
l'**industria del pesce**	fishing industry

la **campagna**	land, country
f**e**rtile	fertile
È una campagna molto fertile, con diversi tipi di coltivazione.	It's a fertile country with various types of agriculture.
la **coltivazione**	cultivation, growing
la **coltivazione biologica**	organic cultivation
la **coltura**	cultivation, growing; culture
Questo terreno non è adatto per la coltura del frumento.	The soil is not suitable for growing wheat.
agri**colo, a**	agricultural
il **p**a**scolo**	pasture
Pascolare	pasture, graze
il **terreno**	ground; soil
la **pianta**	plant
la **vegetazione**	vegetation
La vegetazione è molto scarsa perché **manca l'acqua.**	The vegetation is very sparse because there is a shortage of water.

spianare	level, make level
l'**aratro**	plow
Bisogna lavorare il terreno con l'aratro prima di seminare.	Before sowing, the soil has to be plowed
tagliare	cut, cut down
Hai già tagliato l'erba?	Have you cut the grass yet?
la **falce**	scythe, sickle
Devo lavorare con la falce perché **si è rotta** la falciatrice.	I have to work with the scythe because the harvester is broken.
la **falciatrice**	mowing machine, harvester

la **produzione**	production
genuino, a	genuine, authentic; natural
È una produzione genuina garantita.	It's guaranteed to be a natural product.
ricavare	derive, obtain, extract, draw out from
la **fattoria**	farmhouse, farm buildings
la **cooperativa**	cooperative
Portiamo alla cooperativa **tutto quello che ricaviamo dai campi.**	We take all we produce in our fields to the coop.

il **mulino**	mill
notare	notice
Hai notato **quel vecchio mulino** in mezzo agli alberi?	Did you notice the old mill in the middle of the trees?
cogliere	gather, reap, collect; pluck, pick
Cominceremo a cogliere gli agrumi in autunno.	We'll start picking the citrus fruit in fall.

15.2 Industry and Commerce

l'**industria**	industry
Nella mia città c'è una grande industria di mobili.	There is a large furniture industry in my town.
l'**industria pesante**	heavy industry
l'**industria metallurgica**	metallurgical industry
l'**industria automobilistica**	automotive industry
industriale	industrial
produrre	produce
la **tecnica**	technology
attribuire ‹attribuisco›	attribute
Tutto questo progresso viene attribuito alle nuove tecniche.	All this progress is attributed to modern technology.
la **marca**	brand; trademark
Questa marca è famosa **in tutto** il **mondo.**	This brand is known all over the world.
il **marchio**	brand; trademark
l'**insegna**	signboard

il **commercio**	commerce, trade, business
rendere	render, yield, return
Il nostro commercio non rende molto, ma basta per vivere.	Our business doesn't have a high return, but it's enough to live on.
la **merce**	merchandise, goods, wares

il **fabbisogno**	requisites, needs
procurare	procure, get
la **domanda**	demand
l'**offerta**	supply
La domanda è superiore all'offerta e bisogna produrre di più.	The demand exceeds the supply; production must be increased.
fornire ‹fornisco›	supply, furnish
La ditta fornisce la merce **in base al listino prezzi.**	The firm supplies the goods on the basis of the price list.
l'**ordine** *m*	order
Avete ricevuto il nostro ordine?	Have you received our order?
il **listino prezzi**	price list

---

l'**importazione** *f*	import
aumentare	increase, raise
Negli ultimi anni l'importazione è **aumentata del tre percento.**	In recent years import has increased by three percent.
l'**esportazione** *f*	export
ridurre	reduce, lower

---

la **ditta**	firm, company
spettabile	Messrs.
Spettabile ditta Martini – Piazza Diaz 31 – 20122 Milano	Messrs. Martini, Piazza Diaz 31, 20122 Milano (usual formula for business correspondence)
il **socio**, la **socia**	partner
Quanti soci **ci sono in questa** società?	How many partners are there in this firm?
la **società**	firm, partnership, company
la **società a responsabilità limitata (s.r.l.)**	private corporation
la **società per azioni (s.p.a.)**	stock corporation

---

la **contabilità**	bookkeeping
Devo **tenere la contabilità** nell'ufficio di mio fratello.	I have to do the bookkeeping at my brother's office.
il **bilancio**	balance, balance sheet
pronto, a	ready; done
La chiusura del bilancio deve essere **pronta per il 31** dicembre.	The financial statements must be done by December 31.
il **fallimento**	failure; bankruptcy

La ditta Magli **ha fatto fallimento già un anno fa.**	The Magli Company went bankrupt a year ago.
il **percento**	percent
la **percentuale**	percentage

a buon mercato	cheap
Andiamo nel negozio nuovo che **hanno appena aperto, pare che si compri più a buon mercato.**	We're going to the new store that opened recently; it looks like it's cheaper to shop there.
costoso, a	expensive, costly
gratis	free
oltre *inv*	besides, more than, together with
Se compri per oltre 500 euro ti danno un orologio gratis.	If you spend more than 500 euros, you get a free watch.

il **consumatore**, la **consumatrice**	consumer
la **richiesta**	demand
Negli ultimi tempi è aumentata la **richiesta di** oggetti di lusso.	Recently the demand for luxury goods has increased.
richiędere	request; ask for again

il **rifornimento**	supply; refilling; refurnishing
È ora di **pensare al rifornimento di** materiale.	It's time to think about the supply of materials.
l'**inventario**	inventory
Avete già fatto l'**inventario della** merce?	Have you already done the inventory?
la **liquidazione**	liquidation, sale, clearance sale
Questi prodotti **sono in liquidazione.**	These products are on sale.
l'**assortimento**	assortment, selection; stock
il **preventivo**	estimate
Per decidere **ho bisogno che** mi **facciate** un preventivo.	I need you to give me an estimate so that I can decide.

il **produttore**, la **produttrice**	producer
esportare	export
importare	import
L'Italia esporta **molti articoli di moda.** – Sì, ma **deve importare** anche molte materie prime.	Italy exports many fashionable articles. – Yes, but many raw materials also have to be imported.
le **materie prime** *pl*	raw materials

Le materie prime sono diventate scarse in questo paese.	Raw materials have become scarce in this country.
alimentare	feed, maintain
Il riscaldamento è **alimentato a nafta.**	This heater runs on oil.
scarso, a	scarce
la **riduzione**	reduction
In questo settore **c'è stata una forte riduzione dei prezzi.**	In this sector there were large price reductions.

la **fusione**	fusion
l'**incorporazione**	incorporation; takeover, absorption
la **globalizzazione**	globalization

la **fiera**	trade fair
La fiera resterà aperta dal 15 al 21 aprile.	The trade fair is open from April 15 to April 21.
il **campione**	sample
Hai preparato i campioni per la fiera?	Have you prepared the samples for the trade fair?
il **campionario**	collection of samples

la **tecnologia**	technology
il **rendimento**	achievement, performance
La nuova tecnologia ha portato all'**aumento del rendimento.**	The new technology has brought about an increase in performance.
superiore	greater, higher, better
Mi dispiace, ma non sono in grado di offrire prestazioni superiori a queste!	I'm sorry, but I can't obtain better results than those!
inferiore	lower, worse

il, la **commerciante**	businessman, businesswoman; merchant, tradesman
commerciale	commercial
l'**assortimento**	assortment, selection
Quel commerciante ha **il miglior assortimento** della città.	That merchant has the best selection in town.
l'**apertura**	opening
L'**orario di apertura e chiusura** dei negozi in Italia è abbastanza libero.	The store opening and closing times are not highly regulated in Italy.
il **profitto**	profit
approfittare	profit, to
la **perdita**	loss
Il conto dei profitti e delle perdite verrà fatto dal commercialista.	The profit and loss calculation will be made by the tax consultant.
la **chiusura**	closing

15.3 Money, Banking

i **soldi** *pl*	money
C'è una banca qui vicino? Devo cambiare i soldi.	Is there a bank near here? I need to change money.
la **moneta**	coin
una moneta da 1 euro	a 1-euro coin
incassare	collect, receive
Avete già incassato la somma che avevate prestato?	Have you already collected the sum you had lent?
la **somma**	sum, amount
la **banca**	bank

The Bank

Differentiate between:
la **banca**	*bank, financial institution*
Vado alla banca a cambiare soldi.	*I'm going to the bank to change money.*
But: il **Banco di Roma**	
la **riva**, la **sponda**	*bank, shore*
la **riva destra**	*right bank*
la **sponda** d'un fiume	*river bank*

il **bancomat**	automated teller machine, ATM
cambiare	change, exchange
Scusi, mi può cambiare **un biglietto da** cento euro?	Excuse me, can you change a 100-euro bill?
il **conto corrente**	current account, giro account
Vorrei versare questa somma sul mio conto corrente.	I'd like to transfer this sum to my current account.
l'**assegno**	check
Mi dispiace, ma non accettiamo assegni.	I'm sorry, but we don't accept checks.
il **risparmio**	savings
Abbiamo versato tutti i nostri risparmi **nel libretto di risparmio**.	We have deposited all our savings in the savings bank.
risparmiare	save
versare	pay in (money)
il **credito**	credit
Non è pericoloso **fare credito ad un cliente così**.	It's not dangerous to grant credit to such a client.
il **debito**	debt
Ora non possiamo fare spese perché abbiamo già troppi debiti.	We can't afford to run up any expenses now, because we already have too many debts.

mịnimo, a	least, smallest, minimum; minimal
mạssimo, a	most, greatest, maximum;
il **compenso**	maximal
Il compenso per il nostro lavoro è minimo.	The compensation for our work is minimal.

il **pagamento**	payment
effettuare	carry out, perform
Il pagamento deve essere effettuato **entro il 15 del mese.**	The payment has to be made by the 15th of the month.
netto	net
lordo	gross
la **tassa**	tax
Quale importo devo scrivere, **quello netto** o **quello lordo?**	Which sum should I write down, the net or the gross amount?
– Scrivi quello netto e segna la tassa a parte.	– Write down the net amount and note the tax separately.
le **tasse** pl	taxes

il **prẹstito**	loan
finanziare	finance
Ho bisogno di un prestito per finanziare la casa.	I need a loan to finance the house.
il **costo**	cost, price; expense
calcolare	calculate; figure out
il **cạlcolo**	calculation

la **ricẹvuta**	receipt
Eccole la ricevuta!	Here's your receipt!
riscuọtere	collect, draw (money)
l'**interesse** m	interest
Oggi ho riscosso gil **interessi di tre mesi.**	Today I collected the interest for three months.
trasferire ‹trasferisco›	transfer
Perché non trasferisci l'importo sul conto corrente?	Why don't you transfer the sum to the current account?

l'**azione** f	share
il **rẹddito**	yield; revenue, income
Il reddito di quelle azioni è molto alto.	Those shares have a very high rate of return.
l'**investimento**	investment

Se vuoi fare degli investimenti finanziari, **fatti consigliare** dalla tua banca.	If you want to make financial investments, let your bank advise you.
la **borsa**	stock exchange
Cristoforo è **un esperto di opera-zioni in borsa.**	Cristoforo is an expert in stock exchange operations.
il **crollo della borsa**	stock market crash
il **mercato azionario**	stock market
l'**emissione di azioni**	stock issue
l'**opzione**	option

il **denaro**	money
la **valuta**	(foreign) currency, exchange
Credi che l'euro diventerà mai una valuta forte?	Do you think the euro will ever become a strong currency?
il **mercato valutario**	foreign exchange market
la **valuta pilota**	key currency
la **banca centrale europea**	European Central Bank
le **divise estere** *pl*	foreign currencies
valere	be worth
Mi può dire quanto valgono queste monete?	Can you tell me what these coins are worth?

il **cambio**	change, exchange (rate)
il **corso**	rate
l'**euro**	euro
Il corso dell'euro è sceso ancora.	The euro rate has declined further.
il **centesimo**	euro(cent)
Con l'arrivo dell'euro gli italiani dovranno abituarsi ai centesimi; all'inizio **ci sarà** senz'altro **qualche problema.**	With the introduction of the euro, the Italians will have to get used to cents; in the beginning there are sure to be some problems.
la **lira**	lira
il **marco**	mark
il **franco**	franc
il **dollaro**	dollar

la **cassa di risparmio**	savings bank
il **libretto di risparmio**	savings bank deposit book
l'**eurocheque** *m*	eurocheque
la **carta di credito**	credit card
Questa carta di credito viene accettata quasi dappertutto.	This credit card is accepted almost everywhere.
la **cambiale**	(bill of) exchange, promissory note

Pagherò un acconto in contanti, il resto con cambiali.	I'll make a down payment in cash and pay the rest by promissory note.
l'ordine di bonifico	payment order
il vaglia	money order, postal order
Ieri è arrivato un vaglia dalla Germania.	Yesterday a money order arrived from Germany.
il contante	cash

il capitale	capital
Hai risparmiato tutta la vita e ora hai un bel capitale.	You've saved all your life and now you have a good amount of capital.
prestare	lend
Potresti prestarci l'importo che ci serve per quell'affare?	Could you lend us the amount we need for the deal?
l'usuraio	usurer
l'affare m	business; deal; affair, matter
l'importo	sum, amount
l'operazione f	transaction, business deal

finanziario, a	financial
il mercato finanziario	capital market, financial market
il tasso	rate
abbassare	lower
rialzare	raise
la crescita	growth
l'attivo	assets
il passivo	debits
L'anno scorso la ditta ha lavorato in passivo, ma quest'anno sarà in attivo.	Last year the firm was in the red, but this year it will be profitable.

il fisco	public treasury, exchequer
fiscale	fiscal, tax
l'agevolazione fiscale	tax relief
Forse è meglio che chiediate al commercialista se potete godere veramente di qualche agevolazione fiscale.	Maybe you'd better ask your tax adviser whether you really can obtain any tax relief.
la dichiarazione delle tasse	tax declaration
l'evasione fiscale f	tax evasion
l'oasi fiscale f	tax haven
la riforma tributaria	tax reform

15.4 Insurance

l'**assicurazione** f	insurance
Voglio **fare un'assicurazione sulla vita.**	I want to take out life insurance.
l'**assicurazione sulla vita**	life insurance
l'**assicurazione contro gli infortuni**	accident insurance
l'**assicurazione contro i rischi di responsabilità civile**	liability insurance
l'**assicurazione della tutela legale**	insurance covering legal fees
assicurare	insure
il **rischio**	risk
Siamo già assicurati contro **tutti i** rischi.	We're already insured against all risks.
la **garanzịa**	guarantee
l'**infortunio**	accident
il **danno**	damage, harm, injury; loss
Questo danno verrà **risarcito entro due mesi.**	This claim will be settled within two months.

reclamare	complain, lodge a complaint; claim
il **risarcimento**	compensation; damages
Se non hai avuto ancora il risarcimento devi reclamare.	If you still haven't received any compensation, you need to lodge a complaint.
sistemare	arrange, take care of
Non si preoccupi, la mia assicurazione sistemerà tutto.	Don't worry, my insurance will take care of everything.
risarcire ‹risarcisco›	compensate, indemnify
la **responsabilità**	responsibility
Sei sicuro che ti **risarcisca?**	Are you sure he'll compensate you? – Yes, the responsibility is all his.
– Sì, perché la responsabilità è solo sua.	
regolare	settle
l'**indennità**	indemnity, compensation
Angelo ha ricevuto un' **indennità di dieci milioni.**	Angelo received an indemnity of 10 million.

la **mụtua**	health insurance plan
iscritto, a	enrolled
Siamo iscritti alla mutua degli artigiani.	We're enrolled in the tradesmen's health insurance plan.
la **tẹssera**	membership card

Sono iscritto solo da poco tempo e non ho ancora la tessera.	I enrolled only recently and don't have a membership card yet.
il **certificato medico**	doctor's certificate
l'**obbligo**	obligation
Hai già presentato il certificato medico? – **Sei sicuro che abbia l'obbligo di farlo?**	Have you presented the doctor's certificate yet? – Are you sure I'm obligated to do so?
obbligare	obligate

la **pensione**	pension
Non ho ancora **diritto alla pensione**, devo aspettare **altri tre anni.**	I'm not entitled to a pension yet; I have to wait three more years.
il **pensionato**, la **pensionata**	retiree, pensioner
gli **assegni familiari** *pl*	family allowance; children's allowance

i **dati personali** *pl*	personal data
il **contratto**	contract
la **firma**	signature
In questo contratto manca ancora la firma.	The signature is still missing from this contract.

la **polizza**	policy
coprire	cover
La polizza copre i danni dell' assicurato fino ad un miliardo.	The policy covers the damages of the insured up to one billion.
l'**assicurazione lungodegenza**	hospital insurance
l'**assicurato**, l'**assicurata**	insured (person)
garantire ‹garantisco›	guarantee
escludere	exclude
Ci dispiace, ma la Sua polizza esclude il risarcimento di questo danno.	Sorry, but your policy excludes compensation in this case.

la **denuncia**	report, notification
il **sinistro**	loss
provvedere a	provide, supply
Non ha provveduto in tempo alla denuncia del sinistro.	You didn't provide notification of loss in time.
rivendicare	claim; demand
l'**indennizzo**	indemnity
Abbiamo già rivendicato un adeguato indennizzo.	We've already claimed an appropriate indemnity.
rispondere	be liable; compensate

La mia assicurazione **risponderà di tutto.**	My insurance will pay compensation for everything.
il **reclamo**	claim
Non pensi che sia ora di fare un reclamo per l'indennizzo?	Don't you think it's time to put in a claim for damages?

la **cassa malattia**	health insurance
Sono in cassa malattia da una settimana.	I've been on sick leave for a week.
la **formalità**	formality
È solo una formalità, ma Le devo chiedere tutti **i dati personali.**	It's just a formality, but I have to ask you for all your personal data.
contrattare	negotiate, bargain
Dobbiamo contrattare una soluzione diversa.	We have to negotiate a different solution.
contrattuale	contractual

False Friends

Italian Word	Thematic Meaning(s)	False Friend	Italian Equivalent(s)
la firma	signature	firm	la ditta
l'importo	sum, amount	import	l'importazione
la moneta	coin	money	denaro
notare	notice	note	annotare
il preventivo	cost estimate	preventive *(measure)*	l'intervento preventivo
pronto	ready, done	prompt	immediate

16.1 Telecommunications

la **telecomunicazione**	telecommunications
la **Telecom**	Telecom
la **telefonata**	telephone call
la telefonata **urbana**	local call
urgente	urgent
Devo fare una telefonata molto urgente.	I have to make a very urgent phone call.
l'**elenco telefonico**	telephone book
l'**interurbana**	long-distance call
Devo fare una (telefonata) **inter- urbana**.	I have to make a long-distance call.
la **scheda telefonica**	telephone card
Lo sai che **mi sono messo a** colle- zionare schede telefoniche?	Do you know that I've started collecting phone cards?

il **telefono**	telephone
Il mio telefono è rotto, posso usare il tuo?	My phone isn't working, can I use yours?
il **telefono a gettoni**	pay phone
il **telefono a scheda**	card phone
il **telefonino**	cell phone
Si sta proprio esagerando con questi telefonini, in qualsiasi posto sei, **ce n'è** sempre **qualcuno che** squilla.	Cell phones are really a nuisance; wherever you are, one always starts to ring.
il **cellulare**	cell phone
telefonare	telephone, call

On the Phone

– Pronto, chi parla?	*Hello, who's speaking, please?*
~ Sono Gallo. Posso parlare con la signora Filanino?	*My name is Gallo. May I speak to Mrs. Filanino?*
– Chi la desidera?	*Who may I say is calling?*
~ Gallo. Sono Gallo!	*Gallo. My name is Gallo!*

---

il **numero (di telefono)**	(telephone) number
fare il **numero**	dial
sbagliare (**numero**)	dial the wrong number
Mi scusi, ho sbagliato numero!	Sorry, I dialed the wrong number!
la **cabina telefonica**	phone booth
il **gettone**	token

pronto	hello
Pronto, chi parla?	Hello, who's speaking, please?
– Qui è casa Bertini, chi desidera?	– This is the Bertini residence. Who would you like to speak with?
la **comunicazione**	connection
Purtroppo la comunicazione è stata interrotta, **devo rifare il numero.**	Unfortunately the connection was broken off. I have to redial.
interrompere	interrupt
Siamo stati interrotti, bisogna chiamare di nuovo.	We were interrupted and have to talk again.
passare	connect; put through
Pronto? **Attenda un attimo, Le passo il signor Martini.**	Hello? Just a moment, I'll connect you to Mr. Martini.
riattaccare	hang up
lo **scatto**	unit of charge
Quanti scatti devo pagare?	How many units do I have to pay for?

il **segnale acustico**	beeping tone, beep
squillare	ring
Non sentite che il telefono squilla? **Chi va a rispondere?**	Don't you hear the phone ringing? Who's going to answer it?
lo **squillo**	ring
la **segreteria telefonica**	answering machine
Dopo il terzo squillo **risponde la segreteria telefonica.**	After the third ring, the answering machine comes on.
la **mail box** ['meilbɔks]	mailbox

staccare	take off the hook
Quando ho molto lavoro e non voglio essere disturbato **stacco il telefono.**	When I have a lot to do and don't want to be bothered, I take the phone off the hook.
il **ricevitore**	receiver
la **linea**	line
occupato, a	busy

il **colloquio telefonico**	(tele)phone conversation
il **centralino**	operator
le **pagine gialle** *pl*	yellow pages
Se cercate il numero di una ditta **fate prima a guardare nelle** pagine gialle.	You'll find a company's number most quickly by looking in the yellow pages.
il **prefisso**	prefix

Qual è il prefisso per gli Stati Uniti? – 1. Ricordati che ora in Italia serve sempre il prefisso, anche per le telefonate urbane.	What is the prefix for the United States? – 1. Remember that now the prefix is always required in Italy, even for local calls.

l'**allacciamento** Se non funziona vuol dire che l'**allacciamento è sbagliato.**	connection If it doesn't work, that means that it wasn't properly connected.
via **cavo**	cable
il **cordless**	cordless phone
analogico	analog
digitale	digital

multimediale	multimedia-capable
la **radiomobile**	mobile radio
la **licenza**	license
la **frequenza** I delinquenti **sono riusciti ad entrare nella frequenza** della radiomobile della polizia.	frequency The criminals managed to get into the police radio frequency.
la **teletrasmissione**	long-range transmission
il **telefax**	telefax
la **televendita**	teleshopping

16.2 Postal Service

la **posta** È già arrivata la posta stamattina?	mail Did the mail come this morning?
la **lettera** C'è una lettera per te.	letter There's a letter for you.
il **francobollo** I **francobolli li puoi comprare sia alla posta che dal tabaccaio.**	stamp You can buy stamps both at the post office and from the tobacconist.
l'**espresso**	express letter
la **raccomandata**	registered letter
il **destinatario**, la **destinataria** Si prega di scrivere a stampatello il nome del destinatario.	recipient, addressee Please print the name of the addressee.
il, la **mittente**	sender

Non dimenticare di scrivere il nome del mittente sulla busta.	Don't forget to write the sender's name on the envelope.
la **firma**	signature
Se vuoi **ti ci metto** la firma.	If you wish, I'll sign it for you.
firmare	sign
Non è necessario che firmi niente.	You don't need to sign anything.

il **postino**, la **postina**	mail carrier, postal carrier
Il postino suona sempre due volte.	The postman always rings twice.
il **corriere**	courier
la **cassetta delle lettere**	(house) mailbox
La cassetta delle lettere si trova **vicino alla porta di casa.**	The mailbox is near the door of the house.
vuotare	empty
Devo pregare Maria di vuotare la mia cassetta delle lettere **mentre** sono in viaggio.	I have to ask Maria to empty my mailbox while I'm on a trip.

la **corrispondenza**	mail; correspondence
La mia corrispondenza arriva **fermo posta.**	My mail comes to General Delivery.
la **cartolina**	postcard, card
la **cartolina postale**	postcard
il **pacco**	package
il **pacchetto**	small parcel
il **telegramma**	telegram
lo **sportello**	counter
A quale sportello **si fanno i telegrammi?**	At which counter can one send telegrams?
mandare	send
spedire ‹spedisco›	dispatch
Spedisci per raccomandata-espresso, è più sicuro.	Send a registered express letter, that's safer.
impostare	mail

Poste e Telecomunicazioni	Postal Service and Telecommunications
Poste e Telegrafi	Post and Telegraph Office
Il cartello PPTT significa Poste e Telegrafi.	The PPTT sign means "Post and Telegraph Office."
la **banca postale**	postal bank
fermo posta	poste restante, General Delivery
il **codice di avviamento postale**	zip code number, postal code

Vorrei comprare un elenco dei codici di avviamento postale.	I'd like to buy a zip-code directory.
la **casella postale**	post office box
Se non conosci l'indirizzo, scrivi il numero della casella postale.	If you don't know the address, write down the number of the post office box.
affrancare	stamp (a letter)
l'**affrancatura**	postage (of a letter)
inviare	send
Ho **detto di inviarti** tutto **per contrassegno.**	I said everything should be sent to you COD.
via aerea	airmail
Quanto costa spedire questa lettera per via aerea?	What does it cost to send this letter by airmail?
consegnare	deliver
la **posta prioritaria**	priority mail
la **postacelere**	priority delivery (inside the country, delivery is guaranteed within 24 hours)
il **contrassegno**	COD
le **stampe** *pl*	printed matter
in **fax**	fax
Non c'à più tempo per mandare una lettera, **faremo un fax.**	There's no time left to write you a letter. We'll send a fax.
faxare	fax, send by fax
il **modulo**	form
Si prega di riempire il modulo in stampatello.	Please fill out the form in block letters.
a/in stampatello	in block letters; print
decifrare	decipher
il **bollo**	seal, postmark, stamp
il **timbro**	stamp, rubber stamp, postmark
In questi giorni la posta usa un timbro speciale e **voglio averlo** per la mia collezione.	These days the post office uses a special stamp, which I'd like for my collection.
timbrare	stamp
imbucare	mail (a letter)
la **buca delle lettere**	mailbox
Questa busta **non entra nella buca delle lettere.**	This envelope won't fit into the mailbox.
egregio, a	notable, distinguished
Egregio Sig. Russo	Dear Mr. Russo (in letters)

spettạbile	*usual formula for business correspondence*
Spett. Calzaturificio di Varese	Messrs. Calzaturificio di Varese

16.3 Radio, Television, and Sound Equipment

la **radio**	radio
la **notizia**	news; report
le ụltime notizie	latest news, latest reports
Secondo le ultime notizie, non si conosce ancora il risultato delle elezioni.	According to the latest reports, the outcome of the election is not yet known.
trasmẹttere	transmit, broadcast, send
la **conferenza stampa**	press conference
A che ora **sarà transmessa** la conferenza stampa?	When will the press conference be broadcast?

accẹndere	turn on, switch on
Accendi la radio, voglio sentire **il giornale radio delle** 13.00.	Turn on the radio, I want to hear the 1 P.M. news.
ricẹvere	receive
l'**onda**	wave
lungo, a	long
medio, a	medium
corto, a	short
ultracorto, a	very high frequency, VHF
Il mio apparecchio ricẹve le onde lunghe, medie, corte e ultracorte.	My set receives long, medium, short, and VHF waves.
ascoltare	listen (to)
il **volume**	volume
Abbassa il volume, per favore!	Turn down the volume, please!
spẹgnere	turn off, switch off

la **televisione**	television
Quando gli italiani parlano di televisione, dicono quasi sempre TV.	When Italians talk about television, they almost always say "tivù."
Spengi la radio e accendi la televisione, è l'ora del TG1.	Turn the radio off and the TV on; it's time for the news on Channel 1.
il **televisore**	television set
il **telegiornale**	television news
State calmi, per favore, vorrei vedere in pace il telegiornale.	Please be quiet, I'd like to watch the TV news in peace.

la **stazione (televisiva)**	(television) station
il **canale**	channel
Questi due canali non si differen-ziano molto tra di loro.	These two channels are not dif-ferent from one another.
il, la **telecronista**	TV reporter
il **conduttore**, la **conduttrice**	moderator
Chi era il conduttore **di quella trasmissione** culturale?	Who was the moderator of that cultural program?

ottenere	get; obtain
l'**intervista**	interview
lo **scandalo**	scandal
l'**esclusiva**	exclusive (rights)
Ha concesso quell'intervista in esclusiva.	He got that interview as an exclusive.

il **programma**	program
il **programma di intrattenimento**	entertainment show
l'**interruzione** f	interruption
lo **spot pubblicitario**	commercial
Le molte interruzioni degli spot pubblicitari **danno proprio fastidio.**	The many interruptions for com-mercials are really annoying.
la **pubblicità**	advertising
lanciare	launched
È stata proprio la televisione a lanciare quel prodotto.	That product was actually launched on television.

il **videoregistratore**	video recorder, VCR
Ormai **in** quasi **tutte le case** c'è un videoregistratore.	By now almost every household has a VCR.
la **videocassetta**	videocassette

la **radiotelevisione**	radio and television
RAI-TV è il nome della radiotelevi-sione italiana.	RAI-TV is the name of the Italian radio and television company.
il **giornale radio**	radio news
il **servizio**	report, commentary
il **quiz**	quiz

collegare	connect; switch
diretto, a	direct

Signore e Signori, ci colleghiamo ora con la Scala di Milano per la **trasmissione in diretta**.	Ladies and gentlemen, we now switch you to a direct broadcast from La Scala in Milan.
il **collegamento**	connection; switch
la **cronaca**	reporting
La cronaca di quell'avvenimento è stata una vera delusione.	The reporting of that event was really disappointing.
l'**ascoltatore**, l'**ascoltatrice**	listener
Gli ascoltatori erano molto delusi perché **non c'è stato** il collegamento con lo stadio.	The listeners were very disappointed because there was no broadcasting from the stadium.

la **TV**	television, TV
la **telecamera**	TV camera
il **telecomando**	remote control
lo **zapping**	zapping
fare lo zapping	zap

registrare	record
Se vuoi **registrarlo devi sbrigarti, il film sta per cominciare**.	If you want to record the film, you have to hurry; it's about to start.
la **registrazione**	recording
Mi dispiace, ma la registrazione non è buona.	I'm sorry, but the recording is not good.

l'**antenna**	antenna
potente	powerful
Ho fatto mettere un'antenna nuova e più **potente** sul tetto.	I had a new and more powerful antenna mounted on the roof.
la **trasmissione**	broadcast
La trasmissione ha avuto molto successo perché **è stata condotta molto bene**.	The broadcast was a great success because it was very well moderated.
via satellite	via satellite
Ricevete anche voi le trasmissioni via satellite?	Do you also receive broadcasts via satellite?
l'**allacciamento via cavo**	cable connection

condurre	conduct; moderate
Quella trasmissione è **stata condotta** in modo indecente.	That show was horribly moderated.
intervistare	interview

rilasciare
Sai già se intervisteranno il nuovo direttore?
– No, ma non credo comunque che **rilascerà un'intervista** molto brillante.

grant
Do you know yet whether the new director will be interviewed?
– No, but I don't believe that he'll give an especially good interview.

rilevare
L'intervista rilasciata dal segretario del partito **ha fatto rilevare un programma davvero interessante.**

detect, perceive
The interview given by the general secretary of the party makes for a really interesting program.

partecipare a ...
Chi **parteciperà allo** spettacolo **in TV** di stasera?

participate in
Who will take part in the TV show this evening?

---

l'impianto stereo
il **lettore compact disc**
il **compact disc (CD)**
il **disco**
il **giradischi**
il **mangianastri**
il **registratore (a cassette)**

stereo system
CD player
CD
record
record player
tape recorder
cassette recorder

16.4 Press

la **stampa**
Tutta la stampa ha parlato molto **di quel fatto.**

press, newspapers
All the newspapers have reported on this matter at length.

il **giornale**
il **quotidiano**
il **settimanale**
la **rivista**
Ho **fatto il confronto** tra molte riviste. Questa è la più interessante.
il, la **giornalista**

newspaper
daily newspaper
weekly newspaper
magazine
I've compared a lot of magazines. This one is the most interesting.
journalist

---

il **giornalaio**, la **giornalaia**
l'**edicola**
Se quell'edicola è chiusa, puoi andare dal giornalaio di Via Roma.
abbonarsi a ...

news vendor
newsstand, news kiosk
If the newsstand is closed, you can also go to the news vendor on Via Roma.
subscribe to

Gli italiani non **amano abbonarsi ad un quotidiano**, preferiscono andare a **comprarlo** tutti i giorni all'edicola. **Io invece sono abbonata al giornale della mia città.**
abbonato, a
l'**abbonamento**

Italians don't like subscribing to a daily newspaper; they prefer to buy it every day at the newsstand. I have subscribed to my local paper, however.
subscriber
subscription

---

l'**articolo**
illustrare
Quest'articolo illustra molto bene la situazione ed **ha colpito molto** l'opinione pubblica.
il **fatto**
quale
il **particolare**
il **confronto**
la **situazione**

article
illustrate, depict
This article depicts the situation quite well and has made a big impression on public opinion.
fact
which
detail
comparison
situation

---

l'**attualità**
Cerco un **buon settimanale d'attualità** italiano, quale mi consiglia?
attuale
recente
l'**opinione pubblica**
pubblicare
Queste sono le notizie più attuali che hanno pubblicato.

event of the day, current event
I'm looking for a good Italian newsweekly; which one do you recommend?
current; present
new; recent, current
public opinion; the public
publish
This is the latest news that has been published.

---

i **mass media** *pl*
I mass media hanno un grande potere anche in Italia.
la **casa editrice**
stampare
la **libertà di stampa**
l'**agenzia di stampa**

mass media
The mass media have great influence in Italy as well.
publishing house
print
freedom of the press
press agency

---

l'**avvenimento**
la **faccenda**
autentico,
rivelare
Vorrei sapere chi ha rivelato **quella storia** ai giornalisti.
riportare

event
affair, business, matter
authentic
discover; uncover, reveal
I'd like to know who revealed the matter to the journalists.
report

Il quotidiano che leggo io **ha riportato il fatto in modo piuttosto chiaro.**	My daily newspaper has reported the matter rather clearly.
uscire	appear, come out
Oggi i quotidiani escono in ritardo a causa dello sciopero.	Because of the strikes, the daily newspapers will come out late today.
tẹndere a	tend to
Ogni giornale **tende ad influenzare** l'opinione pubblica.	Every newspaper tends to influence public opinion.
la **tendenza**	tendency

lo **scritto**	writing; piece of writing
Quando verranno stampati **i tuoi** scritti?	When will your writings be published?
l'**annuncio**	advertisement
Ho trovato il suo annuncio sul quotidiano **di ieri.**	I found his ad in yesterday's paper.
l'**avviso**	notice; advertisement
Mi dispiace, ma non ho letto **quell'avviso** sul giornale.	I'm sorry, but I didn't read that notice in the paper.
aggiornarsi	bring up to date
È ora che ti aggiorni un po', **non segui la stampa e la TV?**	It's time you get a little up to date; don't you read the paper and watch TV?

l'**inserzione** f	classified ad
Perché non **metti un'inserzione sul giornale?**	Why don't you put an ad in the paper?
la **rubrica**	column
Questa rubrica **si occupa** solo **di** teatro.	This column deals exclusively with the theater.
la **colonna**	column
l'**editoriale** m	editorial
la **lẹttera all'editore**	letter to the editor

la **pubblicazione**	publication
lo **scalpore**	noise, fuss
La pubblicazione delle sue foto **ha fatto molto scalpore.**	The publication of your photos has caused a lot of fuss.
pubblicitario, a	advertising
la **campagna pubblicitaria**	ad campaign
influenzare	influence
il **tipo**	type; kind

l'**omaggio**	gift
Nelle riviste italiane **si trovano** spesso omaggi **di diverso tipo**.	In Italian newspapers one often finds various kinds of little gifts.

16.5 Multimedia, Computers

il **computer**	computer
Ho imparato anch'io **ad usare** il computer!	Even I have learned how to use the computer.
il **software**	software
il **dato**	datum
Dobbiamo ancora memorizzare tutti i dati.	We still have to store all the data.
la **memoria**	memory
la **capacità**	capacity
Che capacità ha la memoria del tuo computer?	What's the storage capacity of your computer's memory?
memorizzare	store
l'**elaborazione** f	processing
Quale sofware usi per l'**elaborazione dei testi?**	Which word-processing program do you use?
il **disco**	disk(ette)
Puoi memorizzare tutto sul disco.	You can store everything on disk.
il **CD-ROM**	CD-ROM

programmare	program
Non posso programmare **niente** se non mi dal i dati.	I can't program anything if you don't give me the data.
la **programmazione**	programming
la **copia**	copy
Puoi **farmi** una copia di questo programma?	Can you give me a copy of this program?
la **copia pirata**	pirated copy

il **comando**	command
cliccare	click (on)
Ho già cliccato due volte, ma **non** succede **niente, sei sicuro che** questo comando **sia quello giusto?**	I double-clicked on it, but nothing happens. Are you sure this is the right command?
il **mouse**	mouse
digitare	use the keyboard

la **password**	password
Ma come fai ad entrare nel programma **se non** conosci la password!	How do you get into the program if you don't know the password?
il **file**	file
la **segnalazione di errore**	indication of error
la **stampante**	printer

l'**informatica**	information technology, computer science
l'**informatico, a**	IT specialist, computer scientist
l'**Internet** m	internet
navigare	surf
Non è difficile **navigare in Internet**, dai vieni, **te lo** insegno io!	It's not hard to surf the internet; come on, I'll show you how.
E-mail (la casella di posta eletronica)	e-mail
on-line	online
l'**utente**	user
scaricare	download

il **motore di ricerca**	search engine
l'**homepage** f	homepage
il **modem**	modem

il **traduttore elettronico**	electronic translator
l'**autostrada informatica**	information highway
andare in crash	crash
Chiudi subito il computer, **sta per andare in crash.**	Turn the computer off right away; it's about to crash.

il **laptop**	laptop
Visto che viaggi tanto, comprati un laptop.	Since you travel so much, buy yourself a laptop.
il **notebook**	notebook

lo **scanner**	scanner
scannerizzare	scan (in)
il **masterizzatore (di CD)**	CD burner

il **provider**	provider
l'**ipertesto**	hypertext
il **ciberspazio**	cyberspace
il **browser**	browser
incompatibile	incompatible
il **microprocessore**	microprocessor

il **byte**	byte
corsivo	cursive
grassetto	boldface
magro	lightface
la **barra spaziatrice**	space bar

False Friends

Italian Word	Thematic Meaning(s)	False Friend	Italian Equivalent(s)
il bollo	stamp	bowl	la tazza, la scodella
il conduttore	moderator	conductor	il conducente; il direttore d'orchestra
il confronto	comparison	confrontation	il contrasto, il diverbio
il lancio	launch	lance	la lancia
la stampa	press	stamp	il francobollo
le stampe	printed matter	stamp	il francobollo

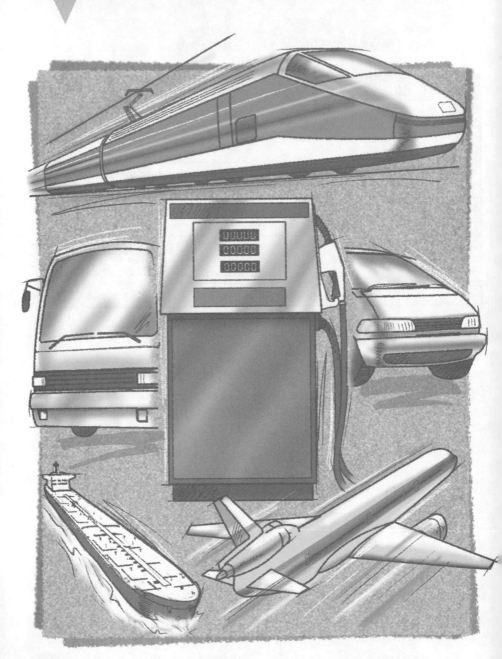

17.1 Individual Transportation

la **macchina**	car, auto(mobile)
Ho di nuovo **un guasto alla macchina!**	I'm having car trouble again!
la **ruota**	wheel
il **volante**	steering wheel
tenere	hold
Ti prego di tenere il volante con **tutte e due le mani.**	Keep both hands on the wheel, please!
il **sedile**	seat
il **seggiolino (per bambini)**	child seat
la **cintura di sicurezza**	safety belt
allacciare	fasten
Allaccia la cintura di sicurezza, per favore!	Please put on the safety belt!
l'**airbag** *m*	airbag
il **poggiatesta**	headrest

il **clacson**	horn
Suona il clacson, quella macchina non ha ancora visto che **stai andando a marcia indietro.**	Blow the horn; that driver hasn't noticed that you're backing up!
il **freno**	brake
il **fanale**	lamp; light, headlight
il **faro**	headlight
Perché guidi **con i fari spenti?**	Why are you driving with the lights off?
gil **abbaglianti** *pl*	high beams
Attento, **hai ancora gli abbaglianti accesi!**	Watch out, you still have the high beams on!
gil **anabbaglianti** *pl*	low beams

l'**autofficina**	car repair shop
Scusi, **mi saprebbe indicare** una buona autofficina **da queste parti?**	Excuse me, can you give me the name of a good car repair shop in this neighborhood?
il **motore**	motor
potente	powerful
i **cavalli** *pl*	horsepower, HP
Che motore potente! **Quanti cavalli ha?**	What a powerful motor! What's the horsepower?
il **rumore**	noise
Quando **giro il volante verso destra** sento uno strano rumore.	When I turn the wheel to the left, I hear a strange noise.

la **marcia**	gear
La mia macchina ha sei marce.	My car has six gears.
avanti	forward
indietro	reverse
la **marcia indietro**	reverse gear
la **continuazione**	continuation
La galleria **ci impediva di** vedere la continuazione della strada.	The tunnel kept us from seeing how the road continued.
l'**autonoleggio**	car rental

guidare	steer; drive a car
Non è facile guidare nelle grandi città italiane.	Driving a car in the big Italian cities is not easy.
la **scuola guida**	driving school
i **documenti** *pl*	documents, papers
Speriamo che il vigile non **mi fermi**, ho dimenticato a casa i documenti.	I hope the police don't stop me; I left my documents at home.
la **patente**	driver's license

la **moto(cicletta)**	motorcycle
Se avessi i mezzi, mi comprerei anch'io una moto.	If I had the means, I would buy a motorcycle too.
il **casco**	crash helmet
Anche in Italia **c'è l'obbligo di mettere il casco.**	In Italy, too, wearing a crash helmet is a requirement.
la **Vespa**	motor scooter

il **traffico**	traffic
A quest'ora **c'è molto traffico, è** meglio aspettare.	There's a lot of traffic at this time of day; it's better to wait.
il **semaforo**	traffic light
Dopo il terzo semaforo dobbiamo **girare a sinistra.**	After the third light we have to turn left.
il **cartello**	sign
la **direzione**	direction
Sei sicuro che **stiamo seguendo** la direzione giusta?	Are you sure we're driving in the right direction?
il, la **vigile**	traffic policeman/woman

l'**automobilista** *m, f*	driver
l'**autostrada**	highway

Fai attenzione ai cartelli per l'autostrada. In Italia sono verdi.	Pay attention to the highway signs. In Italy they're green.
la **fila**	line, file, row, rank
frenare	brake
accelerare	accelerate
il **sorpasso**	passing
la **curva**	curve
La moto è **uscita di strada** perché ha frenato in curva.	The motorcycle left the road because it braked in the curve.
la **buca**	hole, pothole; ditch
Questa strada è piena di buche.	This road is full of potholes.

trascinare	tow
spingere	push, shove
la **spinta**	push
lo **scontro**	collision
In quelle condizioni lo scontro era inevitabile.	Under those circumstances the collision was unavoidable.
l'**incidente** *m*	accident
l'**(auto)ambulanza**	ambulance
l'**elicottero**	helicopter
Gli elicotteri della polizia **stanno controllando** la situazione sull'autostrada.	The police helicopters monitored the situation on the highway.

la **benzina**	gas(oline)
fare benzina	put gas in the tank, get gas
il **distributore (di benzina)**	gas station
Secondo il cartello il prossimo distributore di benzina è **a quaranta chilometri da qui.**	According to the sign, the next gas station is 40 kilometers from here.
il **pieno**	full (tank)
fare il pieno	fill the tank
Mi faccia il pieno, per favore!	Fill it up, please!
il **serbatoio**	tank
Il serbatoio è vuoto, dobbiamo fare benzina.	The tank is empty; we have to get gas.

il **veicolo**	vehicle
Questa strada è **riservata ai** veicoli pubblici.	This street is reserved for public transportation.
il **gas di scarico**	exhaust gas
la **marmitta catalitica**	catalytic converter

Oggi tutte le macchine nuove **devono avere** la marmitta catalitica.	Today all new cars have to be equipped with a catalytic converter.
equipagiare	equip
anteriore	front
l'asse **anteriore**	front axle
la **trazione** anteriore	front wheel drive
posteriore	rear
l'asse **posteriore**	rear axle
la **trazione** posteriore	real wheel drive
urtare	knock, hit, strike, bump
il **paraurti**	bumper
Non è successo niente, avete solo toccato il paraurti.	Nothing happened, you just touched the bumper.
il **parafango**	fender
il **tergicristallo**	windshield wiper
Dobbiamo cambiare subito il tergicristallo perché non funziona più bene.	We have to replace the windshield wiper blade at once, because it's not working right anymore.
il **pneumạtico**	tire
il **cric**	jack
Devo cambiare due pneumatici, mi aiuti con il cric?	I have to change two tires; will you help me with the jack?

il **guasto**	damage
riparare	repair, to
la **riparazione**	repair
Ho la macchina in riparazione e devo partire assolutamente.	My car is being repaired, and I absolutely have to go out of town.
la **ruota di scorta**	spare wheel
Debbo montare la ruota di scorta, **può aiutarmi**, per favore?	I have to mount the spare wheel; can you help me?
l'**attesa**	waiting
Durante l'attesa potete telefonare a casa.	While you wait, you can call home.
il **carro attrezzi**	tow truck; road service vehicle
Abbiamo chiamato il carro attrezzi perché non era possibile rimorchiare la macchina.	We called the road service because it wasn't possible to tow the car.
rimorchiare	tow

la **vettura**	car, auto
l'**auto(mọbile)** f	auto(mobile)
l'**automezzo**	vehicle
l'**autovettura**	motorcar

rallentare	slow down
attraversare	cross
È vietato attraversare la strada.	Crossing the street is prohibited.

la **targa**	license plate
il **segnale**	signal; traffic sign
Mi dispiace, non avevo visto il segnale.	I'm sorry, I didn't see the sign.
Sono stata confusa da tutti questi segnali!	I'm completely confused by all these traffic signs.
segnalare	signal; report

il **tettuccio apribile**	sunroof
l'**aria condizionata**	air conditioner
l'**ABS** m	antilock braking system, ABS
l'**antifurto**	antitheft lock
la **chiusura centralizzata**	central locking
il **cambio**	shift, gearbox; transmission
Non mi piacciono le macchine con il cambio automatico.	I don't like cars with automatic transmission.
cambiare marcia	shift, change gears
Cambia marcia e metti la seconda!	Shift to second gear!
la **frizione**	clutch
spegnersi	die, shut off
Se non premi la frizione si spegne il motore.	If you don't depress the clutch, the motor dies.

la **salita**	incline, ascent, slope
ripido, a	steep
Questa salita è molto ripida.	This incline is extremely steep.
la **discesa**	descent, slope
Attenzione, discesa pericolosa!	Caution, dangerous descent!

il **motorino**	moped, motor-assisted bicycle
usato, a	used
Perché ti sei comprato una macchina usata?	Why did you buy a used car?
il **fuoristrada**	off-road vehicle, cross-country vehicle
Ci siamo comprati un fuoristrada molto ben equipaggiato.	We bought a well-equipped off-road vehicle.
la **station wagon**	station wagon
il **portapacchi**	carrier
Cerco un piccolo portapacchi per il mio motorino.	I'm looking for a little carrier for my moped.

il **libretto di circolazione**
Il libretto di circolazione è
scaduto.

registration certificate
The registration has expired.

la **circolazione**
A Roma la circolazione stradale è
assolutamente caotica.

street traffic
Street traffic in Rome is
absolutely chaotic.

la **precedenza**
Attenzione, **quella macchina ha
la precedenza!**

right of way
Watch out, that car has the right
of way!

avanzare

advance; drive

proseguire
Qui ci sono molte curve, è meglio
proseguire a bassa velocità.

continue; keep driving
There are a lot of curves here;
it's better to drive at low speed.

alt!

Stop!

sostare

stop, to

la **sosta**
Non puoi sostare qui, **c'è divieto
di sosta continuo.**

stopping, standing
You can't stop here; stopping is
prohibited.

sorpassare
**Guarda che qui non puoi
sorpassare.**

pass
Watch out, you can't pass
here!

la **velocità**

speed

il **limite di velocità**

speed limit

il **controllo radar**
Alessandro è **finito ieri in un
controllo radar** e, a quanto pare,
dovrà pagare **una multa
salatissima.**

radar check
Alessandro got caught in a radar
trap yesterday, and it looks like
he'll have to pay a hefty fine.

l'**autovelox** m

radar device for monitoring speed

la **prova del tasso alcolico**

alcohol test

la **contravvenzione**
Il vigile ha fatto la contravvenzione a tutti gli automobilisti che
sono **passati col rosso.**

fine
The traffic police fined all the
drivers who went through the
red light.

rientrare
Vorranno certo sapere quando
rientriamo.

come back, return
They'll certainly want to know
when we're coming back.

tornare indietro

turn around

voltare

turn; turn around

svoltare

turn

Ricordati di svoltare a destra dopo il prossimo semaforo.	Don't forget to turn after the next light!
spostarsi	avoid; get out of the way
la **strettoia**	narrow passage
la **deviazione**	detour
la **barriera**	barrier; bar
il **senso vietato**	entry prohibited
Con tutti questi sensi vietati **non** si sa **più dove passare.**	With all these no-entry signs, you don't know where to drive.
il **senso unico**	one-way street
Questa strada è a senso unico, non puoi voltare.	This is a one-way street; you can't turn here.

smarrire ‹smarrisco›	lose
smarrirsi	get lost, lose one's way
Ci siamo smarriti e abbiamo dovuto **chiedere indicazioni** tre volte.	We lost our way and had to ask directions three times.
perdersi	lose sight of; get lost
Dove ci diamo appuntamento, nel caso che dovessimo perderci?	Where should we agree to meet in case we lose sight of each other?
l'**indicazione** f	direction; information
distante	distant, away

la **(benzina) super**	super (grade of gasoline)
la **benzina verde**	environmentally friendly gasoline
senza piombo	unleaded
Mi faccia il pieno di super senza piombo, per favore!	Please fill it up with super unleaded!
con piombo	with lead
il **gasolio**	diesel fuel
La mia macchina **va a gasolio** e consuma poco.	My car runs on diesel and has low consumption.
poco tossico	low-toxicity
non tossico	nontoxic

autostradale	highway
In Italia abbiamo una buona rete autostradale, **ma si paga.**	In Italy we have a good highway network, but you have to pay to use it.
l'**autogrill** m	rest stop
Ci fermiamo al prossimo autogrill, d'accordo?	We'll stop at the next rest stop, all right?

17.2 Public Transportation System

la **stazione (centrale)**	(main) railroad station
accompagnare	accompany; take (somewhere)
Mi puoi accompagnare alla stazione? – Sì, **a che ora parte** il treno?	Can you take me to the train station? – Yes, what time does the train leave?
il **portabagagli**	porter
l'**altoparlante**	loudspeaker
il **ritardo**	delay
in ritardo	delayed; late
L'altoparlante **ha appena annunciato** che il treno da Roma è **in ritardo**.	The loudspeaker just announced that the train from Rome is late.
il **marciapiede**	platform
il **binario**	track
Il treno **per** Firenze **parte dal binario** 12.	The train to Florence leaves from Track 12.
il **treno**	train

il **vagone**	car (railroad)
Alla stazione di Bologna **hanno aggiunto altri quattro vagoni**.	At the Bologna station, four more cars were added on.
la **carrozza**	coach (railroad)
la **classe**	class
Le carrozze di prima classe **sono al centro**.	The first-class cars are at the center of the train.
il **finestrino**	lean out
sporgersi	
È vietato sporgersi dai finestrini.	Leaning out of the windows is prohibited!

la **dogana**	customs
sbarrare	bar
la **sbarra**	barrier
Le sbarre della dogana sono quasi sempre alzate.	The customs barriers are almost always open.

andare	drive, go; travel
Andiamo in treno o in aereo?	Will we travel by train or by plane?
partire	depart, leave
fermarsi	stay; stop
durare	last
Preferisco l'aereo perché il viaggio in treno **dura troppo**.	I prefer the plane, because the train trip lasts too long.

avviarsi	set out, get on the road
la **distanza**	distance
Che distanza c'è fra Padova **e** Venezia?	What is the distance between Padua and Venice?
il **chilometro**	kilometer
Dopo due chilometri circa deve **girare a sinistra**, poi **prendere la seconda a destra e proseguire sempre dritto.**	After about 2 kilometers you have to turn left, then take the second street on the right, and keep driving straight ahead.
lento, a	slow
rapido, a	fast, rapid
veloce	quick
dritto, a	straight ahead
a **destra**	(to the) right
a **sinistra**	(to the) left

il **tassì**, il **taxi**	taxi, cab
A quest'ora è molto difficile trovare un tassì.	At this time of day it's very difficult to find a taxi.
il **tram**	streetcar
Dov'è la fermata del tram più vicina?	Where is the next streetcar stop?
la **metropolitana**	subway
Nella mia città non c'è ancora la metropolitana, purtroppo.	In my home town, there's unfortunately no subway yet.
la **fermata**	stop
il **controllore**	conductor
il **bus**	bus
l'**autobus** *m*	bus
Qui non ci sono tram, soltanto autobus.	No streetcars run here, only buses.
il **pullman**	tour bus
l'**aereo**	airplane
l'**aeroporto**	airport
L'aeroporto di Linate è **chiuso per nebbia.**	The Linate airport is closed on account of fog.

trasportare	transport
il **trasporto**	transportation; transportation system
l'**autocarro**	truck
Penso che il mezzo di trasporto migliore per questa merce **sia** l'autocarro.	In my opinion, a truck would be the best transportation for that merchandise.
la **spedizione**	dispatch, shipping

l'**autotreno**	tractor-trailer rig
il **container**	container
rimborsare	reimburse
Puoi farti rimborsare le spese di spedizione?	Can you have the shipping costs reimbursed?

il **carico**	load
carico, a	loaded; full
caricare	load, to
Potete partire appena **abbiamo finito di** caricare.	You can leave as soon as we're finished loading.
imbarcare	ship, take on board
imbarcarsi	embark, go on board
sbarcare	disembark, go on land
Ci siamo imbarcati a Genova e **siamo sbarcati** a Napoli.	We boarded in Genoa and disembarked in Naples.
la **nave**	ship
il **vaporetto**	steamboat
Il vaporetto **passa per** il Canal Grande e si ferma spesso.	The steamboat travels through the Grand Canal and makes frequent stops.

la **compagnia aerea**	airline
Con quale compagnia aerea voli **più volentieri?**	With which airline do you most like to fly?
il **volo**	flight
stressante	stressful
Se non fosse così stressante verrei anch'io.	If it weren't so stressful, I'd come along.
lo **scalo**	stopover
Questo volo è diretto, non faremo scalo.	This is a direct flight; we're not making a stopover.
la **rotta**	route
Abbiamo dovuto **cambiare rotta** a causa del cattivo tempo.	Because of the bad weather we had to change our route.
atterrare	land
la **nebbia**	fog
l'**atterraggio (di fortuna)**	(emergency) landing
la **scatola nera**	black box; flight recorder

il **capitano**	(flight) captain
lo **steward**, la **hostess**	steward(ess), flight attendant
il, la **pilota**	pilot

Il pilota è riuscito a fare un atterraggio di fortuna.	The pilot succeeded in making an emergency landing.
la cabina	cabin
l'equipaggio	crew
il passeggero, la passeggera	passenger
il biglietto	ticket

l'azienda di trasporti	transportation company; moving company
Il signor Alberici ha aperto un'azienda di trasporti.	Mr. Alberici has started (opened) a moving company.
il camion	truck
Gli operai stanno scaricando il camion.	The workers are just unloading the truck.
scarico, a	unloaded
scaricare	unload; offload

la ferrovia	railroad
il treno merci	freight train
la locomotiva	locomotive
il vapore	steam
Guarda che bella locomotiva a vapore!	Just look; what a beautiful steam locomotive!

le Ferrovie dello Stato pl	(Italian) state railway
FFSS significa Ferrovie dello Stato.	FFSS means "railways of the state."
il pendolino	pendolino (train with a leaning mechanism)
l'Eurostar	Eurostar (high-speed train)
interregionale	interregional
l'intercity m [inter'siti]	intercity
la coincidenza	connection
Abbiamo perso la coincidenza e dobbiamo proseguire in automobile.	We missed our connection and have to continue by car.
il supplemento	supplement
In questo treno bisogna pagare il supplemento.	For this train you have to pay a supplementary charge.
il treno navetta	auto-train
il vagone letto	sleeping car
Bisogna ricordarsi di prenotare in tempo il vagone letto.	You have to remember to reserve the sleeping-car seat in time.
il vagone ristorante	dining car
Il vagone ristorante è in coda.	The dining car is at the back of the train.
l'acqua potabile	drinking water
Attenzione, non è acqua potabile!	Careful, that's not drinking water!

il **traghetto**	ferry
la **traversata**	crossing
La traversata con il traghetto dura circa quattro ore.	The ferry crossing takes about four hours.

False Friends

Italian Word	Thematic Meaning(s)	False Friend	Italian Equivalent(s)
il rumore	noise	rumor	la voce
la targa	license plate	target	lo scope; il fine

18.1 Universe, Earth

la **terra**	earth
terrestre	terrestrial, earthly
extraterrestre	extraterrestrial
lo **spazio**	(outer) space
La conquista dello spazio è stato un passo molto importante per il futuro.	The conquest of space was a very important step for the future.
infinito, a	infinite
È impossibile **farsi un'idea dello spazio infinito.**	It is impossible to imagine the infinity of space.
vuoto, a	empty
Lo spazio non è vuoto come sembra.	Space is not as empty as it seems.

scoprire	discover
il **sole**	sun
il **raggio**	ray; radius
In questa stagione **i raggi** del sole **sono già caldi.**	The rays of the sun are already warm at this time of year.
tramontare	go down, set
il **tramonto (del sole)**	sunset
il **sorgere (del sole)**	sunrise
sorgere	come up, rise
A che ora **tramonta oggi** il sole? – Non lo so, ma so che è sorto alle **6 e 15.**	What time is sunset today? – I don't know, but I can tell you that it rose at 6:15.

il **pianeta**	planet
lo **scopo**	purpose; goal
l'**esistenza**	existence
Lo scopo di molte imprese spaziali **è quello di** scoprire l'esistenza di forme di vita su altri pianeti.	The purpose of many space programs is to discover forms of life on other planets.
esistere	exist
la **stella**	star
la **luna**	moon
Quando c'è la luna piena molte persone non riescono a dormire.	When the moon is full, many people are unable to sleep.
l'**astronomia**	astronomy

l'**universo**	universe
immenso, a	immense

La terra è solo un punto piccolissimo nell'universo immenso.	The earth is only a tiny dot in the immense universe.
universale	universal
vano, a	empty; vain
Tutti i tentativi di riparare la navetta spaziale sono stati vani.	All attempts to repair the spaceship were in vain.

l'**astronauta** m, f	astronaut
Neil Armstrong è il primo astronauta che **ha messo piede** sulla luna.	Neil Armstrong was the first astronaut to set foot on the moon.
l'**astronave** f	spaceship
la **stazione spaziale**	space station
il **razzo**	rocket
il **satellite**	satellite
spaziale	space; spatial
L'epoca spaziale è **stata una sfida continua** fra americani e russi.	The space age was a continuous competition between the Americans and the Russians.
l'**adesione**	participation
Per quest'impresa spaziale occorre l'adesione di molte nazioni.	The participation of many nations is needed for this space venture.
la **mancanza di gravità**	weightlessness

avviare	start, set out
la **scoperta**	discovery
Siamo avviati alla grande scoperta dell'universo, **che comunque rimane pieno di** misteri.	We've started making great discoveries in the universe, which nevertheless remains full of mystery.
la **Via Lattea**	Milky Way
luminoso, a	luminous, bright
solare	sun; solar
Il nostro sistema solare è **uno dei tanti** sistemi della Via Lattea.	Our solar system is one of many in the Milky Way.

18.2 Geography

la **geografia**	geography
A scuola ho sempre **studiato con piacere** la geografia.	I always enjoyed learning geography in school.
il **mappamondo**	world map; globe
il **polo**	pole

il **polo nord**	North Pole
il **polo sud**	South Pole
il **continente**	continent
Le due Americhe vengono chiamate anche continente nuovo.	America is also called the "New World."

il **nord**	north
Il lago di Garda si trova **nell'Italia del nord.**	Lake Garda is located in the north of Italy.
il **sud**	south
A sud di München incominciano le Alpi.	The Alps begin south of Munich.
l'**est** m	east
Soffia un vento gelido dall'est.	A cold wind is blowing from the east.
l'**ovest** m	west
la **bussola**	compass

il **paesaggio**	landscape
Stiamo ammirando l'armonia di questo paesaggio.	We admire the harmony of this landscape.
il **panorama**	panorama
il **luogo**	place
Vorrei abitare in un **luogo sul mare.**	I'd like to live in a place by the ocean.
la **pianura**	plain, lowland
la **collina**	hill
l'**eco** f	echo
la **montagna**	mountain(s)
Preferisci andare in collina o in montagna?	Would you rather go to the hills or the mountains?
la **foresta**	woods, forest
il **deserto**	desert
vasto, a	vast, extensive
Al posto delle vaste foreste di un tempo adesso non c'è che deserto.	Where there once were vast forests, there now is nothing but desert.
la **solitudine**	solitude

il **vulcano**	volcano
Il Vesuvio e l'Etna sono i due vulcani più famosi d'Europa.	Mt. Vesuvius and Mt. Aetna are the two most famous volcanoes in Europe.
il **terremoto**	earthquake

Gli animali sentono prima dell'uomo **l'avvicinarsi di un terremoto.**	Animals sense before humans that an earthquake is approaching.
la **scossa**	shock
la **valanga**	avalanche
La scossa ha causato una valanga che ha coperto molte case.	The shock caused an avalanche, which buried many houses.
la **frana**	landslide

il **mare**	ocean, sea
il **lago**	lake
la **riva**	coast; shore
Com'è bello **stare seduti in riva al mare!**	How nice it is to sit on the seashore!
mosso, a	agitated; rough
Nelle Bocche di Bonifacio **il mare** è quasi sempre **mosso.**	The sea is almost always rough in the Bocche di Bonifacio.
il **golfo**	gulf
Il Golfo di Napoli è uno dei più belli d'Italia.	The Gulf of Naples is one of the most beautiful in Italy.
la **costa**	coast
L'Italia, **isole comprese**, ha circa 7500 km di coste.	Including the islands, Italy has about 7,500 kilometers of coastline.
lo **scoglio**	reef; rock
Hai già sentito la leggenda dello scoglio di Lorelei?	Have you ever heard the legend of the Lorelei Rock?
la **grotta**	grotto
Mi hanno detto che **da queste parti** c'è una bellissima grotta **da visitare.** Vieni anche tu?	I've been told that one can visit a very beautiful grotto near here. Will you come along?
l'**isola**	island
l'**orizzonte** *m*	horizon
sparire ‹sparisco›	disappear, vanish
La nave è sparita lentamente all'orizzonte.	Slowly the ship disappeared on the horizon.

il **fiume**	river
Il Po è il più lungo fiume italiano.	The Po is the longest Italian river.
scorrere	flow
pescare	fish
Questo **tratto del fiume** è ideale per pescare.	This place on the river is ideal for fishing.

attraversare	cross, traverse
attraverso	across
la **cascata**	waterfall

il **punto cardinale**	cardinal point (of the compass)
l'**oriente** m	east, orient
orientale	eastern, oriental
l'**occidente** m	west, occident
Ad occidente dell'Italia c'è il Mar Tirreno, ad oriente l'Adriatico.	The Tyrrhenian Sea is west of Italy, and the Adriatic is on the east.
occidentale	western, occidental
il **meridiano**	meridian, degree of longitude
Il meridiano zero passa per Greenwich.	The prime meridian runs through Greenwich.
meridionale	southern
settentrionale	northern
Nell'Italia meridionale ci sono molti vulcani. In quella settentrionale invece le montagne più alte.	In southern Italy there are many volcanoes. In the north, however, are the highest mountains.

la **superficie**	surface
La penisola italiana ha una superficie di 301.278 kmq (chilometri quadrati).	The Italian peninsula has a surface area of 301,278 square kilometers.
la **zona**	zone, area
Qui comincia la zona del deserto.	Here the desert zone begins.
caratteristico, a	characteristic
Quelle colline hanno una forma molto caratteristica.	These hills have a very characteristic shape.
la **valle**	valley
il **monte**	mountain
circondare	surround
La valle è circondata da alti monti.	The valley is surrounded by high mountains
la **cima**	summit, peak
Siamo saliti fino in cima al monte.	We climbed to the top of the mountain.
la **roccia**	rock
il **ghiacciaio**	glacier
estendersi	extend, stretch
Il ghiacciaio si estende per molti chilometri quadrati.	The glacier extends over many square kilometers.

l'**oceano**	ocean

Per andare in America bisogna attraversare l'oceano Atlantico.	To get to America, you have to cross the Atlantic Ocean.
marino, a	marine, ocean
la **marea**	tides
È bello camminare sulla spiaggia **con la bassa marea** ed **uscire in barca con quella alta.**	It's nice to walk along the beach at low tide and go out in the boat at high tide.
sommergere	flood, inundate
Il fiume in piena ha sommerso tutta la valle.	The river at flood stage inundated the entire valley.
la **penisola**	peninsula
La penisola italiana ha proprio la forma di uno stivale.	The Italian peninsula really has the shape of a boot.
mediterraneo, a	Mediterranean

la **fonte**	fountain; source
la **sorgente**	spring; source
Nell'isola d'Ischia ci sono molte sorgenti di acque minerali.	On the island of Ischia there are many mineral springs.

18.3 Climate, Weather

il **tempo**	weather
Forse veniamo domani, dipende tutto dal tempo però.	Maybe we'll come tomorrow, but everything depends on the weather.
Che tempo fa da voi?	How's the weather where you live?
il **clima**	climate
Com'è il clima da voi?	What is your climate like?
il **cambiamento**	change
In questa zona sono **assai frequenti** i cambiamenti improvvisi del tempo.	In this area, sudden changes in the weather are quite frequent.

il **cielo**	sky; heaven
coperto, a	covered
Oggi il cielo è tutto coperto.	The sky is completely overcast today.
la **nuvola**	cloud
nuvoloso, a	cloudy

il **temporale**	storm, thunderstorm
l'**afa**	humidity

afoso, a
È una giornata molto afosa,
potrebbe **scoppiare un temporale**.

humid
It's a very humid day; there
could be a thunderstorm.

la **pioggia**

rain

l'**arcobaleno**

rainbow

bagnato, a
È caduta poca **pioggia** ed i prati
sono appena bagnati.

wet
It just rained a little and the
meadows barely got wet.

piovere
In alcune regioni d'Italia spesso non
piove **per diversi mesi**.

rain
In many parts of Italy, it often
doesn't rain for months.

bagnarsi
Con questa pioggia **mi sono
bagnata tutta**.

get wet
In this rain I got completely wet.

umido, a
Non camminare a piedi nudi,
l'erba è ancora umida.

damp
Don't run around barefooted;
the grass is still damp!

la **luce**

light

il **sole**

sun

splendere
Secondo le previsioni il cielo sarà
sereno e splenderà il sole.

shine
According to the forecast, the
sky will be clear and the sun will
shine.

scaldare

warm up, to; heat up, to

il **caldo**

heat

il **grado Celsius**
In Europa siamo abituati a misurare
la temperatura **in gradi Celsius**.

degree Celsius (Centigrade)
In Europe we're accustomed to
measuring the temperature in
degrees Celsius.

il **freddo**
**La primavera è cominciata da un
pezzo**, ma **fa** ancora molto **freddo**.

cold
Spring has been here for a while,
but it's still very cold.

gelare

freeze

il **ghiaccio**
Bisogna fare attenzione, **per la
strada ci può essere ghiaccio**.

ice
You need to be careful; the street
could be icy.

nevicare
Ha/È nevicato tutta la notte.

snow, to
It snowed all night.

la **neve**
La neve cadeva lenta e silenziosa.

snow
The snow fell slowly and
silently.

l'**aria**

air

fresco, a

fresh

In alta montagna l'aria è ancora fresca e pulita.	In the high mountains the air is still fresh and pure.
il **vento**	wind
Per fortuna il vento **ha portato via** tutte le nuvole.	Luckily, the wind has driven away all the clouds.
il **soffio**	breath; gust, puff
soffiare	blow
violento, a	violent
Qui **sulla costa** il vento soffia sempre **fortissimo**.	Here on the coast a very strong wind blows almost all the time.
Quest'estate abbiamo avuto temporali **molto violenti**.	This summer we had very violent thunderstorms.

il **bollettino meteorologico**	weather report
la **previsione**	forecast; prediction
rispecchiare	reflect
Le previsioni del tempo rispecchiano le temperature normali in questa stagione.	The weather forecast reflects the normal seasonal temperatures.
il **periodo**	period of time
Il bollettino meteorologico **parlava di** nevicate diffuse. – **In questo periodo** sono frequenti anche da noi.	The weather report mentioned widespread snowfalls. – This time of year it snows a lot in our country, too.
passeggero, a	temporary
il **miglioramento / peggioramento passegero del tempo**	temporary improvement in/worsening of the weather

la **temperatura**	temperature
estremo, a	extreme
l'**alta pressione**	high pressure
la **bassa pressione**	low pressure
calare	drop, sink
mite	mild
La temperatura è calata in modo estremo durante la notte. – È vero, ieri era molto più mite.	Overnight the temperature dropped sharply. – That's true, yesterday it was much milder.
costante	constant
diffuso, a	extensive, widespread

sereno, a	clear, cloudless
brillare	shine
l'**ombra**	shade
Al sole fa troppo **caldo, mettiamoci all'ombra**.	It's too hot in the sun; let's move into the shade.
il **crepuscolo**	twilight, dusk

La luce del crepuscolo **fa sembrare** tutto più morbido.	The light at dusk makes everything seem softer.
buio, a	dark
In questa stagione **fa buio** molto presto.	In this season it gets dark early.

l'umidità	humidity
Oggi l'aria è **piena di umidità.**	The air humidity is very high today.
la **grandine**	hail
la **nevicata**	snowfall
il **fiocco**	flake
il **gelo**	frost, freeze
Dopo la nevicata di stanotte è arrivato il gelo.	After the snowfall last night came the freeze.
scivolare	slip, slide; skid
C'è pericolo di scivolare.	There's a danger of skidding.

l'uragano	hurricane
Gli uragani hanno distrutto moltissimi alberi.	The hurricanes have destroyed a great many trees.
la **tempesta**	storm
il **tuono**	thunder
Si sentiva da lontano **il rumore dei tuoni.**	From afar the rolling of the thunder could be heard.
tuonare	thunder
il **fulmine**	thunderbolt
È caduto un fulmine a pochi passi dalla casa.	Lightning struck a few steps from the house.
il **lampo**	lightning
illuminare	illuminate, light up
Il cielo era illuminato dalla luce dei lampi.	The sky was lit by lightning.

18.4 Substances, Materials

la **sostanza**	substance
composto, a di / da	composed of
Non toccare queste sostanze, sono velenose! – Di che cosa sono composte?	Don't touch these substances; they're poisonous! – What are they composed of?
il **tipo**	type, kind
tipico, a	typical
la **roba**	things; stuff

Dove posso mettere al sicuro la roba d'oro e d'argento?	Where can I keep the gold and silver things safe?
la **cosa**	thing
Sei sicuro che questa cosa **sia** rotta? Forse **ha** solo **un piccolo** difetto!	Are you sure that thing is broken? Maybe it's only slightly flawed!
la **parte**	part
il **difetto**	defect, flaw
Una parte del materiale arrivato **ha qualche difetto.**	Part of the material that arrived is defective.

il **minerale**	mineral; ore
L'Italia non è **ricca di** minerali.	Italy is not rich in minerals.
raro, a	rare
Alcuni minerali **sono rari in tutto il mondo.**	Some minerals are rare everywhere in the world.
il **metallo**	metal
Il platino è un metallo molto prezioso.	Platinum is a very precious metal.
il **ferro**	iron
puro, a	pure
Questa spilla antica è in oro puro.	This antique brooch is made of pure gold.
la **purezza**	purity
prezioso, a	precious; valuable

il **sasso**	stone, rock
la **pietra**	stone
il **marmo**	marble
Il marmo bianco di Carrara si chiama **marmo statuario** ed è il più richiesto.	The white Carrara marble is called *marmo statuario* and is the most sought-after.
solido, a	solid, strong; substantial
elastico, a	elastic
Abbiamo bisogno di un materiale molto solido ed elastico.	We need very strong, elastic material.
la **sabbia**	sand
il **quarzo**	quartz

il **legno**	wood
la **cera**	wax
il **carbone**	coal
Un po' alla volta stanno chiudendo tutte le miniere di carbone in gli Stati Uniti.	In the United States, all the coal mines are gradually being shut down.

il **petrolio** Il petrolio **viene chiamato** anche oro nero.	oil, petroleum Oil is also called "black gold."
il **pozzo**	oil well; well
il **fuoco**	fire
il **gas** **Credo che** in casa **ci sia una per-dita di gas, non senti come puzza?**	gas I think there's a gas leak in the house; don't you smell it?
la **tensione** **Aumentando la** tensione superfi-ciale **si ottengono ottimi risultati.**	tension By increasing the surface tension, one obtains excellent results.
spaccare Il calore del fuoco **ha spaccato** i vetri.	split, cleave The heat of the fire has cracked the glass.
la **spaccatura**	split, fissure; crack
rompere Attento, rompi tutto!	smash, break Watch out, you're breaking everything!
la **plastica**	plastic
flessibile	flexible
rigido, a Ci sono molti tipi **di** plastica **sia rigida che flessibile.**	rigid There are many types of plastic, both rigid and flexible.
sintetico, a	synthetic
la **gomma** Le gomme sintetiche sono molto **simili a quelle naturali.**	rubber Synthetic rubbers are very similar to natural rubber.
l'**acciaio**	steel
l'**acciaio inossidabile** Le mie posate sono **di** acciaio inossidabile.	stainless steel My flatware is made of stainless steel.
l'**alluminio**	aluminum
il **bronzo**	bronze
l'**ottone** m L'ottone è **una lega di rame e di zinco.**	brass Brass is an alloy of copper and zinc.
la **ruggine** La ruggine **ha rovinato tutto.**	rust Rust has ruined everything.
superficiale	superficial
il **liquido**	liquid

Fai attenzione, **quel liquido contiene alcol!**	Watch out, that liquid contains alcohol!
l'**ossigeno**	oxygen
Usciamo un po' **all'aperto,** qui manca l'ossigeno!	Let's go outside a little, there's not enough oxygen here!
l'**idrogeno**	hydrogen
il **miscuglio**	mixture
infiammabile	flammable, inflammable, combustible
Questo miscuglio contiene **delle sostanze** infiammabili.	This mixture contains flammable substances.
la **bombola del gas**	gas bottle
La bombola del gas è vuota.	The gas bottle is empty.

la **miniera**	mine
estrarre	extract; quarry; mine
la **risorsa**	resource
Che cosa estraggono in questa zona? – Solo un po' di minerale di ferro, **le risorse sono poche.**	What is mined in this area? – Only a little iron ore; there are few natural resources.
il **rame**	copper
il **piombo**	lead

l'**oggetto**	object
liscio, a	smooth
il **lusso**	luxury
Qui si possono comprare bellissimi oggetti di rame. A me piacciono quelli con la superficie liscia. Ci sono **quelli di lusso** e **quelli da usare** in cucina.	You can buy beautiful copper objects here. I like the ones with a smooth surface. They include luxury articles and kitchen utensils.
genuino, a	genuine; natural
Il consumatore cerca **oggi più che mai** i prodotti genuini.	The consumer wants natural products today more than ever.

recuperare	**recover**
È necessario recuperare **più materiale possibile.**	It's necessary to recover as much material as possible.
riciclare	**recycle**
Si può riciclare **la roba in metallo fondendola di nuovo.**	Metal objects can be recycled by melting them down.
trarre	**be extracted, be obtained from**
Da **quel** trattamento del materiale **non si trae alcun profitto.**	No profit can be obtained from the treatment of the materials.

la **ceramica**	ceramics

la **porcellana**	porcelain
fragile	fragile, breakable
Non uso spesso il servizio di porcellana perché è troppo fragile.	I don't use the porcelain service often because it is too fragile.
il **cristallo**	crystal
trasparente	transparent

fondere	smelt; melt
lo **zinco**	zinc
il **trattamento**	treatment
la **lega**	alloy

la **scintilla**	spark
la **fiamma**	flame
Le fiamme hanno distrutto tutto **l'assortimento che c'era in magazzino.**	The flames destroyed the entire warehouse inventory.
l'**incendio**	fire
scoppiare	break out
Una piccola scintilla **ha fatto scoppiare** un grande incendio.	A tiny spark caused a huge fire to break out.

18.5 Vegetable Kingdom

la **pianta**	plant
piantare	plant, to
la **coltura**	culture, cultivation, tillage, farming
il **seme**	seed
Dove posso comprare i semi per l'orto?	Where can I buy seeds for my vegetable garden?

la **radice**	root
profondo, a	deep
Questa pianta ha le **radici molto profonde.**	This plant has very deep roots.
la **corteccia**	bark, rind
il **tronco**	trunk
Nel tronco si può leggere l'età di un albero.	In the trunk one can read the age of a tree.
la **foglia**	leaf
Queste foglie **hanno una forma** molto **strana.**	These leaves have a very strange shape.
il **ramo**	branch; limb
cogliere	pick; gather, collect

| Cogliamo **qualche ramo da met-tere nel vaso?** | Shall we gather a few branches to put in the vase? |

il **prato**	meadow
il **bosco**	woods
In gli Stati Uniti ci sono molti più boschi che in Italia.	There are many more woods in the U.S. than in Italy.

i **cereali** *pl*	cereals; grains
In questo campo **coltiviamo** solo cereali.	Only grain is grown in this field.
il **grano**	grain
il **frumento**	wheat
il **mais**	corn
Con la farina di mais **si prepara** la polenta, un piatto tipico italiano.	*Polenta*, a typical Italian dish, is prepared from cornmeal.
l'**orzo**	barley
l'**avena**	oats
Vorrei **dei fiocchi d'avena** per colazione.	I would like oatmeal for breakfast.
la **segale**, la **segala**	rye
A me piace molto il pane di segale, **e a te?**	I love rye bread; do you?

il **frutto**	fruit
la **buccia**	skin, peel
l'**uva**	grape
L'uva è il frutto della vite.	The grape is the fruit of the vine.
la **verdura**	vegetables
Abbiamo piantato molta verdura nel nostro orto.	We planted a lot of vegetables in our garden.
i **legumi** *pl*	legumes
la **lenticchia**	lentil
il **cece**	chickpea, garbanzo
la **fava**	fava bean

il **fungo**	mushroom
Anche nei nostri boschi **ci sono** molti funghi.	There are many mushrooms in our woods too.
commestibile	edible
confondere	mix up; confuse
Questa specie non è commestibile, **non confonderla** con le altre.	This species is not edible; don't confuse it with the others!

il **fiore**	flower
Senti che profumo di fiori nell'aria?	Do you smell the scent of the flowers in the air?
il **garofano**	carnation
la **rosa**	rose
Devo prendere **un mazzo di** rose o di garofani?	Should I take a bunch of roses or carnations?
il **giglio**	lily
Il giglio è il simbolo della purezza.	The lily is the symbol of purity.
il **lillà**	lilac
L'odore dei lillà è molto intenso.	The scent of lilac is very intense.
la **margherita**	daisy
Il prato **è pieno di** piccole margherite.	The meadow is full of little daisies.
il **tulipano**	tulip
I tulipani sono **fiori di primavera**.	Tulips are spring flowers.
la **viola**	violet
il **mazzo**	bunch, bouquet
seccare	dry
Voglio far **seccare quei fiori** e **farne un bel mazzo.**	I want to dry the flowers and make a pretty bouquet.
marcire ‹marcisco›	rot, decompose
Con **tutta questa pioggia** i fiori sono marciti.	With all this rain, the flowers have rotted.
marcio, a	rotten, decomposed

l'**albero**	tree
l'**abete** *m*	fir
l'abete rosso	spruce
il **cipresso**	cypress
Il cipresso è un albero caratteristico del paesaggio toscano.	The cypress is a characteristic tree of the Tuscan landscape.
il **pino**	pine
il **tiglio**	lime-tree, linden
la **betulla**	birch
l'**acero**	maple
il **faggio**	beech
il **platano**	plane tree
la **quercia**	oak
il **sughero**	cork oak; cork
Il sughero si ricava dalla corteccia di un certo tipo di quercia.	Cork is obtained from the bark of a certain type of oak.

biologico, a	organic
Sono molto di moda **le colture chiamate biologiche.**	So-called organic farming is very fashionable.
la **vegetazione**	vegetation
In questa zona la vegetazione è molto ricca.	The vegetation in this area is very luxuriant.
vegetale	vegetable; plant
Noi mangiamo molti **cibi vegetali.**	We eat many vegetable dishes.
seminare	sow
Ormai è ora di seminare.	Now it's time to sow.
fiorire ‹fiorisco›	bloom, flower
la **specie**	species
selezionare	select
Uso solo semi **che vengono selezionati da** esperti.	I used only seeds selected by experts.
la **selezione**	selection
la **serra**	hothouse, greenhouse
In inverno **bisogna servirsi delle serre** anche in Italia.	In Italy too, hothouses are used in winter.
la **pineta**	pine wood, pine forest
Vicino al mare ci sono molte pinete.	Near the ocean there are many pine woods.
la **macchia**	thicket
La macchia è una **vegetazione tipica delle regioni mediterranee.**	The thicket is a typical form of vegetation in the Mediterranean countries.
la **spina**	thorn, spine, prickle

18.6 Animals, Animal Husbandry

l'**animale** *m*	animal
la **bestia**	animal; beast
Alcune bestie feroci vivono nelle foreste.	Some wild beasts live in forests.
il **bestiame**	cattle, herd of cattle
I ragazzi **hanno portato il bestiame a pascolare.**	The boys have taken the cattle to the pasture.
la **razza**	breed
Di che razza è il tuo cane?	What breed is your dog?
la **femmina**	female

il **maschio**
La femmina non ha le piume così belle come il maschio.

domęstico, a
Gli **animali domestici** sono molto utili e spesso amici dell'uomo.

la **stalla**
La stalla si trova **dietro la casa**.

male
The female's plumage is not as beautiful as the male's.

domestic
Domestic animals are very useful and often are man's friends.

stall, stable; cowshed; pigsty
The stable is behind the house.

---

le **penne** *pl*
Guarda che bel colore hanno quelle penne!

l'**ala**
Il condor ha **le ali molto grandi**.

volare
la **coda**
il **muso**
Il topo **ha il muso piccolo e la coda lunga**.

l'**artiglio**
Attento agli artigli di **quella** bestia!

la **zampa**

feathers
Just see what a beautiful color those feathers are!

wing
The condor has very large wings.

fly
tail
muzzle, snout
The mouse has a small muzzle and a long tail.

claw
Watch out for the claws of that beast!

paw; foot, leg

---

il **nido**
C'è una coppia di gazze che **sta facendo** il nido nell'albero **dietro** casa.

la **tana**

(bird) nest
A pair of magpies is building a nest in the tree behind the house.

cave; den, hole, lair

---

mọrdere
il **morso**
velenoso, a
Il morso del cobra è velenoso.

bite, to
bite
poisonous
The cobra's bite is poisonous.

---

allevare
il **toro**
la **mucca**
la (malattia della) mucca pazza
l'**encefalopatia spongiforme bovina (ESB)**
il **test rạpido**
il **vitello**
il **bụe**

raise
bull; steer
cow
   mad cow disease
bovine spongiform encephalopathy (BSE)
quick test
calf
ox

I buoi servivano **una volta** per i **lavori nei campi**.	Once oxen were used to work in the fields.
la **capra**	goat
Tu vuoi sempre salvare capra e cavoli! *loc*	You always want to have it both ways!
il **maiale**	pig
la **pęcora**	sheep

---

i **Porco, maiale**

Porco usually is used in Italian as a curse word and as a part of curses:

Che porco che sei!	*What a swine you are!*
Porca miseria!	*It's an awful mess/crying shame!*

In all other contexts, **il maiale** is used:

la **cotoletta di maiale**	*pork chop*
l'**allevamento di maiali**	*raising pigs*

---

il **gallo**	rooster
la **gallina**	hen; chicken
Quante uova hanno fatto le galline?	How many eggs did the hens lay?
l'**oca**	goose
l'**anatra**	duck
il **piccione**	pigeon
Piazza San Marco è sempre **piena di** piccioni.	The Piazza San Marco is always full of pigeons.

il **cavallo**	horse
l'**asino**	ass, donkey
il **somaro**	donkey, ass; baggage animal
il **mulo**	mule
Il mulo è **capace di** portare **molto peso**.	The mule is able to carry heavy loads.

il **cane**, la **cagna**	dog, bitch
il **cane da combattimento**	dog bred and trained for fighting
la **museruola**	muzzle
il **gatto**, la **gatta**	cat
Guarda com'è grazioso quel gattino!	Just look, what a precious kitten!

l'**insetto**	insect
Da queste parti non ci sono più molti insetti.	There are no longer many insects in this area.
la **farfalla**	butterfly

Il mio giardino è **pieno di** farfalle.	My garden is full of butterflies.
la **mosca**	fly
cacciare via	chase away
Caccia via quelle mosche dal pesce!	Chase the flies away from the fish!
il **moscerino**	(small) fly
la **zanzara**	mosquito
la **puntura**	bite, sting
l'**ape** f	bee
la **vespa**	wasp
Le punture delle zanzare **danno un prurito molto fastidioso.** – Sì, ma quelle delle vespe sono peggio!	Mosquito bites cause a very unpleasant itch. – That's true, but wasp stings are worse!
pungere	sting
Mi ha punto una vespa!	A wasp stung me.
la **formica**	ant
il **grillo**	cricket
la **cicala**	cicada
la **cavalletta**	grasshopper
il **ragno**	spider
I ragni mangiano **gli** insetti e quindi sono utili.	Spiders eat insects and therefore are useful.

l'**uccello**	bird
il **cigno**	swan
la **cincia(llegra)**	tit(mouse)
il **fringuello**	finch
il **passero**	sparrow
il **merlo**	blackbird
lo **storno**	starling
l'**aquila**	eagle
L'aquila è il simbolo della potenza.	The eagle is a symbol of power.
solitario, a	solitary
L'aquila **viene considerata** anche un animale molto solitario.	The eagle is considered a loner in the animal world.
il **condor**	condor
la **rondine**	swallow
Una rondine non fa primavera. *loc*	One swallow doesn't make a summer.
la **gazza**	magpie
il **pappagallo**	parrot
imitare	imitate
Alcuni pappagalli **sono in grado di** imitare la voce umana.	Some parrots can imitate the human voice.

il **lupo**	wolf
la **volpe**	fox
il **leone**, la **leonessa**	lion, lioness
la **tigre**	tiger
il **coccodrillo**	crocodile
la **scimmia**	ape, monkey
il **coniglio**	rabbit
la **lepre**	hare
il **criceto**	hamster
il **riccio**	hedgehog
il **ratto**	rat
la **cavia**	guinea pig
il **topo**	mouse
la **rana**	frog
il **rospo**	toad
sputare	spit

Conosci la locuzione italiana *sputare il rospo*? – Sì, significa parlare di qualcosa che crea problemi.

Do you know the Italian expression "to spit a toad"? – Yes, it means to talk about something that creates problems, that is, "to spit it out."

il **creatore**	creator
il **creato**	creation
la **creatura**	creature

Dobbiamo rispettare tutte le creature della terra.

We must respect all earthly creatures.

la **fauna**	fauna, animal kingdom

La fauna dell'Amazzonia è **molto varia**.

The fauna of Amazonia is full of variety.

selvatico, a — wild, untamed

Per molti **animali selvatici** è diventato difficile sopravvivere.

Survival has become difficult for many wild animals.

selvaggio, a	wild, untamed; savage
l'**istinto**	instinct
l'**olfatto**	sense of smell
feroce	wild, ferocious, fierce
la **rabbia**	rabies

La rabbia è una malattia molto pericolosa.

Rabies is an extremely dangerous disease.

l'**afta epizootica**	hoof-and-mouth disease
l'**urlo**	howl

Nella notte si sentivano **gli urli** dei lupi.	In the night, the howls of wolves were heard.

il **mammifero**
Ci sono alcuni mammiferi che vivono nell'acqua.

mammal
There are some mammals that live in water.

il **gregge**

herd

lo **scheletro**
In quella grotta **hanno trovato degli** scheletri **antichissimi**.

skeleton
Ancient skeletons were found in that cave.

il **becco**

beak

il **pelo**
La volpe perde il pelo, ma non il vizio. *loc*

hair; coat
The fox changes its coat, but not its character.

leccare
Il gatto si lava leccandosi.

lick
The cat licks itself clean.

masticare

chew, masticate

la **piuma**
Le piume dell'oca **vengono usate per fare** coperte e giacche.

feather
Goose feathers are used for bed-covers and jackets.

il **piumaggio**

feathers, plumage

la **pinna**

fin

la **trappola**
Ho dovuto **mettere alcune trappole per topi** in cantina.

trap
I have to put out a few mouse-traps in the cellar.

addomesticato, a
Il mio topolino addomesticato **viene** sempre **a mangiarmi in mano**.

tame
My tame mouse always comes and eats out of my hand.

docile

tame; docile

il **rifugio**

hiding place; refuge

restare
Molti animali non possono restare più nel loro ambiente naturale e non sanno **dove trovare rifugio**.

stay, remain
Many animals can no longer stay in their natural surroundings and do not know where to find refuge.

sopravvivere

survive

sopravvissuto, a

surviving

lo **zoo**

zoo

allo scoperto
Questi animali dormono allo scoperto anche nello zoo.

outdoors
These animals sleep outdoors in the zoo as well.

il **recinto**

enclosure, pen

la **gabbia**

cage

Non tutti gli animali sono in gabbia, alcuni **hanno dei recinti** piuttosto ampi.	Not all animals are kept in a cage; some have fairly large pens.
la **caccia a**	hunt for
cacciare	hunt

l'**elefante** m	elephant
l'**orso**	bear
In italiano **si paragona all'orso** non **chi è forte**, ma **chi è di carattere chiuso** e non vuole contatti.	In Italy the bear is not a symbol of strength, but of taciturnity.
il **cammello**	camel
il **rettile**	reptile
I rettili mi hanno sempre fatto paura.	Reptiles have always scared me.
il **serpente**	snake
la **vipera**	viper
Negli Appennini **ci sono le vipere.**	Vipers live in the Apennines.
il **cobra**	cobra
il **verme**	worm

la **conchiglia**	shell
Su questa spiaggia si trovano conchiglie molto rare.	On this beach very rare shells are found.
la **cozza**	mussel
la **vongola**	clam

il **cetaceo**	cetacean
la **balena**	whale
La caccia alle balene deve essere proibita.	Catching whales should be forbidden.
il **delfino**	dolphin
la **foca**	seal

18.7 Ecology, Environmental Protection, and Catastrophes

la **natura**	nature
salvare	save
conservare	conserve, protect
La natura è in pericolo e **dobbiamo fare di tutto per salvarla.** – È vero, non siamo stati **capaci di conservarla.**	Nature is endangered, and we must do everything possible to save it. – That's true, we weren't able to protect it.
rovinare	ruin

l'**ambiente** m
  i reati contro l'ambiente
ambientale m, f
  la **tutela ambientale**
l'**ambientalista**
  Gli ambientalisti della zona avevano
  già previsto **quel disastro ecolo-
  gico,** ma **non sono stati ascoltati.**

environment
  crimes against the environment
environmental
  environmental protection
environmentalist
  The environmentalists in the
  area had seen the ecological disaster approaching, but nobody
  listened to them.

l'**esperienza**
  Speriamo che l'esperienza **ci abbia
  insegnato quale pericolo corre il
  nostro ambiente naturale.**
il **rapporto**
  Hai letto l'ultimo rapporto sui danni
  ecologici?

experience
  Let's hope that experience has
  taught us what danger our environment is in.
report
  Have you read the latest report
  on ecological damage?

---

l'**inquinamento**
contaminare
  Il terreno è contaminato, **non puoi
  coltivarci niente.**
la **contaminazione**
la **radiazione**
  Queste radiazioni rappresentano un
  grande **pericolo per la salute.**
nocivo, a
consistere in
  Il lavoro più grande consiste ora
  nell'eliminare tutte le sostanze
  nocive.
l'**ozono**
  lo **strato di ozono**
  Lo strato di ozono **diventa sempre
  più sottile.**
  il **buco nell'ozono**

environmental pollution
contaminate
  The soil is contaminated;
  nothing can be grown here.
contamination
radiation
  This radiation is a serious health
  risk.
harmful
consist of
  The main task now is to elimi-
  nate all the harmful substances.

ozone
  ozone layer
  The ozone layer continues to
  decrease.
  hole in the ozone

---

serio, a
rischiare
pericoloso, a
il **pericolo**
la **conseguenza**
  **La sfida dell'uomo alla natura
  ha portato** conseguenze molto
  serie.
l'**effetto**

serious
risk
dangerous
danger
consequence
  Man's challenge to nature has
  had serious consequences.

effect

L'effetto di quelle schiume è terribile per le acque.	These foams have a terrible effect on the water.

l'impianto d'incenerimento dei rifiuti	incinerator, incinerating plant
la **discarica**	garbage dump
bruciare	burn
puzzare	stink
Questa sostanza puzza, ma non è pericolosa.	This stuff stinks, but it's not dangerous.
intenso, a	intense, intensive

la **centrale elettrica**	power station, power plant
la **centrale nucleare**	nuclear power plant
l'**energia**	energy
l'**energia solare**	solar energy
l'**impianto a energia solare**	solar power plant
l'**energia eolica**	wind energy
il **biogas**	biogas

l'**ecologia**	ecology
L'ecologia è la scienza che ci può aiutare a salvare l'ambiente.	Ecology is the science that can help us save the environment.
ecologico, a	ecological, environmental
il **disastro ecologico**	ecological disaster, environmental catastrophe
l'**atmosfera**	atmosphere
l'**inquinamento atmosferico**	air pollution
prezioso, a	precious, valuable
La nostra atmosfera è troppo preziosa, non possiamo **rischiare di distruggerla.**	Our atmosphere is too precious; we can't risk destroying it.
inquinare	pollute
Sono in atto intense ricerche per lo sfruttamento di materie che non inquinano.	Intensive research is under way on the use of substances that don't pollute the environment.
avvelenare	poison
Tutti **quei** gas avvelenano l'aria.	All those gases contaminate the air.

disturbare	disturb
l'**equilibrio**	equilibrium
l'**equilibrio ecologico**	environmental equilibrium, ecological balance

Non dobbiamo disturbare l'equilibrio ecologico, se non vogliamo **causare la rovina del nostro mondo.**	We can't disturb the environmental equilibrium unless we want to ruin our world.
causare	cause
la **pioggia acida**	acid rain
L'**effetto** della pioggia acida è **stato molto rapido.**	The effects of acid rain became apparent very quickly.
l'**effetto serra**	greenhouse effect
L'effetto serra avrà conseguenze gravissime.	The greenhouse effect will have very serious consequences.
l'**incubo**	nightmare
la **rovina**	ruin
lo **strato**	layer
Lo strato d'aria **vicino alla terra** è già stato troppo inquinato.	The layer of air surrounding the earth is already too polluted.

i **rifiuti** *pl*	refuse, waste
Bisogna assolutamente ridurre la quantità di rifiuti che produciamo.	It's absolutely necessary to reduce the quantity of waste we produce.
ridurre in compost	compost
il **compostaggio dei rifiuti**	composting
buttar via	throw away
il **cassonetto**	
il **container**	trash container
le **immondizie** *pl*	trash, refuse, garbage
biodegradabile	biodegradable
lo **smaltimento**	garbage collection and disposal
Purtroppo ci sono persone che **portano** ancora le immondizie nei boschi.	Unfortunately there are still people who throw away their garbage in the woods.
il **riciclaggio**	recycling
la **raccolta differenziata dei rifiuti**	separation of garbage
la **scoria**	industrial waste
le **scorie industriali**	
eliminare	eliminate
È importante eliminare bene le scorie industriali.	It is important to dispose of industrial waste properly.
la **canalizzazione**	sewer system

la **calotta polare**	polar cap
fondere	melt
sciogliersi	melt; dissolve
sfruttare	exploit; abuse, misuse

Dobbiamo **smettere di** sfruttare la natura in questo modo.	We have to stop abusing nature in this way.
la **foresta pluviale**	rain forest
il **disboscamento**	deforestation
il **rimboschimento**	reforestation

l'**avvertimento**	warning
Non abbiamo capito **in tempo** molti avvertimenti.	We didn't understand many warnings in time.
lo **sfruttamento**	exploitation; abuse, misuse
l'**esperimento**	experiment

18.8 Town, Country, Buildings, and Infrastructure

la **città**	city, town
fondare	found
La mia città è stata fondata dagli antichi romani.	My hometown was founded by the ancient Romans.
la **capitale**	capital
il **quartiere**	part of town
centrale	central
Questo è uno dei quartieri centrali.	This is one of the central parts of town.
il **centro**	center
Senta, scusi, mi sa dire che strada devo prendere per andare in centro?	Hi, excuse me, can you tell me which street will take me into the center of town?
la **periferia**	edge of town
Noi **preferiamo abitare** in periferia.	We prefer to live on the edge of town.

il **paese**	country; small town
Gli Appennini sono **pieni di** piccoli paesi medioevali.	The Apennines are full of very small medieval towns.
il **villaggio**	village
Fino a qualche anno fa Alba era un **villaggio di pescatori** ed ora è un centro turistico.	Until a few years ago Alba was a fishing village, and now it's a tourist center.
il **castello**	castle
Questo castello è **di epoca medioevale**.	This castle dates from the Middle Ages.
il **cortile**	courtyard
Questa casa ha un'**uscita sulla strada** ed **una sul** cortile.	This house has an exit to the street and one to the courtyard.

il **ponte**	bridge
interno, a	inner; internal
il **cortile interno**	inner courtyard
esterno, a	outer; external
la **scala esterna**	external staircase

la **villa**	villa, country house
l'**uscita**	exit
uscire	go out, leave
Quando esci ricordati di chiudere bene tutto.	When you leave the house, make sure to lock up.

intorno a	around, surrounding
Intorno alla mia città **c'è molto verde.**	My hometown is surrounded by green.
accanto a	next to
l'**angolo**	corner
dappertutto	everywhere
Quest'angolo della città ha perso **il carattere che aveva una volta.** – **È vero**, purtroppo **hanno costruito** palazzoni dappertutto.	This part of town has lost the character it had at one time. – That's true, tall buildings have been built everywhere.

la **via**	street
Via Condotti è una delle strade più eleganti di Roma.	The Via Condotti is one of Rome's most elegant streets.
il **viale**	avenue
Caratteristici di Torino sono i lunghissimi viali.	The long avenues are characteristic of Turin.
la **strada**	road
Tutte le strade portano a Roma. *loc*	All roads lead to Rome.

---

i | **La strada**

Distinguish between:

sulla strada	*on the way; on the road*
Sulla strada per l'aeroporto c'è sempre molto traffico.	*On the way to the airport there's always a lot of traffic.*
nella strada	*on the street (in town)*
Abita nella strada lì di fronte.	*He lives on the street over there.*
in via Dante Alighieri	*on/in Danti Alighieri Street*

---

stradale	street
il **posto di blocco**	blockade; road block

La polizia ha organizzato posti di blocco **su tutte le strade di uscita dalla città.**	The police have set up road blocks on all the streets leading out of town.
bloccare	blockade; block
il **marciapiede**	sidewalk
Cammina sul marciapiede, per favore!	Please walk on the sidewalk!
il **passaggio pedonale**	crosswalk
il, la **passante**	passerby
la **piazza**	plaza square, piazza
La famosa arena di Verona **si trova in** Piazza Bra.	The famous arena in Verona is in Piazza Bra.

la **zona**	zone, area
la **struttura**	structure
lo **spazio**	space; place, area
il **bisogno**	need
aumentare	increase, to
È ora di aumentare **gli spazi verdi** nelle grandi città.	It's time to create more green areas in the big cities.
l'**aumento**	increase
la **riduzione**	decrease
ridurre	reduce, to
diminuire ‹diminuisco›	decrease, to; lower, to
il **parcheggio**	parking place
L'offerta di **parcheggi** è insufficiente.	The supply of parking places is inadequate.
parcheggiare	park
In centro è praticamente impossibile parcheggiare.	It's almost impossible to park in the center of town.
il **magazzino**	store(house), warehouse

il **parco**	park
la **panchina**	bench
opportuno, a	convenient; suitable; helpful
Sarebbe opportuno **che mettessero più panchine** in questo parco.	It would be helpful to put up more benches in this park.
il **campo da gioco**	playground

il **settore**	sector
L'intero settore nord è occupato dall'industria.	The entire northern sector is occupied by industrial facilities.
avvicinarsi a	approach
la **vicinanza**	vicinity
Abito qui nelle vicinanze.	I live in this vicinity.
lontano, a da	far from

Quanto è lontana la tua casa **dal centro?**	How far is your house from the center of town?
il **domicilio**	residence
Non abbiamo domicilio in questo paese.	We don't have a residence in this country.

il **posto**	place
Questo posto mi piace molto.	I like this place very much.
l'**accesso**	access
Non c'è **nessuna strada d'accesso** qui.	There's no access road here.
l'**ingresso**	entry, entrance
l'**apertura**	opening
Vorrei sapere l'**orario di apertura e di chiusura** dei musei.	I'd like to know the opening times of the museums.
la **chiusura**	closing
il **cancello**	gate
Il cancello **della** Villa Aldobrandini è sempre chiuso.	The gate to Villa Aldobrandini is always closed.

l'**edificio**	building
il **portico**	hall of columns; arcade
Dato che piove **andremo a fare** le spese sotto i portici.	Since it's raining, we'll do our shopping under the arcades.
la **torre**	tower
vantare	boast, vaunt
Come centro commerciale questa città **vanta tradizioni antichissime.**	This town has traditionally been a center of commerce for a very long time.
la **fiera**	trade fair

il **piazzale**	large square, large plaza
il **corso**	main street
Per arrivare a Piazzale Matteotti **devi passare per il corso.**	To get to Piazzale Matteoti, you drive down the main street.
l'**incrocio**	crossing, intersection
il **tratto**	part, portion
In quel tratto di strada ci sono spesso **lavori in corso.**	In this part of town, work is often under way.
polveroso, a	dusty
il **vicolo**	alley, passage, narrow street
Nella zona vecchia ci sono vicoli strettissimi.	In the old town there are many very narrow streets.
allargare	widen

Per fortuna **hanno allargato** l'incrocio, era troppo pericoloso.	Luckily the intersection was widened; it was too dangerous.
il **sottopassaggio pedonale**	pedestrian tunnel
Non puoi attraversare la strada, devi usare il sottopassaggio pedonale.	You can't cross the street; you have to use the pedestrian tunnel.

il **porto**	port, harbor
il **cantiere navale**	shipyard, dockyard
il **molo**	pier, quay
la **calata**	wharf, quay
il **faro**	lighthouse
Sul molo **hanno costruito** un grande faro.	A large lighthouse has been built on the quay.

False Friends

Italian Word	Thematic Meaning(s)	False Friend	Italian Equivalent(s)
l'ape	bee	ape	la scimmia
l'avvertimento	warning	advertisement	l'annuncio
il caldo	heat	cold	il freddo
il lampo	lightning	lamp	la lampada
la roba	things; stuff	robe	l'abito da sera
il topo	mouse	top	la cima, la vetta
il tuono	thunder	tone	il tono

19.1 Days of the Week and Dates

(il) **lunedì**	Monday
Il lunedì mattina molti negozi sono chiusi in Italia.	On Monday morning many shops in Italy are closed.
(il) **martedì**	Tuesday
(il) **mercoledì**	Wednesday
(il) **giovedì**	Thursday
(il) **venerdì**	Friday
(il) **sabato**	Saturday
La spesa la faccio sempre **il sabato.**	On Saturday I always go shopping.
(la) **domenica**	Sunday
Abbiamo pensato di partire venerdì pomeriggio e di tornare domenica sera.	We thought we could leave Friday afternoon and come back Sunday evening.
il **fine settimana**	weekend
Cosa fai il fine settimana?	What are you doing on the weekend?

la **data**	date
È già stata fissata la data dell'incontro? – Sì, è il 9 di agosto.	Has the date for the meeting been set yet? – Yes, it's the 9th of August.

---

i **The Date**

Quanti ne abbiamo oggi?	*What is today's date?*
Oggi è il 10.	*Today is the 10th.*
Il 1° maggio.	*May 1st.*
Il 2 maggio.	*May 2nd.*
Il 31 maggio.	*May 31st.*
Che giorno è oggi?	*What day of the week is it?*
Oggi è sabato.	*Today is Saturday.*

Note:
The ordinal number is used only for the first day of the month (usually written as **1°**); for all other days the cardinal number is used.

---

il **giorno**	day
In che giorno della settimana c'è il mercato qui? – **Tutti i martedì.**	On what day of the week is the market held here? – Every Tuesday.
feriale	ordinary; business, working
Il 15 agosto è un giorno festivo anche in gli Stati Unitri? – No, è un giorno feriale, perché? – Perché da noi in Italia è Ferragosto.	Is August 15th a holiday in the United States too? – No, it's a working day, why? – Because in Italy we celebrate *Ferragosto* (Assumption Day).

la **giornata**	day (in its entirety)
Ieri è stata una giornata favolosa.	Yesterday was a fabulous day.
la **settimana**	week

oggi	today
Quanti ne abbiamo oggi?	What is today's date?
– Oggi è il 23 agosto, il compleanno di Nadine.	– Today is August 23rd, Nadine's birthday.
ieri	yesterday
domani	tomorrow
Ieri il tempo era **brutto** e pare che pioverà anche domani.	Yesterday the weather was bad, and it seems that it will rain tomorrow, too.

seguire	follow
Il periodo che segue le vacanze è sempre molto duro.	The time following vacation is always very hard.
il **seguito**	sequence
seguente	following
Nei giorni seguenti avete dovuto lavorare molto?	Did you have to work much the following days?

ieri l'altro, l'altro ieri	day before yesterday
l'altro giorno	recently, the other day
dopodomani	day after tomorrow
Dopodomani andiamo a Bologna.	The day after tomorrow we're going to Bologna.
scorso, a	last, past
odierno, a	of today
Prima dobbiamo risolvere i problemi odierni, **degli altri parleremo in seguito.**	First we have to solve the problems of today; we'll talk about the others later.
prossimo, a	next, coming
Abbiamo deciso di **fare la festa** domenica prossima.	We've decided to have the party next Sunday.

19.2 Time and Time of Day

la **mattina**	morning
stamattina	this morning
la **sera**	evening
Preferisco lavorare di sera che di mattina.	I'd rather work in the evening than in the morning.

stasera	this evening
la **notte**	night
Stasera non esci? – No, sono stanco, **la notte scorsa** ho dormito poco.	Aren't you going out this evening? – No, I'm tired; I didn't sleep much last night.
stanotte	tonight

l'**ora**	hour; time
Che ora è? / Che ore sono?	What time is it? Is it one, or is it
– È l'**una** o sono già le 2?	already two?

The Time

Che ora è?/Che ore sono?	*What time is it?*
official statement of time	*colloquial statement of time*
È l'una e 15 minuti.	È l'una e un quarto.
Sono le 2 e 45 minuti.	Sono le 3 meno un quarto.
Sono le 3 e 55 minuti.	Sono le 4 meno cinque (minuti). / Cinque minuti alle 4.
Sono le 3 e 30 minuti.	Sono le 3 e mezzo/mezza.
Sono le ore 12.	È mezzogiorno.
Sono le ore 24.	È mezzanotte.

---

il **minuto**	minute
Allora aspettiamo **altri cinque minuti**.	Then let's wait five minutes more.
ogni	every, each
Ogni minuto che passa **mi sembra** un'ora.	Every minute that passes seems to me like an hour.
il **secondo**	second
e	after
Sono già le tre e dieci.	It's already ten after three.
meno	minus
fra	in (with periods of time)
fa	before (with periods of time)
Avevano detto **che sarebbero stati qui alle nove meno un quarto.**	They said they'd be here at a quarter to nine.
– Sì, ma hanno telefonato **qualche minuto fa** e hanno detto **che arriveranno fra tre quarti d'ora** circa.	– Yes, but they phoned a few minutes ago and said they'd come in about three-quarters of an hour.
(e/meno) un quarto	a quarter (plus/minus)
(e) mezzo, a	half
Sono le 6 e mezzo.	It's six thirty.

l'**alba**	dawn

Gastone si alza sempre **all'alba**.	Gastone always rises at dawn.
il **sorgere del sole**	sunrise
il **mattino**	morning
Il buon giorno si vede dal mattino. *prov*	A good beginning makes for a good end.
la **mattinata**	morning

diurno	daily, by day, during daytime, diurnal
notturno, a	nightly, by night, at nighttime, nocturnal
Quale farmacia **ha il servizio notturno?**	Which pharmacy is open at night?
la **mezzanotte**	midnight
Restiamo **al massimo** fino a mezzanotte, **va bene?**	We'll stay at most until midnight, all right?
il **mezzogiorno**	midday, noon
È già mezzogiorno? **Allora il mio orologio va indietro.**	Noon already? Then my watch is slow.
il **pomeriggio**	afternoon
il **crepuscolo**	dusk, twilight
il **tramonto**	sunset

scorrere	elapse
trascorrere	spend
trattenersi	stay
Possiamo **trattenerci solo** mezz'ora, **non di più.**	We can stay only half an hour, no more.
il **quarto (d'ora)**	quarter (hour)

l'**ora solare**	standard time
l'**ora legale**	summer time
l'**orologio**	clock, watch
regolare l'orologio	set the clock/watch
Quando comincia l'ora legale **bisogna mettere avanti l'orologio di un'ora.**	When summertime begins, you have to set the clock/watch ahead one hour.
andare avanti	be fast
andare indietro	be slow

19.3 Months and Seasons

il **mese**	month
mensile	monthly

Questa rivista è **settimanale** o **mensile?**	Does the magazine appear weekly or monthly?
l'**anno**	year
annuale	annually, yearly

gennaio	January
febbraio	February
Noi andiamo a sciare sempre **in gennaio o febbraio** perché in genere **c'è** più neve.	We always go skiing in January or February, because there's generally more snow.
marzo	March
In Italia **marzo è chiamato** pazzo perché il tempo cambia spesso.	In Italy March is called "crazy" because the weather is very changeable.
aprile	April
maggio	May
giugno	June
Le scuole in Italia **cominciano** in settembre e **finiscono** in giugno.	In Italy the school year begins in September and ends in June.
luglio	July
agosto	August
Quasi **tutti gli italiani vanno in ferie** in agosto.	Almost all Italians go on vacation in August.
settembre	September
Il mio mese preferito è settembre.	September is my favorite month.
ottobre	October
le **ottobrate romane**	late summer days in Rome
novembre	November
Novembre **viene considerato** il mese più triste dell'anno.	November is considered the gloomiest month of the year.
dicembre	December
A fine dicembre partiremo per le vacanze invernali.	At the end of December we leave for winter vacation.

la **stagione**	season, time of year
In questa stagione non è possibile **fare il bagno in mare, fa troppo freddo.**	This time of year you can't swim in the ocean; it's too cold.
la **primavera**	spring
primaverile	spring, of spring, vernal
L'aria primaverile è **piena di** profumi.	The spring air is full of fragrance.
l'**estate** f	summer
In estate si passa molto tempo **all'aperto.**	In summer a lot of time is spent outdoors.

estivo, a — summery, summer
l'**autunno** — autumn, fall
Le foglie hanno colori stupendi in autunno. — In autumn the leaves turn marvelous colors.
autunnale — autumnal, fall
l'**inverno** — winter
Quest'anno abbiamo avuto un inverno molto mite. — This year we had a very mild winter.
invernale — wintry, winter
È ora di mettere gli abiti invernali. — It's time to wear winter clothes.

19.4 Other Time Concepts

impiegare — need
Quanto tempo impiegate per fare quel lavoro? — How long do you need for that work?
il **tempo** — time
Dobbiamo fare in fretta perché ho poco tempo. — We have to hurry, because I have little time.
il **momento** — moment
Non so dov'è andato Giancarlo, era qui un momento fa. — I don't know where Giancarlo has gone; he was here a moment ago.
l'**attimo** — instant, moment
breve — brief, short
la **fretta** — hurry

aspettare — wait for, to
Ora dobbiamo andare, ci aspettano già. — We must go now; someone is waiting for us.
cominciare — start, to; begin, to
l'**inizio** — beginning
A che ora comincia lo spettacolo? – L'inizio dovrebbe essere alle ventuno, ma spesso ritardano. — When does the show begin? – It should begin at nine, but often it's later.
subito — immediately, at once
presto — quickly; soon
tardi — late
Si tratta di una cosa breve, non faremo tardi. — It's a quick job; we don't need long.
finire ‹finisco› — finish
Finisco presto il lavoro e sono subito pronta. — I'll finish the work quickly and be ready right away.
finalmente — finally
Finalmente ce l'hai fatta! — You finally did it!

Beginning and End

Differentiate between the *nuances of meaning* expressed by **cominciare** and **finire**:

cominciare a	*start, begin to*
Ho **cominciato a** lavorare mezz'ora fa.	*I started to work half an hour ago.*
cominciare con	*start, begin with, do something first*
Ho **cominciato coll**'apparecchiare la tavola.	*I began with setting the table.*
finire di	*finish, end, conclude*
Il signor Rossi **ha finito di** lavorare.	*Mr. Rossi has finished working.*
finire con	*finish with/by, do something last*
Finirai col farti male!	*You'll end up hurting yourself!*

sempre	always
spesso	often
qualche volta	sometimes
ogni tanto	now and then
Non ci vediamo spesso, solo ogni tanto.	We don't see each other often, only now and then.
ancora	still; again
già	already, yet

il **passato**	past
In passato ci vedevamo più spesso.	In the past we met more often.
il **presente**	present
il **futuro**	future
In futuro non faremo più così.	In the future we'll behave differently.
prima di	before (with times)
prima	before, formerly; first
ora	now
dopo	after, afterwards; then
poi	then
Aspetta, puoi **farlo** dopo.	Wait, you can do that later.
– No, perché **dopo cena** vogliamo uscire, **poi si fa tardi**.	– No, because after dinner we want to go out; otherwise it'll be too late.

il **decennio**	decade
Nell'ultimo decennio la tecnica ha fatto grandi progressi.	Technology has made great progress in the past decade.
il **secolo**	century
il **millennio**	millennium
Siamo agli inizi di un nuovo millennio.	We're at the beginning of a new millennium.

l'**avvenire** *m*
Si fanno tanti programmi per l'avvenire!

future
Many plans for the future are being made.

eterno, a
Ci sono delle giornate che sembrano eterne.

eternal
Some days seem never to end.

ultimo, a
penultimo, a
la **penultima puntata**
terzultimo, a

last
next-to-last, penultimate
The next-to-last issue
antepenultimate

ultimamente
allora
il **frattempo**
Allora era molto bella, **com'è adesso?** – **Nel frattempo è** invecchiata anche lei, ma è sempre affascinante.

recently
then; in that case
meantime
She was a beauty then, and how does she look today? – In the meantime she, too, has aged, but she is still fascinating.

ormai
finora
intanto
Intanto tu vai pure, noi ti raggiungiamo dopo, **tanto siamo in anticipo.**

by now; henceforth
till now, as yet
meanwhile; while
You go ahead in the meantime, and we'll follow later; we're too early anyway.

infine
provvisorio, a
temporaneo, a
adesso
Adesso telefono e chiedo quando vengono.

finally
temporary, provisional
temporary
now
I'll phone now and ask when they're coming.

ritardare

delay, postpone; be late, be slow

attendere
l'**istante** *m*
Attendiamo ancora **qualche istante**, forse hanno dovuto **ritardare la partenza.**

wait
instant, moment
Let's wait a minute more; maybe they had to delay their departure.

iniziare
Se iniziamo subito, **avremo terminato** tutto **per le cinque.**

begin
If we begin right away, we'll finish everything by five.

terminare
la **pausa**

finish
intermission; (rest) break

Attendiamo la prossima pausa **per fare una telefonata** a casa.

We'll wait until the next break and then phone home.

19.5 Spatial Relationships

trovarsi
Il quartiere in cui abito si trova **nella parte nord della città**.
Ci troviamo tutti a casa mia verso le nove, **va bene?**

be situated; find oneself; meet
The neighborhood where I live is located in the north of town.
We'll all meet at my house around nine, all right?

assegnare

assign

il **posto**

place

la **località**
Il terreno è piccolo, ma la località è molto bella.

locality, position, place
The lot is small, but the location is beautiful.

dove
Dove hai messo l'aspirapolvere?
– **Dove sta sempre!**

where
Where did you put the vacuum cleaner? – Where it always is.

ecco
Ecco la foto che **cercavi**.

here is, here are; look!
Here's the photo you were looking for.

qua

here

qui
Vieni qua anche tu!
– No, preferisco **restare qui**.

here
You come over here too!
– No, I prefer to stay here.

là

there

lì
Vedi quella casa rossa là a destra?
Marco e Raffaella abitano lì.

there
Do you see the house there on the right? Marco and Raffaella live there.

giù

down, below; downwards, downstairs

laggiù

down there, down below

su
Salgo su io o venite **giù voi**?

on, upon, up, over, above; out
Shall I come up or will you come down?

lassù
Ti va bene se ti assegnano quel posto lassù?

up there, up above
Is it all right with you if you're assigned the seat up there?

sopra

on, upon, above, over

sotto

under

dentro

within, inside, in

Ho messo il pacco sopra l'armadio perché **dentro non c'era posto.**	I put the package on the armoire because there wasn't room inside it.
fuori	out, outside; without
Marcello **lo ha buttato fuori di casa con poche parole.**	Marcello put him out of the house with few words.
(al di) fuori di	outside
(Al di) fuori del centro città non si trovano molti negozi.	Outside the center of town there are few shops.
in mezzo a	in the midst
in fondo a	at the back; at the bottom

destro, a	right
sinistro, a	left
accanto a	next to, beside
Ho messo alcuni vasi di fiori fuori, accanto alla porta di casa.	I put a few flowerpots outside, next to the house door.
il **lato**	side
Quanto è lungo questo lato?	How long is this side?

davanti a	in front of, before
Allora ci incontriamo davanti al teatro, **d'accordo?**	Then we'll meet in front of the theater, all right?
avanti	forward, ahead
Torniamo indietro, è troppo **tardi per continuare ad andare avanti.**	Let's turn back; it's too late to go on.
dietro	behind
indietro	backwards, back
tornare	go back, return
di fronte a	in front of, facing
dirimpetto a	opposite, facing
il **fondo**	background; bottom
Il pozzo è vuoto, **si vede il fondo.**	The well is empty; you can see the bottom.

l'**origine** f	origin
originario, a	original
I suoi parenti sono **originari dell'Umbria.**	His relatives were originally from Umbria.
il **luogo**	place
Si prega di conservare in luogo asciutto.	Please store in a dry place.
Questi luoghi hanno conservato il loro aspetto originario.	These places have retained their original appearance.
la **parte**	direction; side

da qualche parte	somewhere
Dov'è il giornale?	Where is the newspaper?
– Da qualche parte deve essere!	– It must be somewhere.
Ancora non so dove, ma **da qualche parte andremo.**	We'll go somewhere, but just where I don't know yet.
da nessuna parte	nowhere, not anywhere
Non ho voglia di andare **da nessuna parte.**	I don't want to go anywhere.

indicare qu/qc	indicate
l'**indicazione** f	sign, indication
Per arrivare all'aeroporto **basta che tu segua le indicazioni.**	To get to the airport, you just have to follow the signs.
la **freccia**	arrow
la **direzione**	direction
la **destra**	right; right side
la **sinistra**	left; left side
la **meta**	goal
Stiamo andando nella stessa direzione, pare che abbiamo la stessa meta.	We're going in the same direction; it looks like we have the same goal.
allontanarsi da	go away, go far away
Mi sono allontanata molto dai miei luoghi d'origine.	I've come a long way from my origins.
spostarsi	make way; travel; move

orizzontale	horizontal
verticale	vertical
il **retro**	reverse
il **davanti**	front
opposto, a	opposite
Secondo la freccia bisogna girare a sinistra, io invece pensavo che si dovesse andare **dalla parte opposta.**	According to the arrow you have to turn left, but I thought you should go in the opposite direction.

False Friends			
Italian Word	Thematic Meaning(s)	False Friend	Italian Equivalent(s)
tornare	return	turn	girare

20.1 Colors

il **colore**	color
Ammira la bellezza di questi colori!	You must admire the beauty of these colors!
chiaro, a	light; clear
scuro, a	dark

bianco, a	white
nero, a	black
grigio, a	gray
blu *inv*	blue
azzurro, a	azure, (sky) blue
Rossella ha gli occhi azzurri come il mare.	Rosella has eyes as blue as the ocean.
giallo, a	yellow
Il mio colore preferito è il giallo chiaro.	Bright yellow is my favorite color.
rosa fucsia *inv*	pink, fuchsia
rosa *inv*	rose, rose-pink
Ti piacciono questi pantaloni rosa?	Do you like these pink pants?
rosso, a	red
verde	green
La bandiera italiana è rossa, bianca e verde.	The Italian flag is red, white, and green.
Veronica indossa una gonna verde scuro.	Veronica is wearing a dark-green skirt.
marrone *inv*	chestnut (color)

colorato, a	colored
la **tinta unita**	solid color
Secondo me, le creazioni più belle di Moschino sono **quelle in tinta unita.**	In my opinion, Moschino's most beautiful creations are the solid-colored ones.
arancione *inv*	orange
Questa **sfumatura arancione** è molto bella.	This orange shade is very pretty.
bruno, a	brown
lilla *inv*	lilac
viola *inv*	violet
beige *inv*	beige
Trovo che quel vestito lilla ti stia molto bene. – Forse hai ragione, ma **quello beige** è più elegante.	I think that lilac dress looks very good on you. – You may be right, but the beige is more elegant.

lucido, a	glossy; brilliant, bright

opaco, a	opaque, dull, matte
Preferisci i colori opachi o **quelli lucidi?**	Do you prefer matte colors or glossy ones?
la **sfumatura**	shade, shading; nuance
la **variazione**	variation
la **differenza**	difference
diverso, a	different
Preferiresti un colore diverso?	Would you prefer a different color?

20.2 Shapes

la **figura**	shape, form, figure
la **forma**	form
formare	form, to
piegare	fold
il **modo**	way, manner
la **maniera**	manner, way
In che modo devo piegare questo foglio di carta? – Come vuoi, ma **in maniera che entri** nella busta.	How should I fold this piece of paper? – However you want, but in such a way that it fits into the envelope.

rotondo, a	round
Pensa un po', Giovanna vuole **comprarsi** un letto rotondo!	Imagine, Giovanna wants to buy herself a round bed!
ovale	oval
Il ladro aveva un viso ovale, i baffi e la barba castani.	The thief had an oval face and a brown beard.
il **cerchio**	circle
il **diametro**	diameter
Questo cerchio ha un diametro di 40 cm.	This circle has a diameter of 40 cm.
il **raggio**	radius
la **circonferenza**	circumference

il **cubo**	cube
il **quadrato**	square (n.)
quadrato, a	square (adj.)
l'**angolo**	angle
angolare	angular
il **triangolo**	triangle
triangolare	triangular
il **rettangolo**	rectangle

| I ragazzini giocano **nel rettangolo** che hanno disegnato sulla strada. **rettangolare** | The boys are playing in a rectangle that they drew on the street. rectangular |

la **punta**
Non premere troppo quando disegni, altrimenti rompi la punta della matita.
la **striscia**
Ho bisogno di una **striscia di carta** colorata.

tip, point
Don't press so hard when you draw, or you'll break the tip of the pencil.
streak, stripe, strip
I need a strip of colored paper.

storcere
storto, a
Questo chiodo è storto, **non** puoi **usarlo più.**
la **sfera**
tondo, a
Non abbiamo ancora deciso se prendere un tavolo tondo a quadrato.
il **cilindro**

twist; distort; alter
twisted; crooked
The nail is bent; it can't be used anymore.
sphere; ball
round
We haven't decided yet whether to take a round table or a square one.
cylinder

uniforme
simile
variare
Dovremmo variare un po' **sia** le forme **che** i colori.
distinguere
lo **stampo**
Con questo stampo si ottengono forme bellissime.

uniform
similar
vary
We should vary both the shapes and the colors a bit.
distinguish, differentiate
mold; shape, form
With this mold very pretty shapes are obtained.

False Friends 👍 👎

Italian Word	Thematic Meaning(s)	False Friend	Italian Equivalent(s)
il raggio	radius	rag	il cencio

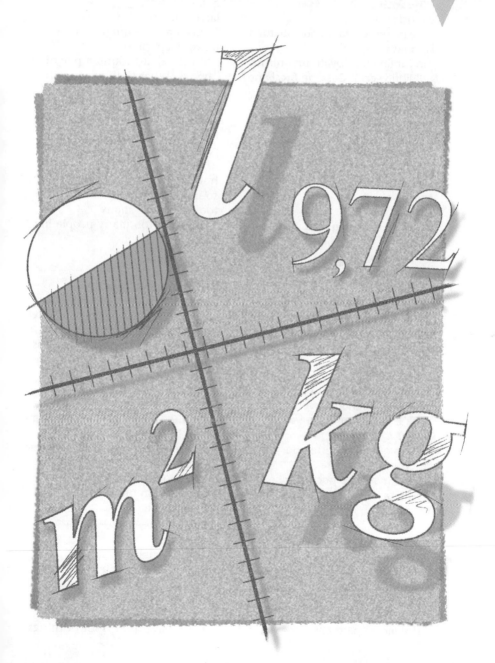

21.1 Designations of Quantity

la **quantità**
quantity

grande
large, big

Me ne serve una grande quantità.
I need a large quantity of it.

la **massa**
mass; heap, pile

In cantina ho trovato **una massa** di libri vecchi. **Cosa ne facciamo?**
In the cellar I found a pile of old books. What shall we do with them?

il **pezzo**
piece

grosso, a
big, large; fat, wide; heavy

molto, a
much, many

Hai molti amici in questa città?
Do you have many friends in this town?

quanto, a
how much, how many

tanto, a
so much, so many

troppo, a
too much, too many

Qui c'è **troppa gente**, andiamo via!
There are too many people here; let's go.

troppo *avv*
too

tutto, a
all; whole; every; entire

Quanto costa questa tovaglia? – Non è cara. **Ne abbiamo vendute tante**, anzi **le abbiamo vendute quasi tutte.** Questa è una delle ultime.
How much does this tablecloth cost? – It's not expensive. We've sold many of them; rather, we've sold almost all of them. This is the last one.

intero, a
entire; all; complete

molto *avv*
very; much; a lot

In questo periodo lavoro molto. Ma è un lavoro che mi soddisfa.
At the moment I'm working a lot. But it's work that satisfies me.

poco, a
little; few; short

Abito qui da poco tempo.
I've lived here only a short time.

poco *avv*
little

Devo mangiare poco perché **sono a dieta.**
I'm allowed to eat only a little because I'm on a diet.

un po'
some, a little

numeroso, a
numerous

elevato, a
elevated; high

Ancora non conosco la quota esatta, ma è comunque molto elevata.
I don't know the exact quota yet; it's quite high, however.

notevole
notable, considerable

parecchio, a
a good many, quite a lot

Ho ancora parecchie cose **da fare.**
I still have quite a lot of things to do.

parecchio *avv*
Anche oggi abbiamo lavorato parecchio.

a good deal, rather a lot
Even today we worked quite a lot.

limitato, a
limited

differente
different

vario, a
various; diverse
Ci siamo incontrati **varie volte** ma **non** abbiamo **mai** parlato **a lungo**.
We've met various times, but we've never talked for long.

alcuno, a
any; some; no; none

alcuni, e
several, some; no; none
Vado a trovare alcuni parenti a Genova.
I'm going to visit some relatives in Genoa.
Non vedo alcuno scopo in **quello che fai**.
I see no sense in what you're doing.

---

contenere
contain, hold

pieno, a
full
Quanta farina contiene questo sacco? – Se è pieno, **mezzo quintale**.
How much flour does this sack contain? – When it's full, 50 kg.

la **botte**
cask, barrel

vuoto, a
empty
Ieri la botte era ancora piena ed oggi è già quasi vuota!
Yesterday the barrel was still full, and today it's almost empty.

il **resto**
rest, remainder; change
Quanto vi hanno dato di resto?
How much change did they give you?

la **goccia**
drop
La goccia scava la pietra. *prov*
The drop hollows out the stone.
Vuoi una **goccia di vino** anche tu?
Would you like a drop of wine too?

il **goccio d'acqua**
drink of water

---

il **mucchio**
heap, pile, mass
Sulla mia scrivania c'è sempre un **gran mucchio di carte**.
On my writing desk there's always a big heap of paper.

il **sacco**
sack

bastare
be enough, suffice
Non mi basta la carta, **dammene ancora**.
I don't have enough paper; give me some more!

abbondante
abundant
Il raccolto **non è stato certo scarso, anzi è stato addirittura abbondante**.
The harvest was certainly not poor; on the contrary, it was quite abundant.

la **quota**	quota, share, proportion
totale	total
parziale	partial

unico, a	only, sole, unique
Gli **unici** modelli che sono rimasti sono **quelli** molto semplici.	The only models remaining are the very simple ones.
entrambi, e	both
Entrambi i libri sono belli, prendili tutti e due!	Both books are nice; take them both!
la **volta**	time
Ci sono stato **due volte**.	I was there two times.
singolo, a	single, individual
In **singoli casi** è possibile.	In individual cases it is possible.
semplice	simply
eccetera (ecc., etc.)	et cetera, etc.

circa	around, approximately, circa
la **dozzina**	dozen
Mi dia **una dozzina di uova** molto fresche.	Give me a dozen very fresh eggs.
una **decina**	about ten
Eravamo **una decina di persone** circa.	There were about ten of us.
(le) **decine** *pl*	dozens, scores
una **quindicina**	about fifteen
una **ventina**	about twenty
un **centinaio**	about one hundred
(le) **centinaia** *pl*	hundreds
Centinaia di studenti hanno dimostrato per le vie della città.	Hundreds of students demonstrated in the city's streets.
un **migliaio**	about one thousand
Era presente **un migliaio di persone**.	About a thousand people were present.
(le) **migliaia** *pl*	thousands

la **serie**	series; succession; set
Ho tutta una serie di **faccende da sbrigare e non so da dove cominciare**.	I have to do a whole series of things and don't know where to start.
la **frequenza**	frequency
limitare	limit
A quanti pezzi limitiamo la serie?	To how many pieces shall we limit the series?

assąi	enough; much, very much
Hai bevuto assai, vogliamo andare?	You've had enough to drink; shall we go?
M'importa assai di lui!	He's the one I value so much! (ironic)
l'eccesso	excess

21.2 Numbers and Numerals

il **nųmero**	number
pari	even
dįspari	uneven
la **cifra**	number; figure, digit
Mi dice la cifra totale, per piacere?	Will you tell me the total figure, please?

zero	zero
Ma **quanti zeri** scrivi? **Ce ne sono due di troppo!**	But how many zeros are you writing? That's two too many!
uno, a	one
due	two
Dico solo **due parole** a Lucia, poi vengo.	I'll just say two words to Lucia, and then I'll come.
tre	three
Non c'è **due senza tre.** *loc*	All good things come in three.
quattro	four
Andiamo a **fare quattro passi?**	Shall we stretch our legs a bit?
cinque	five
sei	six
Non so se comprare un servizio da **sei** o da docici.	I don't know whether to buy a service for six or for twelve.
sette	seven
otto	eight
Abbiamo finito tutto **in quattro e quattr'otto.**	We finished everything right away.
nove	nine
dieci	ten
Stasera **saremo in dieci** a tavola.	There'll be ten of us at dinner.

ųndici	eleven
dọdici	twelve
trẹdici	thirteen

Per alcuni il tredici è il numero che porta fortuna, **per altri** il contrario.
For some thirteen is a lucky number, for others, just the opposite.

quattordici
fourteen

quindici
fifteen

Il cinque nel quindici ci sta tre volte.
Five goes into 15 three times.

sedici
sixteen

---

diciassette
seventeen

diciotto
eighteen

Anche in Italia si può **prendere la patente di guida a diciott'anni**.
In Italy, too, you can get a driver's license at 18.

diciannove
nineteen

---

venti
twenty

ventuno
twenty-one

ventidue
twenty-two

ventitré
twenty-three

ventiquattro
twenty-four

Ventiquattro **diviso tre fa** otto.
Twenty-four divided by three is eight.

venticinque
twenty-five

ventisei
twenty-six

ventisette
twenty-seven

Prendiamo l'appuntamento per il 27 o per il 28?
Shall we make the appointment for the 27th or the 28th?

ventotto
twenty-eight

ventinove
twenty-nine

Oggi è il 29 maggio.
Today is May 29th.

---

trenta
thirty

Io ho tempo solo il 30.
I have time only on the 30th.

trentuno
thirty-one

quaranta
forty

cinquanta
fifty

sessanta
sixty

Clara ha invitato **più di** sessanta persone.
Clara has invited more than 60 persons.

settanta
seventy

ottanta
eighty

novanta
ninety

Mio nonno **è morto a novantatré anni**.
My grandfather died at the age of 93.

cento	one hundred
duecento	two hundred
trecento	three hundred
ottocento	eight hundred

mille	one thousand
millecento	one thousand one hundred; eleven hundred
millenovecentosettanta	one thousand nine hundred seventy; nineteen hundred seventy
Siamo stati a Firenze la prima volta nel 1970.	In 1970 we were in Florence for the first time.
duemila	two thousand
diecimila	ten thousand
il **milione**	million
il **miliardo**	billion

primo, a	first
È la prima volta che sento questa storia.	It's the first time I've heard this story.
Mi danno lo stipendio sempre **al 1° del mese.**	I always get paid on the first of the month.
secondo, a	second
Quest'albergo **è di seconda categoria.**	This is a second-class hotel.
terzo, a	third
Sono **arrivato terzo** nella gara di sci.	I was third in the ski race.
quarto, a	fourth
Se continui così, **dovrai andare a Canossa** come Enrico IV.	If you keep on like that, you'll have to go to Canossa like Henry IV.
quinto, a	fifth
sesto, a	sixth
settimo, a	seventh
E il settimo giorno Dio si riposò.	And on the seventh day God rested.
ottavo, a	eighth
nono, a	ninth
decimo, a	tenth

undicesimo, a	eleventh
Abbiamo preso un appartamento all'undicesimo piano.	We moved into an apartment on the eleventh floor.
dodicesimo, a	twelfth
tredicesimo, a	thirteenth
Tutti evitano di avere a tavola il tredicesimo invitato.	Everyone avoids having a thirteenth guest at the table.

quattordicęsimo, a
Luigi XIV di Francia era chiamato
Re Sole.

fourteenth
Louis the Fourteenth of France
was called the "Sun King."

quindicęsimo, a
fifteenth

sedicęsimo, a
sixteenth

diciassettęsimo, a
seventeenth

diciottęsimo, a
Per il tuo diciottesimo compleanno
faremo una grande festa.

eighteenth
We'll have a big party for your
eighteenth birthday.

diciannovęsimo, a
nineteenth

----

ventęsimo, a
Qual è stato l'ultimo anno del
ventesimo secolo, **il 1999 o il
2000?**

twentieth
Which was the last year of the
twentieth century, 1999 or
2000?

ventunęsimo, a
twenty-first

ventiduęsimo, a
Elio **ha perso** solo **per un venti-
duesimo di secondo.**

twenty-second
Elio lost by only one twenty-
second of a second.

trentęsimo, a
thirtieth

centęsimo, a
hundredth

millęsimo, a
È la **millesima volta che lo
ripeto!**

thousandth
It's the thousandth time I've
repeated it!

21.3 Measures and Weights

pįccolo, a
small, little

spesso, a
Il campo era coperto da uno
spesso strato di neve.

thick
The field was covered with a
thick layer of snow.

scarso, a
scarce, sparse; poor

sottile
thin

----

misurare
measure

la **misura**
Sei sicuro che le misure **siano
giuste?**

measurement, measure
Are you sure the measurements
are correct?

il **metro**
meter

il **millįmetro**
millimeter

il **centįmetro**
sei centimetri e quattro millimetri

centimeter
6.4 centimeters

il **chilǫmetro**
kilometer

----

l'**altezza**
height, altitude

la **lunghezza**	length
la **larghezza**	width, breadth
Hai misurato la stanza?	Have you measured the room?
– **Sì, la larghezza è tre metri,** la lunghezza quattro e l'altezza **due metri e sessanta centimetri.**	– Yes, the width is 3 meters, the length, 4 meters, and the height, 2.6 meters.
la **profondità**	depth
a . . . metri di profondità	at a depth of . . . meters

la **metà**	half
Questa stoffa è troppa, ne basta la metà.	That's too much fabric; half of it is enough.
mezzo, a	half
mezzo litro	a half-liter
il **quarto**	quarter
un **quarto di litro**	a quarter-liter
il **litro**	liter
Quanti litri di vino ci sono ancora?	How many liters of wine are left?

il **grammo**	gram
l'**etto**	100 grams
Vorrei due etti di prosciutto tagliato molto sottile.	I'd like 200 grams of ham, sliced very thin.
il **chilo**	kilo(gram)
Quanti **chili di frutta** dobbiamo comprare?	How many kilos of fruit should we buy?
il **quintale**	100 kilograms
Abbiamo comprato **un quintale e mezzo** di olive per fare l'olio.	We bought 150 kilos of olives to make olive oil.
la **tonnellata**	ton

il **massimo**	maximum, most
il **minimo**	minimum, least
Il minimo che poteva fare era di accompagnarti a casa.	The least he could have done was bring you home.
la **media**	average
Anche quest'anno Roberto ha avuto **un'ottima media a scuola.**	This year too, Roberto had a very good grade-point average.
il **confronto**	comparison
Facendo il confronto dei costi abbiamo scoperto che abbiamo pagato troppo.	By making a cost comparison, we found that we paid too much.
confrontare	compare; confront
corrispondere	correspond; agree

I tuoi calcoli **non corrispondono ai miei.**	Your calculations don't agree with mine.
la **dose**	dose
Hai fatto il calcolo della dose giusta?	Did you calculate the dose correctly?

il **peso**	weight
Questi oggetti **vengono venduti a peso.**	These items are sold by weight.
netto	net
lordo	gross
Il peso lordo **supera il mezzo chilo, quello netto è di poco inferiore.**	The gross weight exceeds 1 pound; the net weight is a bit less.
il **mezzo chilo**	half a kilo

il **contenuto**	contents
l'**ettaro**	hectare
Quanti ettari è grande questo terreno?	How many hectares does this plot of land include?
uguale	equal
il **doppio**	double, twice as much
Ma io ho già lavorato il doppio di te.	But I've already done twice as much work as you.
doppio, a	double

False Friends

Italian Word	Thematic Meaning(s)	False Friend	Italian Equivalent(s)
assai	enough; much	essay	il saggio

22.1 Speaking, Informing, Asking, and Answering

la **domanda**	question; request; demand
Mi scusi, ma non ho capito la sua domanda.	Excuse me, but I didn't understand your question.
domandare	ask; request; demand

Note the different prepositions used with the verb:

domandare a qu	*ask s.o.*
Domanda a tuo padre!	*Ask your father.*
domandare qc a qu	*ask s.o. s.th., ask s.o. for s.th.*
Domandalo a tuo padre!	*Ask your father for it.*
domandare di qu/qc	*ask about s.o./s.th.*
Qualcuno ha domandato di te.	*Someone asked about you.*

---

chiedere qc a qu	ask; request; demand
Chiedi la strada a quel signore!	Ask that man the way!
Ti chiedo solo **di ascoltarmi.**	I'm only asking you to listen to me.
Marco chiede troppo!	Marco asks too much.
potere	be able, can, may, could, might
Si possono mangiare queste pere?	Can these pears be eaten?

For the distinction between **potere** and **sapere**, see page 128.

---

rispondere a	answer; respond to
Rispondimi subito, ti prego!	Answer me at once, please!

Note the usage of **rispondere**:

rispondere a qu	*answer s.o.*
Gli ho risposto.	*I answered him.*
rispondere a qc	*answer s.th.*
Perché non hai risposto alla lettera?	*Why didn't you answer the letter?*
rispondere a	*(give an) answer (to)*
Ha risposto a tutte le domande.	*He/She answered all the questions.*

---

la **risposta**	answer, response
interrompere	interrupt
Non interrompermi quando parlo!	Don't interrupt me when I'm talking!

Note:
Attached, or conjunctive, pronoun forms do not alter the stress of the original word:

prendere	prenderlo
domanda	domandaglielo
insegnando	insegnandoglielo
ecco	eccotelo
rivolto	le critiche rivoltegli

parlare
Con chi desidera parlare?

speak, talk
With whom would you like to
speak?

chiacchierare
Mi dispiace, ma **per i miei gusti**
chiacchieri troppo.

chatter
I'm sorry, but you chatter too
much for my taste.

le **chiacchiere** *pl*
Perché non vieni da me **a fare**
quattro chiacchiere?

chat, talk
Why don't you come to my
place for a chat?

la **conversazione**
Abbiamo avuto una conversazione
molto piacevole con i tuoi amici.

conversation
We had a very pleasant conversation with your friends.

informare
Bisogna informare subito **tuo**
fratello.

inform
Your brother must be informed
at once.

l'**informazione** *f*
Scusi, vorrei un'informazione.

information
Excuse me, I'd like some
information.

comunicare
Mi hanno comunicato proprio
ora questa bella notizia!

communicate, inform
I've just been informed of the
good news!

annunciare
Ora annunciano l'arrivo del volo
da Los Angeles.

announce
The arrival of the flight from Los
Angeles is now being
announced.

il **messaggio**
Possiamo **lasciare un messaggio**
per Alberto **in portineria.**

message
We can leave a message for
Alberto with the doorkeeper.

affermare
continuare
L'imputato **continua ad affer-**
mare di essere innocente.

claim, assert, affirm
continue
The accused continues to assert
his innocence.

discutere
Se non sei d'accordo possiamo
discuterne!

discuss
If you're not in agreement, we
can discuss it!

moderato, a
trattarsi di
Di che cosa si tratta?

moderate
be a question (matter) of
What is it about?

raccontare
Per favore, mi racconti **tutto con**
ordine.

tell
Please tell me everything in
order.

il **racconto**

tale, story

gridare	shout, to
Tutti gridavano come pazzi.	They all shouted like madmen.
il **grido**	shout

il **consiglio**	advice, counsel
Che consiglio mi dà, **dottore?**	What is your advice, Doctor?
convinto, a	convinced
Sei proprio convinto **di quello**	Are you really convinced of
che dici?	what you're saying?
l'**opinione** f	opinion
secondo la mia opinione	in my opinion

argomentare	argue, prove
l'**argomento**	argument; subject
Ci sono argomenti **pro e contro**	There are arguments for and
questa teoria.	against this theory.
ridicolo, a	ridiculous, laughable
il **discorso**	talk, speech
riferire ‹riferisco›	report
Scusa, ma che discorsi stai	Excuse me, but what are you
facendo? – Io ti riferisco solo	talking about? – I'm only
quello che mi è stato detto.	reporting what was said to me.
riferirsi a ‹riferisco›	refer to
il **riferimento**	reference
il **commento**	comment, remark

proporre	suggest, propose
Alfredo ha proposto di aspettare	Alfredo suggested waiting some
ancora, io invece propongo di	more, but I suggest leaving at
partire subito.	once.
la **proposta**	suggestion, proposal
sostenere	insist; uphold; sustain
sottoporre a	submit to, subject to
Bernardo sostiene che la sua	Bernardo insists that his sugges-
proposta è buona. – Bene, **ora la**	tion is good. – Fine, then we'll
sottopongo al vostro giudizio.	submit it to your judgment.

avvertire	inform; warn, caution
Avvertiamo Carlo che deve	We'll inform Carlo that he
venire un'ora prima.	should come an hour earlier.
indicare qc	indicate, point out
avvisare qu	inform; warn; notify

Hai avvisato **tutti i parenti?**	Have you notified all the relatives?
consigliarsi	consult, take counsel
Prima di decidere, vorrei consigliarmi con l'avvocato.	Before deciding, I'd like to consult my lawyer.
convincere	convince
Cerchiamo di **convincere** i ragazzi **a** venire con noi.	We're trying to convince the boys to come with us.
la **convinzione**	conviction
convincente	convincing
esprimere	express
Tutti possiamo esprimere **la nostra** opinione.	We all can express our opinion.
esprimersi	express oneself
Se ti esprimi così male non **riesco a capirti.**	If you express yourself so poorly, I can't understand you.

interrogare	interrogate, question, examine
Il professore di storia mi ha interrogato oggi.	The history teacher asked me questions today.
l'**interrogatorio**	interrogation, examination, cross-examination
Andiamo a sentire l'interrogatorio in tribunale.	Let's go to court and hear the cross-examination.
tacere ‹taccio›	be silent; keep silent about
Io taccio, ma non so se taceranno anche gli altri.	I'll be silent, but I don't know whether the others will do so.
tacitamente	silently; tacitly

intervistare	interview, to
l'**intervista**	interview
Quell'intervista non mi è piaciuta affatto.	I didn't like that interview at all.
la **questione**	question; matter; controversy
È una questione molto complicata.	It's a very complicated matter.
la **vertenza**	dispute, controversy, question
dichiarare	state, declare, explain
Cosa avete **dichiarato alla polizia?**	What statement did you make to the police?

strillare	scream, squall, shriek
Quel bambino strilla dalla mattina alla sera.	That baby screams from morning to night.

urlare	shout, yell
Perché **urlate** tanto?	Why do you shout so much?

22.2 Wishing and Consoling

augurare	wish
Vi **auguro di cuore** che **siate** felici.	I sincerely hope you'll be happy.
gli **auguri** *pl*	best wishes
Tanti auguri per il tuo compleanno!	Happy Birthday!
fare gli auguri	congratulate; wish good luck
l'**augurio**	wish
Il mio augurio è che tu possa realizzare i tuoi sogni.	My wish is that you will be able to fulfill your dreams.

congratularsi con	congratulate
Ci congratuliamo **con te per** l'ottimo risultato.	We congratulate you on the splendid result.
le **congratulazioni** *pl*	congratulations
Ha ricevuto le congratulazioni di tutti i colleghi per il suo lavoro.	For his work he received the congratulations of all his colleagues.
il **complimento**	compliment
Non **lo** dico **per farti** un complimento, **lo penso davvero!**	I'm not saying it to pay you a compliment. I really mean it!
fare complimenti	stand on ceremony
La prego, non faccia complimenti!	Please, don't stand on ceremony!

Che peccato!	What a pity!
poveretto, a!	poor thing!
disperato, a	desperate
Siamo disperati perché non troviamo casa.	We're desperate because we can't find a place to live.
disperare	despair
Non disperare, ti aiuteremo noi.	Don't despair, we'll help you.
il **dispiacere**	regret; trouble; grief
Con mio grande dispiacere non ti posso aiutare.	To my great regret, I can't help you.
consolare	console
Mi ha consolato con parole **piene di** speranza.	He consoled me with words full of hope.

la **consolazione**	consolation
le **condoglianze** *pl*	condolence
Bisogna scrivere subito **una lettera di condoglianze** a Luca.	We have to send Luca a letter of condolence at once.
Sentite condoglianze.	mourning
il **lutto**	

22.3 Requesting, Ordering, Forbidding, and Allowing

desiderare	wish, want, desire
Desidero che tu vada subito a casa!	I want you to go home immediately!

Stress in the Third Person Plural

Since the majority of Italian words are stressed on the next-to-last syllable, the third person plural of most three- or four-syllable verbs causes the greatest difficulties, because the stress there usually falls on the fourth-to-last syllable. Examples:

abita̟re	a̟bitano
deside̟rare	desi̟derano
moltiplica̟re	molti̟plicano

---

il **desiderio**	wish, desire
Non è molto facile **soddisfare i vostri desideri**.	It's not very easy to satisfy your wishes.
volere	want, wish; will
voluto, a	intentional
assolutamente	absolutely
Non voglio assolutamente **che tu faccia** questo.	I absolutely don't want you to do it.
pretҽndere	claim; demand, ask for
Ma cosa pretendete ancora da lui?	But what more do you ask of him?

Compound Tenses with Modal Verbs

The decision whether to conjugate modal verbs with **avere** or **essere** depends on the accompanying infinitive.

Elena non **ha voluto** mangiare.	*Elena didn't want to eat.*
Non **siamo voluti** partire.	*We didn't want to leave.*
Non **abbiamo potuto** aiutarlo.	*We couldn't help him.*
Elena non **è potuta** venire.	*Elena couldn't come.*
Ha dovuto lavorare.	*He/She had to work.*
È dovuta scappare.	*He/She had to leave in haste.*

dovere	shall, should, must, ought
dovuto, a	due, rightful; owed
in modo dovuto	in due order, duly
l'**ordine** *m*	order, command
Abbiamo ricevuto l'ordine di presentarci subito.	We received an order to appear at once.
garantire ‹garantisco›	guarantee, to
Chi mi garantisce che **eseguirete i miei ordini?**	Who guarantees that you'll carry out my orders?
la **garanzia**	guarantee
Ti do io la garanzia che **faremo** tutto come vuoi tu.	I give you a guarantee that we'll do everything the way you want.
eseguire	carry out, execute
l'**esecuzione** *f*	carrying out, execution
obbedire ‹obbedisco›	obey
Fa il bravo e obbedisci alla mamma!	Be good and mind your mama!
obbediente	obedient
l'**obbedienza**	obedience

pregare	request
raccomandare qc a qu	recommend, urge
Ci hanno raccomandato di **arrivare puntuali.**	We were urged to arrive on time.
Lo ha raccomandato un amico per fargli avere quel posto.	A friend recommended that he be given that job.
la **raccomandazione**	recommendation
la **lettera di raccomandazione**	letter of recommendation
per favore	please
spiegarsi	explain oneself, make oneself clear
Vorresti spiegarti meglio per favore?	Would you please express yourself more clearly?

guardarsi da	beware, take care, guard against
mantenere	maintain; keep
Guardati bene dal fare promesse che poi non mantieni.	Beware of making promises that you can't keep.

proibire ‹proibisco›	forbid, prohibit
Perché gli proibisci di giocare con gli altri bambini?	Why do you forbid him to play with the other children?
proibito, a	forbidden, prohibited
Il frutto proibito è sempre il più desiderato.	Forbidden fruit is always the most coveted.

il **divieto**	prohibition
In questa strada c'è divieto di sosta.	Stopping on this street is prohibited.

il **permesso**	permission
Avete il permesso di entrare?	Do you have permission to enter?
permettere	permit, allow
Non vi permetto di dire certe cose **davanti a tutti**.	I don't allow you to say certain things in front of everyone.
concedere	concede, grant, allow, permit
Mi hanno concesso **di vederla** solo per un paio di minuti.	I was allowed to see her for only a few minutes.
Concedimi un po' di tempo per favore!	Grant me a little time, please.
approvare	approve (of), consent
ammettere	admit; allow
Devo ammettere che hai ragione tu.	I must admit that you're right.

l'**aiuto**	help
richiamare qc	call back, recall; summon
Vorrei richiamare la vostra attenzione su di un argomento speciale.	I'd like to call your attention to a particular topic.
ricorrere a	resort to, call upon
Non potremmo ricorrere all'aiuto di qualche personalità nota?	Couldn't we call upon the help of some famous personality?
riferirsi a ‹mi riferisco›	refer to, mean
A chi ti riferisci?	Whom do you mean?

il **dovere**	duty
Sarebbe tuo dovere aiutarmi.	It would be your duty to help me.
l'**autorità**	authority
Altrimenti **devo far valere** la mia autorità di padre.	Otherwise I have to fall back on my authority as a father.
autoritario, a	authoritarian
Il padre di Marcello è molto autoritario.	Marco's father is very authoritarian.

vietare	forbid
Il medico mi ha vietato di fumare.	The doctor has forbidden me to smoke.
impedire qc a qu ‹impedisco›	prevent, impede, hinder

Chi ti impedisce di fare **quello che** vuoi?	Who's keeping you from doing what you want?

stabilire ‹stabilisco›
Avete già stabilito il prezzo per la casa?
accordare
autorizzare
consentire qc a qu
Consenti a tua figlia di uscire almeno una volta con **i suoi amici!**

establish, set
Have you set the price for the house yet?
grant, concede, award
authorize, empower
allow, let
Let your daughter go out with her friends at least once!

22.4 Attacking, Apologizing, Thanking

attaccare
Se tu non mi avessi attaccato **in quel modo,** non avrei reagito così **male.**
minacciare qu di qc
Perché hai paura, ti **hanno minacciato** forse **di qualcosa?**

Queste discussioni **stanno minacciando la nostra amicizia.**
offendere
Scusami se ti ho offeso. Non ne avevo intenzione.

attack
If you hadn't attacked me that way, I wouldn't have reacted so badly.
threaten
Why are you afraid? Have you been threatened with something, perhaps?

These discussions are a threat to our friendship.
offend, insult
Excuse me if I've offended you. It wasn't my intention.

perdonare
Potete **perdonarci** ancora una volta?
il **perdono**
Ti chiedo perdono per il mio errore.
scusare
Scusate il ritardo, ma **c'era** molto traffico.
Scusi, che ore sono?

la **scusa**
Mi ha presentato le sue scuse già ieri.

forgive, pardon
Can you forgive us one more time?
forgiveness, pardon
I beg your pardon for my mistake.
excuse
Excuse my lateness, but there was a lot of traffic.
Excuse me, what time is it, please?

excuse, apology
He already offered me his apologies yesterday.

Penso proprio **che tu debba chiedergli scusa.**	I really think you have to apologize to him
purtroppo	unfortunately

il **ringraziamento** — thanks
ringraziare — thank
La ringrazio tanto del bellissimo regalo. **– Non mi ringrazi tanto, mi mette in imbarazzo!** — I thank you very much for the beautiful gift. – Don't thank me too much. You'll embarrass me!
grazie — thanks
Grazie mille! – Non c'è di che! — Thanks a million! – Don't mention it.

prego — please
grato, a — thankful, grateful
Ti sono molto grato. – Non mi ringraziare di niente! — I'm very grateful to you. – There's no need to thank me!

l'aggressività f — aggressiveness
aggressivo, a — aggressive
l'attacco — attack
la **minaccia** — threat
Non devi prendere troppo sul serio la sua minaccia. — You shouldn't take his threat too seriously.
insultare — insult, abuse, revile
Perché lo insulti? **Non** ha fatto **niente di male!** — Why are you insulting him? He's done nothing wrong!
l'offesa — insult
Le tue parole sono state una grande offesa per lui. — Your words were a great insult to him.

il **chiarimento** — explanation
chiarire ‹chiarisco› — explain; make clear
il **rapporto** — connection, relationship
È bene che tu chiarisca il tuo rapporto con lui. — You should clarify your relationship with him.
fraintendere — misunderstand
il **malinteso** — misunderstanding
Sono felice di aver chiarito questo malinteso. — I'm glad to have cleared up this misunderstanding.
la **polemica** — polemics; argument, controversy
polemico, a — polemical; argumentative
Siete troppo polemici per i miei gusti! — You're too argumentative for my taste!
scusarsi — excuse oneself, apologize
Non è necessario che tu **ti scusi.** — You don't need to apologize.

22.5 Confirming, Qualifying, and Refusing

la **conferma**
Vi **darò** la conferma domani.

confirmation
I'll give you the confirmation tomorrow.

confermare
Ci ha confermato che sarebbe venuto anche lui.

confirm
He confirmed that he's coming too.

accettare
Accettiamo il vostro invito con piacere.

accept
We accept your invitation with pleasure.

l'**accettazione** f
acceptance

d'accordo
agreed

sì
Penso di partire alle cinque, d'accordo? – Sì, in ogni caso.

yes; thus, so
I plan to leave at 5 o'clock, agreed? – Yes, by all means.

promettere
Ti prometto **che sarò** molto calmo.

promise
I promise you that I'll be very quiet.

la **ripetizione**
repetition

ripetere
Vuoi ripetermi le sue parole, per favore?

repeat
Would you repeat his words to me, please?

giurare
Giuri di dire la verità, nient'altro che la verità.

swear
Swear to tell the truth and nothing but the truth.

il **giuramento**
oath

infatti
Forse Ugo **non aveva neanche voglia di** venire, **infatti non c'è**.

indeed, in fact
Maybe Ugo didn't want to come at all; in fact, he isn't here.

esatto, a
exact

l'**esattezza**
exactness; accuracy

per l'esattezza
to be exact

dubitare di
Dubito che sia giusto fare così, altrimenti lo avrei già fatto.

doubt
I doubt that it's right to do that; otherwise I would already have done it.

criticare
Tu critichi troppo, sii più tollerante!

criticize
You're too critical; be a little more tolerant!

contraddire qu
contradict

Mi dispiace contraddirti.	I'm sorry to contradict you.
D'altronde le cose non stanno affatto come dici tu.	However, things are not at all as you say.
la **contraddizione**	contradiction
Nei loro argomenti **ci sono** troppe contraddizioni.	There are too many contradictions in your arguments.
contraddittorio, a	contradictory

forse	perhaps
Forse vengo, forse no.	Perhaps I'll come, perhaps not.
no	no
non	not
Andiamo a mangiare qualcosa?	Shall we go eat something?
– No, non ne ho voglia.	– No, I don't want to.
mai	ever
non . . . mai	never
Sei mai stato in quel locale?	Have you ever been in that place?
– No, non ci sono mai stato.	– No, I've never been there.
niente	nothing, not anything
Non ho voglia di far niente.	I don't want to do anything
almeno	at least

assicurare	assure; ensure; insure
l'**impressione** f	impression
Avevo l'impressione che Lei volesse **impormi** le sue condizioni.	I had the impression that you wanted to impose your conditions on me.
imporre	impose
la **condizione**	condition
a condizione che	on the condition that

la **verità**	truth
la **promessa**	promise
Questa è proprio una promessa da marinaio!	This is nothing but an empty promise!

paragonare	compare
Perché lo paragoni sempre a suo padre?	Why are you always comparing him with his father?
il **paragone**	comparison
Questo paragone non può essere accettato.	This comparison is unacceptable.

il **riconoscimento**	recognition, acknowledgment
riconoscere	recognize, acknowledge, admit
Riconosco che avevi ragione tu.	I acknowledge that you were right.

interpretare	interpret
Abbiamo interpretato male le sue parole, **almeno così credo.**	We've interpreted his words incorrectly; at least I think so.
citare	cite, quote
Antonio cita sempre gli autori che ha letto.	Antonio is always quoting the authors he has read.
la **citazione**	quotation

il **dubbio**	doubt
Su questa cosa non ho alcun dubbio.	About this subject I have no doubts.
Viene anche lui? – **Senza dubbio!**	Is he coming too? – Without doubt!
l'**equivoco**	misunderstanding
Ci dispiace molto, ma è stato proprio un equivoco.	We're very sorry, but it was really a misunderstanding.
altrimenti	otherwise
affatto	quite, entirely; (not) at all
Mi dispiace, **ma non ci penso affatto.**	Sorry, but I'm not considering it at all.
d'altronde	on the other hand; however

disdire	decline; cancel; retract
Per oggi abbiamo disdetto tutti gli appuntamenti.	We've canceled all the appointments for today.
respingere	refuse, reject
La sua offerta è stata respinta senza commenti? – **Esatto!**	Your offer was refused without comment? – Exactly!
contestare	contest; oppose
Gli studenti **hanno contestato il programma.**	The students protested against the program.
opporsi a	resist, oppose
Ci siamo opposti con **tutte le nostre forze.**	We resisted with all our might.

l'**eccezione** f	exception
Non esageriamo, è solo un'eccezione ed è ingiusto **opporsi.**	Let's not exaggerate; it's only one exception, and it's not right to oppose it.
esagerare	exaggerate
ingiusto, a	unjust, wrong

22.6 Commenting and Evaluating

accontentarsi di
Se non hai un buon libro, **mi accontento anche di un giornale.**
be contented, be satisfied with
If you don't have a good book, I'll be satisfied with a newspaper too.

contento, a
content, satisfied; happy

scontentare qu
dissatisfy, disappoint, displease

scontento, a
satisfied

basta
enough; that's enough

Grazie, **basta così!**
Thanks, that's enough!

Adesso basta!
Now that's enough!

Basta che voi **telefoniate** a Carlo.
Just phoning Carlo is sufficient.

---

concludere
conclude, finish; decide

Ancora non abbiamo concluso nulla.
We haven't finished anything.

riservarsi qc
reserve (to oneself); claim

il **giudizio**
opinion; judgment, verdict

Il giudizio del pubblico è stato molto favorevole.
Public opinion has been very favorable.

razionale
rational; reasonable

irrazionale
irrational; unreasonable

la **giustificazione**
justification

giustificare
justify

Come giustifichiamo la nostra assenza?
How do we justify our absence?

consentire
consent; agree

---

considerare
consider; esteem

La considero una vera amica.
I consider her a true friend.

Quel professore è poco considerato dai suoi alunni.
That teacher is not greatly esteemed by his students.

ritenere
consider; think, deem

Ritengo giusto dire queste cose, ma mi riservo di decidere quando farle.
I think it's fair to say these things, but I reserve the right to decide when to do them.

constatare
establish; note; verify

Ho constatato che **molte cose sono cambiate.**
I've noted that many things have changed.

la **constatazione**
proof, evidence, authentication

accorgersi di
notice, become aware of

Ce ne siamo accorti pure noi.
We've noticed that too.

l'**accorgimento**
cleverness; stratagem, device

indovinare
guess

Indovina chi viene a cena stasera?
Guess who's coming to dinner this evening?

una **soluzione indovinata**	a successful solution
l'**indovinello**	puzzle, riddle

naturale	natural
la **naturalezza**	naturalness
bene avv	well
buono, a agg	good
meglio avv	better
migliore agg	better
ottimo, a	best; excellent
Hai preparato un'ottima cena.	You've prepared an excellent dinner.
meraviglioso, a	wonderful, marvelous
Abbiamo passato una serata meravigliosa.	We had a wonderful evening.
splendido, a	splendid, gorgeous
magnifico, a	magnificent, splendid
Guarda che magnifici fiori!	Just look, what magnificent flowers!
eccezionale	exceptional
Cristina è una donna eccezionale.	Cristina is an exceptional woman.

abbastanza	enough; fairly
Credo di essere state **abbastanza** corretta.	I believe I was fairly correct.
adattarsi a	adapt oneself, manage
adatto, a	suitable
Sare è proprio la persona adatta per questo lavoro.	Sara is really the right one for this job.
corretto, a	correct, right
la **correttezza**	correctness
positivo, a	positive
Andrea ha dato una risposta positiva.	Andrea gave a positive answer.
preciso, a	precise, exact
giusto, a	right; just
Penso che sia giusto dire queste cose.	I think it's right to say these things.
interessante	interesting
ideale	ideal
Questo vino **è ideale per** il dolce.	This wine is ideal for dessert.
chiaro, a	clear
Giacomo ha fatto un discorso molto chiaro.	Giacomo gave a very clear speech.

bravo, a
  Brava, Maria!
l'entusiasmo
  Erano tutti **pieni di** entusiasmo
  per quel programma.
entusiasmare
entusiasmante
soddisfatto, a
  Siamo molto **soddisfatti del**
  nostro lavoro.
la **soddisfazione**
  Ho avuto la soddisfazione di
  dirgli **quello che** pensavo.

bravo
  Bravo, Maria!
enthusiasm
  Everyone was enthusiastic about
  that program.
arouse enthusiasm
inspiring, rousing
satisfied; content
  We're very satisfied with our
  work.
satisfaction
  I had the satisfaction of telling
  him what I thought.

il **vantaggio**
  Ora Le spiegherò i vantaggi di
  quest'affare.
preferire ‹preferisco›
  Cosa preferisci fare stasera?

la **preferenza**
preferibile
  Credo che sia preferibile partire
  subito.
preferibilmente

advantage
  Now I'll explain to you the
  advantages of this business.
prefer
  What would you prefer to do
  this evening?
preference
preferable; better
  I think it's better to leave at
  once.
preferably

cattivo, a
  A me non sembra una cattiva
  idea.
  Oggi sei stato cattivo con me.
la **cattiveria**
male avv
peggio avv
peggiore agg
pessimo, a
  Il pranzo **era proprio pessimo**.

bad; wicked
  It doesn't seem like a bad idea
  to me.
  Today you were mean to me.
badness, wickedness
badly
worse
worse
worst
  The dinner was really awful.

negativo, a
  La nostra impressione **è stata**
  negativa.
contrario, a
  Perché siete **contrari a** questo
  viaggio?
impossibile

negative
  Our impression was negative.

contrary; against, opposed
  Why are you opposed to this
  trip?
impossible

Ci dispiace, ma per noi è impossibile venire.	I'm sorry, but it's impossible for us to come.
inutile	useless
È **inutile** provare ancora; non c'è nessuno.	It's useless to keep trying; no one is there.
necessario, a	necessary, needed
Per questa stanza è **necessaria** un'illuminazione più forte.	Stronger lighting is needed for this room.
la **necessità**	necessity
Che **necessità** hai di accendere tutte le luci?	Why do you need to turn on all the lights?
strano, a	strange
È **strano che** Umberto **non sia ancora arrivato.**	It's strange that Umberto hasn't arrived yet.
incredibile	incredible, unbelievable
Gabriella ha raccontato una storia incredibile.	Gabriella told an incredible story.
tragico, a	tragic
Non siate così tragici con le vostre previsioni!	Don't make such tragic predictions!
assurdo, a	absurd
Quest'idea è davvero assurda.	This idea is truly absurd.

rinunciare a	give up, renounce, forego
Rinuncio all'incontro per mancanza di tempo.	I'm foregoing the meeting owing to lack of time.
la **rinuncia**	renunciation
lamentarsi di	complain about
Perché ti **lamenti**? **Non** sei **mai** contento!	Why are you complaining? You're never satisfied!
la **protesta**	protest
protestare	protest, to
Se **protestiamo** tutti, ci ascolteranno.	If we all protest, they'll listen to us.
spaventarsi	be frightened, be scared
Mi sono **spaventata vedendo** improvvisamente **quell'uomo.**	I was scared when I suddenly saw that man.
Che schifo!	How disgusting!

il **consenso**	agreement; consensus
Senza il consenso **della mia famiglia** non posso partire.	Without my family's consent I can't leave.
generale	general
acceso, a	inflamed; heated
animato, a	lively

Siamo arrivati ad un consenso generale solo dopo una discussione molto animata ed accesa.	We reached a general consensus only after a lively, heated discussion.
prevalente	prevalent, predominant
prevalere ‹prevalgo›	prevail
Le tue opinioni prevalgono quasi sempre.	Your views almost always prevail.

riassumere	summarize
Riassuma solo i punti più importanti.	Just summarize the most important points.
il **riassunto**	summary
Sono arrivata solo adesso; potrebbe farmi **il riassunto di quanto detto finora?**	I just arrived; could you give me a summary of what's been said so far?
la **conclusione**	conclusion
Non ho capito la conclusione del suo discorso.	I didn't understand the conclusion of his speech.
sembrare	seem
il **parere**	opinion
Vogliamo sentire anche il parere di un esperto?	Shouldn't we also hear the opinion of an expert?
giudicare	consider, deem; judge
Lo giudico una persona molto razionale.	I judge him to be a very rational person.

eventuale	eventual, possible
l'**ipotesi** f	hypothesis
La vostra è un'ipotesi molto interessante.	Your hypothesis is very interesting.
possibile	possible
la **proposta**	suggestion, proposal
gradevole	pleasant, agreeable
Trovo la vostra proposta molto gradevole.	I find your suggestion very agreeable.
piacevole	pleasant, pleasing
utile	useful; helpful
Non credo che queste cose **siano poi** tanto utili.	I don't think these things are so helpful afterwards.
volentieri	gladly
spiacevole	unpleasant
sgradevole	disagreeable
riguardare	concern

Non voglio sentire nessuno, queste cose **riguardano** solo **me.**	I don't want to hear anything from anybody; these things concern me alone.

giustificarsi
Non **hai bisogno di giustificarti,** ti capisco benissimo.
il **punto**
In questo punto Le do ragione.

justify oneself
You don't need to justify yourself. I understand you perfectly.
point
On this point I admit that you're right.

adeguato, a
Non **mi è sembrata** una reazione adeguata.
conveniente
Non **è conveniente** fare acquisti in questo momento.
vantaggioso, a
Questa è una soluzione molto vantaggiosa per tutti.

adequate; suitable
The reaction did not seem suitable to me.
convenient; suitable; advantageous
It's not a good idea to make acquisitions at this time.
advantageous
This is a very advantageous solution for everyone.

affascinante
Riesce ad essere sempre affascinante.
eccellente
È un consiglio eccellente.
impressionante
È **stato** uno spettacolo molto impressionante.
straordinario, a

fascinating
He always succeeds in being fascinating.
excellent
It's excellent advice.
impressive
It was a very impressive play.
extraordinary

l'**ammirazione** f
meritare
Meriti tutta la nostra simpatia.
il **merito**
Il merito di questo successo è tuo.
la **precisione**
Ha lavorato con una precisione straordinaria.
il **pregio**
soddisfare qc/qu
Soddisfo veramente il tuo desidergio?

admiration
deserve, merit
You deserve all our sympathy.
merit, service, worth
This success is your doing.
precision
He worked with extraordinary precision.
worth; reputation
satisfy; fulfill
Are you really satisfied with me?

rimproverare qc a qu | reproach
Io non ti rimprovero nulla. | I'm not reproaching you.
respingere | refuse, reject
Ho respinto la sua offerta perché ormai è superflua. | I rejected their offer because it's superfluous now.
spaventare | frighten, terrify
Lo ha spaventato **con le sue parole.** | She frightened him with her words.
Io **spavento** | fright, terror
Smettila! Non vedi che la bambina **muore dallo spavento?** | Stop it! Don't you see that you're scaring the child to death?
disprezzare | disdain, scorn
Stefano **non disprezza** certo un buon vino. | Stefano certainly doesn't scorn a good wine.
spaventoso, a | dreadful, terrible
In questa casa c'è una confusione spaventosa. | There's a terrible mess in this house.

brontolare | grumble
Daniela brontola dalla mattina alla sera. | Daniela grumbles from morning to night.
il **lamento** | complaint; complaining
Sono stanca dei suoi lamenti continui. | I'm tired of his continuous complaints.
la **pena** | suffering; grief, trouble
Puoi immaginare la pena del padre **nel vedere suo figlio così.** | You can imagine the father's grief when he saw his son like that! – I feel sorry for him too.
– **Fa pena** anche a me. |

la **pietà** | pity, compassion
sfortunato, a | unfortunate, unlucky
Proviamo tutti pietà per lui. È perché si considera molto sfortunato. | We all pity him. It's because he considers himself a very unfortunate person.
la **sfortuna** | bad luck, misfortune
Non credo che **tu abbia avuto** più sfortuna di noi. | I don't think you've had more bad luck than we have.
illudersi | deceive oneself, delude oneself
Secondo me **hai fatto l'errore di** illuderti troppo. | In my opinion you've made the mistake of deluding yourself.
l'**illusione** f | illusion

caotico, a | chaotic

Oggi il traffico è **più caotico che mai.**	Today the traffic is more chaotic than ever.
ordinario, a	ordinary, usual
È roba ordinaria, è meglio che non la compri.	It's ordinary stuff; better not buy it.
super̜fluo, a	superfluous
impaziente	impatient
Non sia così impaziente, non è sempre possibile trovare una soluzione immediata.	Don't be so impatient; it's not always possible to find a solution right away.
insopport̜abile	unbearable, insupportable
Quella persona è insopportabile.	That person is unbearable.

impostare	define; state (a problem)
l'imbecille m, f	imbecile
Dovevi impostare il problema in modo diverso. – È vero, a volte mi comporto come un imbecille!	You should have defined the problem differently. – That's true, sometimes I act like an imbecile.

22.7 Interjections

ah!	ah!
Ah! Come sono felice!	Ah! How happy I am!
certo	certainly, of course
eccome!	and how!
Forse vengo anch'io ad abitare in questa zona, chissà! Saresti contento? – **Eccome!**	Who knows, maybe I'll move to this area to. Would you like that? – And how!
forte! fam	outrageous!, tremendous!
figo! fam	great!, awesome!

ah no!	oh no!
Ah no! Così non va!	Oh no, that won't do!
ahi!	ow!
Ahi! Che male!	Ow, that hurts!
basta!	(that's) enough!, nonsense!
c̜aspita	good gracious!
Caspita che bella casa hai! L'hai comprata adesso? – **Certo!**	Good gracious, what a pretty house you have! Have you just bought it? – Certainly!
guai!	woe!, woe betide!
Se non stai zitto, guai!	Woe unto you if you don't keep quiet!
maledizione!	damn it!, darn it!

| Maledizione! Si è fatto di nuovo tardi! | Damn it! It's gotten late again! |

oh!	oh!
Oh! Insomma! Adesso basta!	Oh! Well! Now that's enough!
ah sì?	oh yes?
Ah sì? Sei sicuro?	Oh yes? Are you sure?
chissà?	who knows?
come no!	of course!
Sei d'accordo? – Come no!	Do you agree? – Of course!
ehi!	hey!
Ehi! Senti un po'!	Hey, just listen!
insomma	after all; in short; well
magari!	I wish (*it were so*)!
Hai vinto al lotto?	Did you win the lottery?
– Magari!	– I wish!
beh?	well?, and?
Beh! Cosa ha detto Mauro?	Well, what did Mauro say?
mah!	well!, hm!
Mah, cosa vuoi che ti dica!	Well, what do you want me to say!

22.8 Idiomatic Expressions

acqua in bocca
Ora ti racconto un segreto, **ma acqua in bocca!**
silence, not a word about it
I'll tell you a secret now, but don't say a word!

alzare il gomito
Non ti pare di aver alzato il gomito un po' troppo?
drink hard
Don't you think you've drunk a bit too much?

ammazzare il tempo
Cosa si potrebbe fare **per ammazzare il tempo?**
kill time
What could we do to kill time?

avere l'acqua alla gola
Credo che **le cose gli vadano male e che abbia l'acqua alla gola.**
be in great difficulties
I think things are going badly for him and he's in great difficulties.

bisogna
Domandiamo se bisogna prenotare i posti?
one must; it is necessary
Let's ask whether it's necessary to reserve seats.

chiaro e tondo
Te l'ho detto **chiaro e tondo** diverse volte!
clearly and plainly
I've said it to you clearly and plainly several times!

ci vuole — it takes; is needed (singular)
ci vogliono — it takes; are needed (plural)
  Quanto tempo ci vuole per andare in Sardegna? – Ci vogliono otto ore circa. — How long does the trip to Sardinia take? – It takes about eight hours.
combinare qc — contrive, be up to (mischief)
  Ma che diavolo stai combinando? — What the devil are you up to?
  Ne combini proprio di cotte e di crude. — You really get up to the craziest things!
  Luigi **non ha mai combinato niente** nella vita. — Luigi has never achieved anything in life.
conviene — it is advisable
  Ormai **non conviene più** aspettare. — It no longer makes any sense to wait.
il cornuto — cuckold, fool, idiot
  Guarda che cornuto, non si è fermato col rosso! — Look at that idiot, he doesn't even stop on red!

---

dare nell'occhio — attract notice
  Non mi piace quel vestito, **dà troppo nell'occhio.** — I don't like that dress; it attracts too much attention.
dare importanza a — place importance
  Perché dai tanta importanza a queste cose? — Why do you place so much importance on these things?
dipende — (it) depends

---

essere in gamba — be in good form, be on the ball
  Bravo, sei proprio in gamba! — Bravo, you're really on the ball!
fare le corna — hope for the best
  Facciamo le corna! — Good luck, let's hope for the best!
fare bella figura — make a good impression, cut a good figure
fare brutta figura — cut a poor figure
far(e) finta di — act as if, pretend
  Non fare finta di non capire! — Don't pretend you don't understand!

---

importa — it is important
  Non importa, telefoniamo dopo. — It's not important; we'll call later.
in bocca al lupo! — good luck, break a leg
  Domani hai gli esami? **In bocca al lupo!** — Your exam is tomorrow? Good luck!
lasciar perdere — let things alone
  Non discutiamo più, **lasciamo perdere.** — Let's not argue anymore; let's leave it alone!

mandare all'aria
Se non riescono proprio a mettersi d'accordo **finisce che mandano all'aria tutto.**

waste, ruin
If they don't succeed in really reaching an agreement, everything will end up being ruined.

mandare a quel paese
send to the devil

mettere le corna a
cuckold

mettere il naso
stick one's nose into

Ma è possibile che tu debba **mettere il naso dappertutto?**
Do you really have to stick your nose into everything?

Non si disturbi!
Don't go to any trouble!

non vedere l'ora di
be unable to wait

Non vedo l'ora di andare in ferie.
I can hardly wait to go on vacation.

prendere in giro
pull someone's leg

Ma tu ci prendi in giro!
You're pulling our leg!

promettere mari e monti
make wild promises

Prometti sempre mari e monti, e poi **non fai mai niente.**
You always make wild promises and then you do nothing.

il **proverbio**
proverb

restare a bocca asciutta
be left empty-handed

Giulio **sperava tanto di avere quel posto ed è restato a bocca asciutta.**
Giulio was hoping so much to get that job, and now he's left empty-handed.

servire
be needed

Cosa ti serve? – Mi servono due matite ed un quaderno.
What do you need? – I need two pencils and a notebook.

si capisce!
certainly, of course

tirare avanti
get along, make one's way, get by

Come va? – Si tira avanti.
How are things going? – We're getting by.

toccare a
be someone's turn

A chi tocca? – Tocca a voi.
Whose turn is it? – It's yours.

la **via d'uscita**
way out

Mi dispiace, ma **non vedo altra via d'uscita.**
I'm sorry, but I see no other way out.

la **via di scampo**
way out

Bisogna lavorare, **non c'è via di scampo!**
There's no way out, we have to work!

aver le carte in regola

Lucio ha tutte le carte in regola per ottenere quel posto.

have the papers in order, have a good hand
Lucca meets all the requirements for getting that job.

avere le mani bucate
Ma tua figlia è sempre senza soldi, ha proprio le mani bucate!

be a spendthrift
Your daughter is always broke; money really burns a hole in her pocket.

avere un diavolo per capello
Oggi è meglio non parlargli, ha un diavolo per capello.

be mad as a hornet
It's better not to talk to him today; he's as mad as a hornet.

cogliere al volo
Senti questa, l'ho colta al volo mentre aspettavo il tram.

pick up
Listen to this, I picked it up while I was waiting for the streetcar.

cogliere la palla al balzo
Giorgio è stato furbo, ha colto subito la palla al balzo.

seize the opportunity
Giorgio was clever enough to seize the opportunity at once.

dai!
Dai, muovetevi!

go on!, get going!
Go on, get a move on!

essere al verde
Stasera non si esce, siamo tutti al verde!

be penniless
This evening no one's going out; we're all flat broke!

fare un quarantotto

start a pandemonium

molto fumo e poco arrosto
Questa è la classica storia con molto fumo e poco arrosto.

much ado about nothing
This is a classic example of much ado about nothing.

non c'è due senza tre

all good things come in threes

piangere lacrime di coccodrillo
È inutile che piangi / tu pianga, le tue sono lacrime di coccordillo.

cry crocodile tears
It's useless for you to cry; those are just crocodile tears.

rimanere a bocca aperta
Quando l'ho sentito sono rimasto a bocca aperta.

be astonished
When I heard that, I was completely astonished.

senza mezzi termini

without half measures; without mincing words

Adesso glielo spiego io senza mezzi termini!	Now I'll tell it to him without mincing any words!
tagliare la corda	clear out, run away
Non vorrai mica tagliare la corda proprio ora!	You're not planning to run away just now!
tocca ferro!	knock on wood!
togliere il disturbo	cease disturbing
Tolgo subito il disturbo, signora, vorrei dire solo due parole.	I won't bother you for long, ma'am; I only want a few words with you.
venire al sodo	come to the point
Basta con le chiacchiere, veniamo al sodo!	Enough chattering, let's get to the point!
la **via di mezzo**	middle course; way out
Bisognerebbe trovare una via di mezzo più sicura.	A safer way out ought to be found.
vivere alla giornata	live from hand to mouth
Non è nel mio carattere vivere alla giornata.	It's not in my character to live from hand to mouth.
vivere di pane e acqua	live on air alone, live very frugally

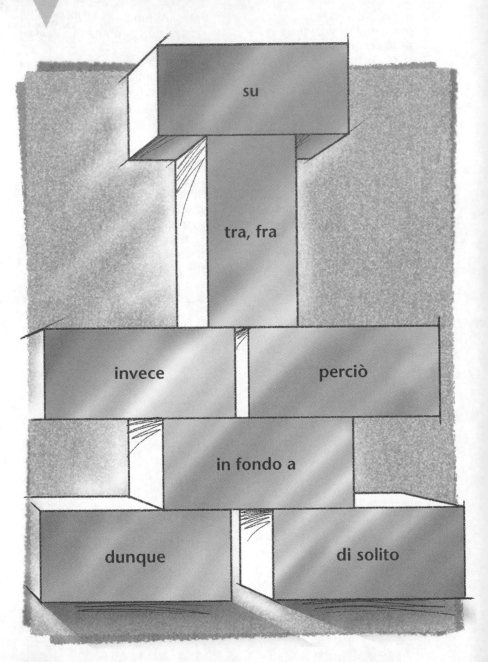

su

tra, fra

invece

perciò

in fondo a

dunque

di solito

23.1 Demonstrative and Relative Pronouns

questo, a
Questa finestra **non chiude bene.**
L'ho visto con questi occhi.
**quello, a, quel, quell'; quei,
quelle, quegli**
Conosci quell'uomo?
A quei tempi la vita in campagna
era durissima.
Potresti mettere quelle posate in
lavastoviglie?

this; these
This window doesn't close well.
I saw it with my own eyes.
that; those

Do you know that man?
At that time, life in the country
was extremely harsh.
Could you put that flatware in
the dishwasher?

---

i **This – that**

In Italian, **questo** *(this)* means the nearer of two things, while **quello** *(that)* refers to the one farther away. If only one person or thing is under discussion, **quello** is often preferred:
Chi era **quel** signore?   *Who was that man?*

---

ciò
Non voglio sapere niente di
tutto ciò.
stesso, a
È stato Luigi stesso a
raccontarmi questa storia.
– Ma è la stessa storia che mi ha
raccontato Alfredo.

that; this; it
I don't want to know anything
about all that.
same; self; very
Luigi himself told me this story.
– But it's the same story Alfredo
told me.

che

Il vestito **che hai comprato** ti sta
proprio bene. – Sí, **gli altri che
avevo provato** non erano cosí
belli.
**Il giorno che questo lavoro sarà
finito** ringrazierò il cielo.
Caterina mi ha promesso di
uscire con me domani, **il che mi
fa molto piacere.**
il, la **quale**
Ho incontrato Edoardo **che/il
quale mi ha detto che verrà di
sicuro.**

who; whom; that; which; what
(relative pronoun)
The dress that you bought looks
really good on you. – Yes, the
others that I tried on were not as
pretty.
The day on which this work is
finished, I will thank heaven.
Caterina promised me to go out
with me tomorrow, which makes
me very happy.
which; what; who; some
I ran into Edoardo, who told me
that he's definitely coming.

cui

whom; which; whose; of which (relative pronoun used after prepositions; preferred substitute for *il/la quale* in colloquial speech)

Ricordi quelle amiche con cui/con le quali siamo stati a Saarbrücken l'anno scorso?

Do you remember the girlfriends with whom we were in Saarbrücken last year?

– Dici quelle di cui mi parlavi l'altro ieri?

– Do you mean the ones of whom we were speaking the other day?

– Sì, le ragazze (a) cui volevo fare vedere le foto.

– Yes, the girls to whom I wanted to show the photos.

23.2 Interrogative and Indefinite Pronouns

chi
Puoi **parlarne con chi vuoi.**

who; whom
You can talk about it with whomever you wish.

Chi mi dice che posso **esserne** sicuro?

Who will tell me that I can be sure?

(che) cosa
(Che) cosa hai detto?

what
What did you say?

che
Ma **che fai**, sei matto?

what, what kind of ...
What are you doing? Are you crazy?

Che macchina ti vuoi comprare?

What kind of car do you want to buy?

quale
In cantina ho diversi vini, quali preferisci, i rossi o i bianchi?

which; what; who
I have various wines in the cellar; which do you prefer, the reds or the whites?

Con quale insegnante potrei parlare **del** mio problema?

With which teacher could I talk about my problem?

qualcosa
Ti serve qualcosa?

something; anything
Do you need something?

qualcuno, a
Manda **qualcun altro**, io non posso andare.

someone, anyone; something
Send someone else, I can't go.

ognuno, a
Ognuno decida come vuole.

everybody, everyone, each one
Let everyone decide as he wishes.

ciascuno, a

everyone, everybody; every one, each

Abbiamo bevuto **una birra** ciascuno.

We've each drunk one beer.

qualche	some; a few; any
Qualche giorno va bene e qualche giorno va male.	Some days it goes well; others it goes poorly.
qualsiasi	whichever, whatever; any
Quale pullover vuoi?	Which pullover do you want?
– Uno qualsiasi!	– Any one.
chiunque	whoever; anybody
qualunque	whatever, whichever; every, each
Qualunque cosa io dica mi critichi sempre.	Whatever I say, you always criticize me.

certo, a	certain
Certi sono d'accordo, certi no.	Certain people are in agreement; certain others are not.
tale	such
Mi ha detto **delle cose tali che** non sapevo più cosa rispondere.	He said such things to me that I no longer knew how to reply.
altro, a	another; something else
Se non ci pensi tu, ci penserà un altro.	If you don't see to it, someone else will.
Aiutatevi l'un altro!	Help each other!
Gli uni sono d'accordo, gli altri no.	Some are in agreement; others are not.

23.3 Conjunctions

affinché	so that
Ti aiuto **affinché questa faccenda sia chiarita al più presto.**	I'll help you, so that this matter can be cleared up as quickly as possible.
a meno che	unless
Non credo che verrò, **a meno che Romolo non mi venga a prendere.**	I don't think I'll come, unless Romolo picks me up.
appena	as soon as; scarcely
Maria è corsa subito da me **appena mi ha vista.**	Maria ran toward me as soon as she saw me.
benché	although
Siamo usciti a passeggio **benché piovesse.**	Although it was raining, we took a walk.

che
Elena mi ha già detto che **porterà** la bambina all'asilo.

that
Elena has already told me that she'll bring the little girl to kindergarten.

considerato che
dato che
Dato che sei qui, perché non resti a cena?

considering that
seeing that; since
Since you're here, why don't you stay for supper?

dopo che
Dopo che ci siamo lasciati sono andata subito a letto.

after
After we said goodbye, I went to bed at once.

nonché
e, ed
Da quanti anni siamo già amici **tu ed io**?

as well as
and
How many years have you and I been friends?

finché
Finché c'è vita, c'è speranza. loc

while; as long as; till, until
While there's life, there's hope.

in modo che
Parlo piano **in modo che tu mi possa capire**.

so that
I'm speaking slowly, so that you can understand me.

ma
Ma guarda là, non vedi quel cartello?

but
But look over there, don't you see that sign?

mentre
Mentre voi guardate la TV io preparo la cena.

while
While you watch TV, I'll fix supper.

o
oppure
I casi sono due: o tu non ti spieghi chiaramente **oppure sono io che non capisco**.

or
or, or else
There are two possibilities: either you're not expressing yourself clearly, or I'm dense.

perché
Perché non avete aspettato?
– Perché era già tardi.

because, for; why
Why didn't you wait?
– Because it was already late.

però
Quello che dici tu è giusto, **però penso di aver ragione anch'io**.

however, yet, but
What you say is correct, but I think I'm right too.

poiché
prima che
Voglio essere a casa **prima che faccia notte**.

since; after; because
before
I want to be home before it's dark.

quando
se

when, whenever
if, whether; suppose

Quando vai in città, **passa in farmacia**, se è possibile.	When you go to town, stop by the pharmacy if possible.
sia ... che	both ... and
Ne abbiamo parlato **sia** con lui **che** con lei.	We talked about it both with him and with her.

a patto che	provided that
Ora ti aiuto, ma solo **a patto che tu dopo ti riposi.**	I'll help you now, but only provided that you rest afterward.
perché	in order that
Perché io possa finire il lavoro dovete portarmi altro materiale.	So that I can finish the work, you have to bring me more material.
purché	if only, provided that
Ti accompagno, **purché si faccia presto.**	I'll come with you, provided that it goes quickly.
sebbene	although
Giovanna **si dà delle arie sebbene non ne abbia alcuna ragione.**	Giovanna puts on airs, although she has no reason to do so.
senza che	without
Non potremmo andare noi, **senza che debba venire anche lui?**	Couldn't we go without his having to come along?
siccome	as, for, since
Siccome eravamo **in sei** abbiamo preso due macchine.	Since there were six of us, we took two cars.
visto che	since, because
Visto che è già tardi, direi **che è meglio** partire domani.	Since it's already late, I'd say it's better to leave tomorrow.

23.4 Negations

non	not, no
non ... più	no more
Perché non vai più **a lezione?** – Perché non ho tempo.	Why don't you go to class anymore? – Because I don't have time.
non ... mai	never
non ... mai più	never again
Non voglio vederti mai più.	I never want to see you again.
non ... niente	nothing
non ... più niente	nothing more, nothing else

Non dire più niente, **basta così**.	Don't say anything else; that's enough.
non ... mai niente	never anything
Ma tu non capisci proprio mai niente, vero?	You don't ever really understand anything either!
non ... nulla	nothing
A me **non** hai detto ancora **nulla**, come mai?	How come you haven't told me anything yet?
non ... né ... né	neither ... nor
Non conosco **né** lui **né** lei.	I know neither him nor her.
non ... neanche, non ...	not even
nemmeno, non ... neppure	
Non è venuto **nessuno**, **non** c'era **neanche (nemmeno, neppure)** suo padre.	Nobody came; not even his father was there.
non ... nessuno, a	no one, nobody
Cristina **non** ha visto **nessuno** e se n'è andata via.	Cristina saw no one and went away.
non ... mica	not at all, not in the least
Non ho mica detto che è colpa tua!	I didn't say at all that it was your fault!

23.5 Adverbs

addirittura	quite, absolutely
appena	scarcely; just
Siamo appena arrivati da Bari.	We've just come from Bari.
appunto	precisely, exactly, just so
Appunto, le cose non sono cambiate.	Exactly, things have not changed.
cioè	that is, namely, to wit
comunque	however
Va bene, domani proviamo di nuovo comunque.	All right, tomorrow we'll try again, however!
così	so
Sei proprio così stanco?	Are you really so tired?
davvero	really, truly
Cosa c'è in programma stasera?	What's on the schedule tonight?
– Si va tutti in discoteca.	– We're all going to the disco.
– Davvero? Fantastico! Vengo anch'io.	– Really? Great! I'll come too.
di nuovo	again, once more

di solito	usually, as a rule
dunque	then, so; consequently

in genere	in general
in ogni caso	in any case
Ti telefonerò in ogni caso, va bene?	I'll phone you in any case, all right?
invano	in vain, for nothing
Ma allora abbiamo fatto tutta questa strada invano!	Then we've come all this way for nothing!
invece	instead
Credevo di essere pratico, invece ho sbagliato strada e ora **non riesco più a capire** dove sono.	I thought I knew my way around; instead, I was wrong, and now I no longer know where I am.

meno male	all the better
perciò	therefore, for that reason
Non ho tempo, perciò non vengo.	I don't have time; therefore I'm not coming.
più	more
Devi lavorare **con più concentrazione!**	You need to work with more concentration!
piuttosto	rather, somewhat; sooner
proprio	really, exactly, indeed, just
Sei proprio stupida!	You're really stupid!
quasi	almost
quindi	hence, therefore, then

solo	only
soltanto	solely, exclusively
Vorrei soltanto assaggiare la carne, me ne tagli una fetta sottile.	I only want to try the meat; cut off a thin slice for me.
soprattuto	above all; especially

tanto	anyway
tuttavia	yet, however, still; all the same
veramente	truly, really, indeed

ad un tratto	suddenly
anzi	on the contrary, rather; much more
Non è tardi, **anzi è ancora presto!**	It's not late; on the contrary, it's still early!
a proposito	by the way; with respect to
anche	also, too

caso mai	in case
di nascosto	secretly, on the sly
Perché fai le cose di nascosto?	Why do you do things on the sly?
eppure	and yet, and still, however
„Eppur si muove", ha detto Galileo, ed aveva ragione!	"And yet it does move," Galileo said, and he was right.
in ogni modo, ad ogni modo	at any rate
Ad ogni modo io **glielo** dico di nuovo, **poi vedremo**.	I'll tell it to him again at any rate, and then we'll see.
lo stesso	all the same
Vedrai che non capirà lo stesso.	You'll see that he won't understand it all the same.
per forza	by necessity, perforce
persino	even
pure	also, likewise
Sara vuole che andiamo a casa **ed io pure**.	Sara wants us to go home, and I do too!
senza complimenti	without ceremony, frankly
tanto	anyway; so; so much
Non fa niente, **tanto non ho soglia** di vernire.	It doesn't matter, I don't much want to come.

23.6 Prepositions

a
A che ora ci vediamo? – Quando vuoi, **fino alle nove mi trovi ancora a casa.**

at; to; by
At what time will we see each other? – Whenever you like; I'll be at home until nine.

a causa di
Non siamo più usciti a causa del cattivo tempo.

on account of, because of
Because of the bad weather we didn't go out anymore.

con
Con questo tempo è meglio se non usciamo.

with; by; to
With this weather it's better if we don't go out.

contro
Il bambino **ha battuto la testa contro il muro e si è fatto male**.

against
The child struck his head against the wall and hurt himself.

da
Sono appena arrivata da Perugia e devo andare subito a Siena.

from; by; to; at; for
I've just come from Perugia and I have to leave for Siena at once.

Perché non vieni da me?
Why don't you come to my place?

di
of; from; for; with; at; about; by

Di chi è questo libro? – È di Luigi,
Whose book is this? – It belongs

mi ha detto di darlo a te.
to Luigi; he told me to give it to
you.

durante
during

in
in; into; within; to; at; on; of; by

Quando andate in Italia?
When are you going to Italy?

– **Ci siamo stati** due settimane fa.
– We were there two weeks ago!

in fondo a
at the bottom of; at the back of

La piazza si trova **in fondo a**
The plaza is located at the end

questa strada.
of this street.

invece di
instead of

Perché non lavori invece **di star**
Why don't you work instead of

senza far niente!
being idle?

malgrado
in spite of

Perché lo difendi **malgrado tutto**
Why do you defend him in spite

quello che ha fatto?
of everything he's done?

nonostante
notwithstanding, in spite of

Nonostante il tuo ritardo **abbiamo**
In spite of your lateness, we

fatto in tempo lo stesso.
made it on time all the same.

oltre a
besides

Chi c'era, **oltre alle solite**
Who was there besides the usual

persone?
people?

per
for; by; through; in; to; during; on
account of

Giovanni **parte per Roma**
Giovanni leaves for Rome

domani. Deve **andarci** per un
tomorrow. He has to go there on

processo e spero che **vada tutto**
account of a trial, and I hope

bene per lui.
everything goes well for him.

presso
near; close to; by; at; about

Trascorro le ferie presso la
I'm spending the vacation at the

famiglia Covi.
house of the Covi family.

salvo
except, excepting

È aperto tutti i giorni, **salvo il lunedí.**
It's open every day except Monday.

secondo
according to

Secondo me dovresti lavorare
In my opinion, you should work

meno.
less!

senza
without

Questo palazzo è senza dubbio il
Without doubt, this palazzo is

più antico della città.
the city's oldest.

sino a, fino a
until, till, up to; as far as

Resteremo in Italia **fino (sino) ad ottobre.**	We'll stay in Italy until October.
Fin (sin) dove vuoi arrivare?	How far do you want to get?
su	on; upon; up; over; about
Puoi mettere la borsa sul tavolo.	You can put the purse on the table.
Ho letto **un bellissimo libro sulla Calabria.**	I read a wonderful book about Calabria.

tra, fra	between, among; in
Fra (Tra) due ore circa saremo a casa.	We'll be home in about two hours.
Tra (Fra) me e te c'è una differenza d'età di otto anni.	There's an age difference of eight years between you and me.

Statements of Time

fra/tra	in/entro
Fra/Tra denote an exact *point in time;* in/entro refer to a *period of time.*	
Fra/Tra dieci minuti sarà mezzanotte.	*In ten minutes it'll be midnight.*
Non si può fare tutto questo lavoro **in/ entro** 10 giorni.	*You can't do the entire job in ten days.*

tramite	through; by
tranne	save, except, but

23.7 Conjunctive Pronouns

andarsene	go away, leave
Noi ce ne andiamo, voi cosa fate?	We're leaving now; what are you doing?
capirci	understand something about it
Io non ci capisco più niente, ci capisci tu qualcosa?	I don't understand anything about it, do you?
cavarsela	get out of something, get off
Come va il lavoro?	How's the work going? – I'm
– **Me la cavo bene, grazie.**	getting off lightly, thanks.

darsi da fare	exert oneself, put oneself out
Datti un po' da fare se vuoi ottenere qualcosa!	Exert yourself a little, if you want to achieve anything!
darsi delle arie	give oneself airs

Perché Claudia si dà tutte quelle arie? **Ma chi si crede di essere?**
entrarci
Non prendertela con Isabella, lei non c'entra niente!
– E allora chi c'entra, scusa?

Why does Claudia put on such airs? Who does she think she is?
have to do with; be a factor
Don't be annoyed with Isabella, she has nothing to do with it.
– Then who does, if you'll excuse me?

farcela
Se proviamo ancora, **ce la facciamo.**
farne
Ne ha fatte di tutti i colori, ma ha sempre avuto fortuna.

manage it, make it, do it
If we try again, we'll make it.

be into things, get up to things
He's gotten into all kinds of things, but he's always been lucky.

farsi vivo, a / farsi sentire

Ci faremo vivi/sentire appena avremo un po' di tempo.
finirla
Pensavamo proprio **che tu non la finissi più di dormire.**

report; let oneself be heard from
We'll let you hear from us as soon as we have a little time.
stop it
We really thought you'd never wake up!

mettercela tutta
Nicola dice **che ce l'ha messa tutta, ma non ce l'ha fatta lo stesso.**
mettercisi
Ti ci metti anche tu adesso, non bastavano gli altri?
Se mi ci metto io, faccio tutto in cinque minuti.
prendersela con
Non prendertela, sono sicuro che lui non voleva **offenderti.**

spare no effort, do one's utmost
Nicola says he did his utmost, but still he didn't make it.

trouble about it; set about it
Now you're getting into it too! Weren't the others enough?
If I set about it, I'll finish everything in five minutes.
be annoyed; be offended
Don't be annoyed; I'm sure he didn't mean to offend you!

tenerci
Se voi ci tenete tanto, allora vi accompagneremo.
sentirsela di
Mi dispiace, ma **non me la sento di andare a ballare stasera.**

place importance on
If you place such importance on it, I'll come with you.
feel like
I'm sorry, but I don't feel like going dancing this evening.

smetterla di	stop, cease
Smettila di fumare, per favore!	Please stop smoking!

darla a bere a qu	pull someone's leg
A chi vuoi darla a bere?	Whose leg are you trying to pull?
darsela a gambe	take to one's heels
Appena è arrivata la polizia, il ladro se l'è data a gambe.	As soon as the police came, the thief took to his heels.
mi sa che	it seems to me
Mi sa che oggi la Lazio vince.	It seems to me that Lazio will win today.
passarla liscia	escape unscathed
Puoi essere contento, l'hai passata liscia anche questa volta.	You can be glad; you escaped unscathed this time too.
raccomandarsi	implore, entreat
Mi raccomando, state attenti!	I implore you, be careful!
ripensarci	think it over; change one's mind
saperla lunga	know a thing or two; be cute
Eh, tu la sai lunga, lo so!	Yes, I know, you know a thing or two!

23.8 Linguistic Terminology

la **lingua**	language
La lingua italiana è molto musicale.	Italian is a very musical language.
la **parola**	word
significare	mean
Che cosa significa questa parola?	What does this word mean?
il **significato**	meaning
la **pronuncia**	pronunciation
pronunciare	pronounce
l'**accento**	accent

la **grammatica**	grammar
Se non impari anche la grammatica **non saprai mai** la lingua.	If you don't learn the grammar too, you'll never know the language.

il **sostantivo**
I sostantivi italiani possono avere solo il genere maschile o quello femminile.

noun, substantive
In Italian there are only masculine and feminine nouns.

l'**articolo**
l'**articolo determinativo**
l'**articolo indeterminativo**
l'**aggettivo**
il **pronome**
In italiano alcuni pronomi possono **formare una parola sola** con il verbo.
maschile
femminile
neutro
In italiano il neutro non esiste.

article
definite article
indefinite article
adjective
pronoun
Certain pronouns can be combined with the verb to form a single word in Italian.
masculine
feminine
neuter
In Italian there is no neuter gender.

il **singolare**
il **plurale**

singular
plural

il **verbo**
regolare
irregolare
Questo verbo è regolare o no?
il **presente**
l'**imperfetto**
L'imperfetto dei verbi italiani è sempre regolare, salvo il verbo *essere*.
il **futuro**
il **passato prossimo**
il **passato remoto**
il **trapassato prossimo**
il **trapassato remoto**
l'**indicativo**
il **condizionale**
il **congiuntivo**
l'**imperativo**
il **discorso diretto**
il **discorso indiretto**

verb
regular
irregular
Is this verb regular or not?
present
imperfect
The imperfect of Italian verbs is always regular, apart from *essere*.
future
present perfect
past definite
past perfect
second past perfect
indicative
conditional
subjunctive
imperative
direct discourse
indirect discourse

il **termine**
il **sinonimo**
l'**ortografia**

term
synonym
orthography, spelling

In questo tema ci sono molti errori di ortografia.	There are a lot of spelling errors in this theme.
la sillaba	syllable
fare lo spelling	spell
la maiuscola	capital letter, uppercase latter
la minuscola	lowercase letter

il punto	period
Dopo il punto devi scrivere con la maiuscola.	After the period you have to put a capital letter.
la virgola	comma
il trattino	hyphen
il punto e virgola	semicolon
Qui scriverei punto e virgola al posto dei due punti.	Here I would put a colon instead of a semicolon.
il punto interrogativo	question mark
il punto esclamativo	exclamation point
l'interiezione f	interjection
i due punti pl	colon
le virgolette pl	quotation mark
le parentesi	parenthesis
Devo scrivere questa frase fra parentesi?	Do I have to put this sentence in parentheses?

il soggetto	subject
Qual è il soggetto di questa frase?	What is the subject of this sentence?
il complemento	object
il genere	gender
il caso	case
il predicato	predicate
il participio	participle
Vedere ha due participi passati: visto e veduto.	Vedere has two different past participles: visto and veduto.
coniugare	conjugate
Sto imparando a coniugare i verbi irregolari.	I'm learning to conjugate irregular verbs.
l'attivo	active
il passivo	passive

l'avverbio	adverb
Attenzione: bene è avverbio, buono è aggettivo.	Careful: bene is an adverb, buono is an adjective.
la preposizione	preposition
la congiunzione	conjunction

False Friends

Italian Word	Thematic Meaning(s)	False Friend	Italian Equivalent(s)
pure	also, likewise	pure	puro

essere

andare

avere

fare

venire

andare
Oggi **vado a piedi** in ufficio.

E tu, **vai in macchina?**
La macchina è rotta, **non va più**.

No, no, **va scritto oggi!**

go, walk, move; happen; function
Today I'm going to the office on
foot.
And you, are you going by car?
The car needs repair; it doesn't
run anymore.
No, no, it has to get written
today!

avere
Ho molta pazienza.
Avete una casa in campagna?

**Ne abbiamo fin sopra i capelli
di voi.**
Se ne hai ancora per tre ore, ti
aspetto a casa.
Marianna ha molto del padre,
non trovi?
**Devono avere ancora un
milione** dal comune.
Non possono venire, **hanno da
finire un lavoro per stasera.**
Penso che **abbia più o meno
trent'anni.**

have, possess; wear; be
I have lots of patience.
Do you own a house in the
country?
We've had more than enough of
you.
If you have three more hours to
go, I'll wait for you at home.
Marianna has a lot of her father
in her, don't you think?
They still have 1 million coming
from the municipality.
They can't come; they have to
finish a job by this evening.
I think he's about 30 years old.

continuare
Continui pure il suo lavoro, **non
c'è fretta.**
**Continua a ripetermi sempre la
solita storia.**
Prima girate a sinistra, poi contin-
uate fino al prossimo semaforo.
Il loro amore continua da anni.

continue, go on; last; persevere
Just keep working, there's no
hurry.
He keeps repeating the same
story to me.
First turn left, then keep on till
the next traffic light.
Their love has lasted for years.

dovere

Devi assolutamente venire.
Vorrei pagare, **quanto Le devo?**

Non si devono fare queste cose
senza prima pensarci bene.

Ormai il bambino dovrebbe
essere stanco, non pensi?

owe; be obliged to, have to; shall,
should, ought; must
You absolutely have to come!
I'd like to pay; how much do I
owe you?
One shouldn't do these things
without first thinking them over
well.
The child ought to be tired by
now, don't you think?

Gli devo molto, ho sempre potuto contare su di lui.	I owe him a lot; I've always been able to count on him.

ẹssere — be, exist; stand; become; happen, be probable

Dove siete?	Where are you?
Siamo stati in città.	We were in town.
Sarà quel che sarà.	Whatever will be, will be.
Sarai anche tu dei nostri domani?	Will you also be with us tomorrow?
C'era una volta una bambina che si chiamava Cappuccetto Rosso.	Once upon a time there was a little girl named Little Red Riding Hood.
Vorrei pagare, **quant'è?**	I'd like to pay, how much is it?
Magda non è più in buone condizioni.	Magda is no longer in good shape.
È già stato scritto l'ultimo capitolo?	Has the last chapter been written yet?

In Italian—unlike many other languages—most *intransitive verbs* are conjugated with **essere**:

riuscire	Sono riuscito.	*I have succeeded.*
piacere	La città ci è piaciuta.	*We liked the city.*
costare	Quanto è costata la borsa?	*How much did the purse cost?*
durare	Il film è durato due ore.	*The film lasted two hours.*
cominciare*	Il film è cominciato 10 minuti fa.	*The film started 10 minutes ago.*
finire*	Il film è finito 10 minuti fa.	*The film ended 10 minutes ago.*

*When **used transitively**, these verbs are conjugated with **avere**. Example:
Quando **hai** cominciato a studiare l'italiano? *When did you start learning Italian?*

---

fare — do, make, form, create, cause; think, get

Cosa fate oggi?	What are you doing today?
Abbiamo da fare.	We're busy./We have things to do.
Non vogliamo **aver a che fare** con lui.	We want nothing to do with him.
Sono disperati, **non sanno più cosa fare.**	They're desperate, they no longer know what to do.
Chi farà da testimone alle vostre nozze?	Who will be the witnesses to your marriage?
Sia fatta la tua volontà!	Thy will be done!
Voglio farmi fare un vestito nuovo.	I want to have a new dress made for myself.
Fatemi vedere cosa avete comprato.	Show me what you've bought.

Dieci per tre fa trenta.	Ten times 3 is 30.
Quanti abitanti fa Roma?	How many inhabitants does Rome have?
Dobbiamo **fare in modo di arrivare puntuali.**	We have to see to it that we arrive on time.
Vedo che anche Isabella si è **fatta furba.**	I see that Isabella has become devious as well.
Queste storie **mi fanno ridere/piangere.**	These stories make me laugh/cry.
Hanno fatto la fame per lungo tempo.	They suffered from hunger for a long time.
È ora di farla finita.	It's time to put an end to it.
Partiremo **sul far del giorno.**	We'll leave at daybreak.
Ieri **hai fatto proprio schifo.**	What you did yesterday was really awful.
fare lo spelling	spell

The names of towns are used to make spelling unambiguous in Italian:
A come **Ancona**, B [bi] come **Bari** ... D [di] come **Domodossola** ... Z [zeta] come **Zara**.

A [a]	come Ancona	**J***	i lunga	**S** [ˈɛsse]	come Salerno
B [bi]	come Bologna	**K***	kappa	**T** [ti]	come Torino
C [tʃi]	come Como	**L** [ˈɛlle]	come Livorno	**U** [u]	come Udine
D [di]	come Domodossola	**M** [ˈɛmme]	come Milano	**V** [vu]	come Venezia
E [e]	come Empoli	**N** [ˈɛnne]	come Napoli	**W***	vu doppio
F [ˈɛffe]	come Firenze	**O** [ɔ]	come Olbia	**X***	ics
G [dʒi]	come Genova	**P** [pi]	come Palermo	**Y***	ipsilon
H [ˈakka]	acca	**Q** [ku]	come Quarto	**Z** [ˈdzeta]	come Zara
I [i]	come Imola	**R** [ˈɛrre]	come Roma		

*These letters are not part of the Italian alphabet.

---

finire ‹finisco›	finish, end, conclude; die
Hai già finito di fare i compiti?	Have you finished your homework yet?
Finisco il lavoro e vengo.	I'll finish the job and come then.
Se continuate così, **finirete male.**	If you keep on this way, you'll come to a bad end.
Scendi da lì, **finisci col cadere.**	Go down there, otherwise you'll end up falling!
Abbiamo finito il pane, chi va a **comprarlo?**	Our bread is all gone; who'll go buy some?
Ma **finiscila!**	Stop that!
Dove è andata a finire la mia borsa?	Where has my purse gotten to?

guardare

look at, watch; consider; guard; beware; face

Guardiamo il film in TV stasera o usciamo?

Shall we watch the film on TV this evening, or are we going out?

Guarda che bello!
Look, how pretty!

Guardi tu i bambini mentre io sono fuori?

Will you watch the children while I'm outside?

Guarda, guarda!
Look, look!

Quando è in servizio **non guarda in faccia nessuno.**

When he's on duty, he can't take a joke.

Guardate di imparare bene la lezione!

See that you learn your lesson well!

---

importare

matter, be necessary, be of consequence

Se facciamo tardi, non importa.
It doesn't matter if we're late.

A me questo lavoro importa molto, e a te?

This work is very important to me; is it to you?

A voi cosa importa? Ci penseranno loro.

What does it matter to you? They'll take care of it.

---

incominciare
begin, commence; start

Incominci tu, o incomincio io?
Will you begin, or shall I?

Abbiamo incominciato il lavoro già ieri.

We already started the work yesterday.

---

interessare

interest, concern; affect, matter; apply to

Questo discorso mi interessa molto.

This talk interests me greatly.

Scusa, a te cosa interessano queste cose?

Excuse me, are these things any concern of yours?

Fate come volete, a me non interessa.

Do as you like; it doesn't matter to me.

Dobbiamo cercare di interessare anche gli altri.

We have to try to get the others interested too.

---

lasciare

leave, quit; allow, let; omit; leave off

Dove hai lasciato la tua borsa?
Where did you leave your purse?

Ada lo ha lasciato dopo tre anni che erano insieme.

Ada left him after they had been together for three years.

Lascia fare a me!
Leave it to me!

Ho lasciato la casa ai miei figli
e sono andata ad abitare in
campagna.
Stiamo zitti, **lasciamolo parlare.**
È meglio che lasciamo un
biglietto.

I've let my sons have the house,
and I've moved to the country.

Quiet! Let's let him talk!
It's better that we leave a
message.

Instigating Actions

Note the wide range of meanings:

lasciare	*let, allow, permit*
	leave
	leave behind, abandon
	leave off
	leave out, omit
fare	*let something be done*
	cause, induce
	make
Mi hai fatto aspettare a lungo.	*You let/made me wait a long time.*

Cf. also **abbandonare**, page 118.

---

mettere

put, place, set; wear; contribute;
suppose

Mettete i fiori sul tavolo.
Che vestito metto?
È ora che tu ti metta a lavorare.
Mettiamo che alle cinque non
sia ancora arrivato, cosa facciamo
allora?
Metto il cappello ed esco.
Mettila come vuoi, la sostanza
non cambia.

Put the flowers on the table!
What dress shall I wear?
It's time that you start working!
Let's suppose he's not here by
five; what do we do then?

I'll put on my hat and go.
You can twist it however you
like; basically nothing changes.

---

porre

put, place, set, lay; imagine,
suppose

Hanno posto le fondamenta del
nuovo municipio.
Come poniamo il problema?
In questo momento **non pongono
in atto nessun** progetto.
Pose i piedi sullo scalino senza
fare attenzione e cadde.

The foundation for the new city
hall has been laid.
How shall we pose the problem?
At this time no project is under
way.
He put his feet on the rung
without paying attention, and
he fell.

Queste sono domande che non si pongono.

These are questions that one doesn't ask.

Potere

be able; be capable; may, can, could, ought

Non posso venire.
I can't come.

Possiamo entrare?
May we come in?

Che tu possa avere tutta la felicità che meriti!
May you have all the luck you deserve!

Non **ne** potevano più e sono andati via.
They couldn't continue, and they went away.

rendere

render, return; pay; give, yield; play, act

Devo renderti i dischi che mi hai prestato.
I have to return the records you loaned me.

Con il vostro regalo **lo avete reso molto felice.**
With your gift you've made him very happy.

Rendiamo grazie a chi ci ha aiutati.
We thank those who have helped us.

Non devi rendere conto di niente a nessuno.
You don't have to give an accounting to anyone.

Non riesco a rendermi conto di questo problema.
I can't understand this problem.

Rende bene il vostro lavoro?
Does your job pay well?

sentire

feel; hear, listen; guess; foresee; smell; taste

Sentite freddo?
Are you cold?

Abbiamo sentito musica fino a mezzanotte.
We listened to music until midnight.

Fammi sentire quel profumo.
Let me smell that perfume.

Come ti senti?
How do you feel?

Senta come è morbida la seta!
Just feel how soft the silk is!

Hai sentito se manca il sale?
Did you taste to see whether it needs salt?

Sentiamo tutti un grande affetto per voi.
We all feel great affection for you.

stare

stay; be; stand; wait; live; fit, suit

Ciao, **come stai?**
Hello, how are you?

Stiamo ancora a Roma ma ci **trasferiremo presto.**
We still live in Rome, but we're moving soon.

Perchè state in piedi, non è meglio **stare seduti?**	Why are you standing; wouldn't it be better to sit?
Dove sta il vino in questa cucina?	Where is the wine in this kitchen?
Il suo problema **sta nel fatto che** non trova lavoro.	His problem is that he can't find a job.
Quanto tempo starai da tuo cugino?	How long will you stay with your cousin?
Spiegatemi **come stanno le cose.**	Explain to me how things stand.
Sta due a zero per la nostra squadra.	The score stands at 2:0 in favor of our team.
Cosa stavi facendo quando ti ho telefonato?	What were you doing when I phoned you?
Stavamo per uscire, ma abbiamo preferito **aspettarvi.**	We were about to leave, but we preferred to wait for you.

Differentiate between:

Sto per scrivere una lettera.	*I'm about to write a letter. (immediate future)*
Sto scrivendo una lettera.	*I'm writing a letter. (action in progress)*

---

venire — come; arrive; reach; proceed

A che ora viene di solito il postino?	What time does the postman usually come?
Verrà scritto domani.	It will be written tomorrow.
Ieri ho mangiato troppe ciliegie e **mi è venuto mal di pancia.**	Yesterday I ate too many cherries and got a stomachache.

---

volere — will, wish, choose; try; need

Vuoi un caffè?	Do you want a cup of coffee?
Vorremmo partire adesso, **se non vi dispiace.**	We'd like to leave now, if you don't mind.
Voglia Dio che questa tempesta **finisca.**	God grant that this storm might end!
Queste piante vogliono molta acqua.	These plants need plenty of water.
Sembra che voglia piovere.	It looks like rain.
Francesco, **ti vuole tua madre.**	Francesco, your mother wants you.
Vuoi vedere che quelli non vengono più!	You'll see, they won't come anymore!
Secondo noi queste parole **non vogliono dire niente.**	In our opinion these words mean nothing.
E allora? **Che vuol dire?**	Well? What does that mean?

Ci vogliamo molto **bene** e **desideriamo stare insieme.**	We love each other and want to stay together.

capitare

arrive, come to; happen, come to pass

Se capitate dalle mie parti, venite a trovarmi.
If you happen to be in my area, come see me.

Non ti arrabbiare, sono cose che capitano.
Don't get annoyed, such things happen.

Mi è capitato per caso di incontrarlo in città.
I happened to run into him in town.

comportare

tolerate; allow; endure, resist

L'impegno che abbiamo preso **comporta una grande responsabilità.**
The obligation we've assumed carries a great responsibility with it.

effettuare

carry out, accomplish, perform

Abbiamo effettuato uno scambio tra studenti di diverse scuole.
We've organized an exchange program among students from various schools.

levare

raise; take away, remove; appease; subtract

Lei mi leva la parola di bocca.
You've taken the words right out of my mouth.

Leva le mani dalle tasche!
Take your hands out of your pockets!

Levatevi di mezzo, per favore!
Please get out of here!

smettere di

leave off; give up; drop, cease

Smetti di piangere, il male è passato.
Stop crying, it doesn't hurt anymore!

Smettetela, adesso basta!
Stop it, that's enough now!

tendere

stretch out, hold out; tend; bend

Tendiamo di più la corda.
Let's stretch the rope tauter!

Verso chi tendi tu?
Toward whom are you leaning?

Vorremmo un colore **che tendesse di più al** verde.
We'd like a color that tends more toward green.

Tutti **tendono al** successo.
Everyone strives for success.

Grammar Section

Use of the Article

	Definite Article	Indefinite Article
Singular masculine	il treno (before a consonant in general) lo zio (before *z*) lo studente (before *s*-impure) lo psicologo (before *ps*) lo yogurt (before *y*) lo iodo (before *i* + a vowel) lo gnomo (before *gn*) lo xeno (before *x*)	un treno uno zio etc.
	l'amico (before a vowel)	un amico
feminine	la stanza (before a consonant)	una stanza
	l'amica (before a vowel)	un'amica
Plural	il → i i treni lo → gli gli studenti l' → gli gli amici la → le le stanze l' → le le amiche	

Prepositions and Articles

	a	da	di	in	su	con
il	al	dal	del	nel	sul	col
lo	allo	dallo	dello	nello	sullo	collo
la	alla	dalla	della	nella	sulla	colla
l'	all'	dall'	dell'	nell'	sull'	coll'
i	ai	dai	dei	nei	sui	coi
gli	agli	dagli	degli	negli	sugli	cogli
le	alle	dalle	delle	nelle	sulle	colle

A number of prepositions are combined with the definite article to produce fixed forms. **Quello** and **bello** in article position behave in an analogous way.

With **con**, the separate (uncombined) form predominates in modern colloquial speech.

Personal and Reflexive Pronouns

a) Unstressed Dative and Accusative Forms

Nominative	Reflexive Pronoun Dative + Accusative	Reflexive and Personal Pronoun Dative + Accusative	Personal Pronouns	
			Dative (to, for whom)	Accusative (whom/what)
io		mi		
tu		ti		
lui	si		gli	lo
lei	si		le	la
noi		ci		
voi		vi	vi	
loro	si		loro / gli	li / le

The unstressed forms in the dative and accusative normally precede the conjugated verb. However, they are attached to the infinitive, the gerund, the word **ecco,** and all imperative forms (except the polite form). The dative **loro** always follows the predicate, but in colloquial speech it often is replaced by **gli.**

In the nominative of the third person singular and plural, there also exist the forms **egli** (= lui) and **ella** (= lei), as well as **esso, essa, essi,** and **esse,** which are confined largely to references to things.

b) Combined Forms of the Dative and Accusative

The accusative forms **lo, la, li, le,** and **ne** always follow the dative forms (see left column), which undergo changes when combined (see right column).

mi	**me** lo
ti	**te** lo
si	**se** lo
gli le	**glie**lo
ci	**ce** lo
vi	**ve** lo
si	**se** lo
loro	–

The dative form **loro** cannot be combined.

Stressed Forms

Dative	Accusative
a me	me
a te	te
a lui	lui
a lei ———> a sé*	lei ———> sé*
a Lei	Lei
a noi	noi
a voi	voi
a loro ———> a sé*	loro ———> sé*
a Loro	Loro

* reflexive use

As with the dative, the "stressed forms" of the personal pronoun are also used in connection with prepositions, for example: *a me = con me, per me,* etc.

Position: The stressed dative and accusative forms always are placed in object position, that is, following the predicate.

Possessive Pronouns

The Italian possessive pronouns behave like adjectives, in grammatical terms:
a) They normally precede the noun they modify, but for special emphasis they follow it;
b) they normally are preceded by the article;
c) they agree in number and gender with the noun they modify.

	Masc Sing.	Masc. Plural	Fem. Sing.	Fem. Plural
my	mio	miei	mia	mie
your	tuo	tuoi	tua	tue
his, her, its	suo	suoi	sua	sue
your	Suo	Suoi	Sua	Sue
our	nostro	vostri	vostra	vostre
your	vostro	vostri	vostra	vostre
their	loro	loro	loro	loro
your	Loro	Loro	Loro	Loro

ci/ne

The particles *ci* and *ne* follow the same rules of position as the unstressed dative and accusative forms of the personal pronouns, with which they also can be combined.

Examples of the ways in which they are used:

ne	Il **vino** è buono.	**Ne** vuoi un bicchiere?	
	Compro un chilo **di pane**.	**Ne** compro un chilo.	
	Non sei capace **di capire**.	Non **ne** sei capace.	
	Senza parlare prima **delle consegu-enze** non possiamo accettare.	Senza prima parlar**ne** non possiamo accettare.	

Ne stands for adjuncts with *da* (from) and *di*.

ci	Sei già stato **a Roma**?	Sì, **ci** sono già stato.	
	Pensa **alla birra**!	Pensa**ci**!	
	Vogliamo andare **in Italia** la settimana prossima.	Vogliamo andar**ci** la settimana prossima. (also: **Ci** vogliamo andare ...)	

Ci stands for adjuncts with *a, in, su,* and *a* (at, to).

Don't Confuse These:
Similar in Form, Different in Meaning

il capello	*hair*	il ca**pp**ello	*hat*
il cassetto	*drawer*	la cassetta	*cassette, box*
il cane	*dog*	la carne	*meat*
il consumo	*use*	la consum**azione**	*consumption*
il coperto	*cover (place at table)*	la coperta	*cover*
il camino	*chimney*	il cam**m**ino	*path; journey*
il corso	*course*	la corsa	*race*
il collo	*neck*	il colle	*hill*
il carico	*load*	la carica	*office*
il dato	*date*	la data	*datum, fact*
il foglio	*sheet (of paper)*	la foglia	*leaf*
il fisico	*physicist*	la fisica	*physics*
il frutto	*(piece of) fruit*	la frutta	*fruit*
il gancio	*hook*	la guancia	*cheek*
la menta	*mint*	la mente	*mind*
il modo	*way, manner*	la moda	*fashion*
il morto	*dead person*	la morte	*death*
la meta	*goal*	la metà	*half*

notare	note	nuotare	swim
il pasto	meal	la pasta	pasta, noodles
la partita	match, game	il partito	party
il raccolto	harvest	la raccolta	collection
il razzo	rocket	la razza	race
il sonno	sleep	il sogno	dream
il succo	juice	il sugo	sauce
lo stato	state, condition	lo Stato	state, country
il saluto	greeting	la salute	health
il testo	text	il teste	witness
l'umore	mood, humor	l'umorismo	comedy, humor
votare	vote	vuotare	empty
la vite	(grape)vine	la vita	life

Use of Suffixes in Italian

The use of particular endings for Italian nouns and (more rarely) adjectives is largely idiomatic in nature and cannot be described in grammatical terms to cover all individual cases. The most important suffixes are as follows:

Diminutive, idea of "nice" or "dear"	-ino, -etto, -ello
il cucchiaino	(← il cucchiaio)
la casetta	(← la casa)
il carrello	(← il carro)
Conveys idea of largeness	-one
il librone	(← il libro)
il portone	(← la porta)
Il donnone	(← la donna)
riccone, ona	(← ricco)
Denotes worthlessness or ugliness	-accio
la giornataccia	(← la giornata)
la parolaccia	(← la parola)
Means small, with idea of pity or contempt	
if used with common noun	-uccio
il regaluccio	(← il regalo)
la spesuccia	(← la spesa)
Contents, duration	-ata
la giornata	(← il giorno)
la serata	(← la sera)
la manata	(← la mano)
la cucchiaiata	(← il cucchiaio)
la spaghettata	(← gli spaghetti)

Patterns of Conjugation of Regular Verbs

Verbs Ending in -*are*

Portare

Indicative		Subjunctive	
Present	**Pres. Perfect**	**Present**	**Pres. Perfect**
porto	ho portato	porti	abbia portato
porti	hai portato	porti	abbia portato
porta	ha portato	porti	abbia portato
portiamo	abbiamo portato	portiamo	abbiamo portato
portate	avete portato	portiate	abbiate portato
portano	hanno portato	portino	abbiano portato
Imperfect	**Past Perfect**	**Imperfect**	**Past Perfect**
portavo	avevo portato	portassi	avessi portato
portavi	avevi portato	portassi	avessi portato
portava	aveva portato	portasse	avesse portato
portavamo	avevamo portato	portassimo	avessimo portato
portavate	avevate portato	portaste	aveste portato
portavano	avevano portato	portassero	avessero portato
Future I	**Conditional I**	**Past Definite**	
porterò	porterei	portai	
porterai	porteresti	portasti	
porterà	porterebbe	portò	
porteremo	porteremmo	portammo	
porterete	portereste	portaste	
porteranno	porterebbero	portarono	

Verbs Ending in -ere

Vendere

Indicative		Subjunctive	
Present	**Pres. Perfect**	**Present**	**Pres. Perfect**
vendo	ho venduto	venda	abbia venduto
vendi	hai venduto	venda	abbia venduto
vende	ha venduto	venda	abbia venduto
vendiamo	abbiamo venduto	vendiamo	abbiamo venduto
vendete	avete venduto	vendiate	abbiate venduto
vendono	hanno venduto	vendano	abbiano venduto
Imperfect	**Past Perfect**	**Imperfect**	**Past Perfect**
vendevo	avevo venduto	vendessi	avessi venduto
vendevi	avevi venduto	vendessi	avessi venduto
vendeva	aveva venduto	vendesse	avesse venduto
vendevamo	avevamo venduto	vendessimo	avessimo venduto
vendevate	avevate venduto	vendeste	aveste venduto
vendevano	avevano venduto	vendessero	avessero venduto
Future I	**Conditional I**	**Past Definite**	
venderò	venderei	vendei/vendetti	
venderai	venderesti	vendesti	
venderà	venderebbe	vendé/vendette	
venderemo	venderemmo	vendemmo	
venderete	vendereste	vendeste	
venderanno	venderebbero	venderono/vendettero	

Verbs Ending in -*ire*

Dormire

Indicative		Subjunctive	
Present	**Pres. Perfect**	**Present**	**Pres. Perfect**
dormo	ho dormito	dorma	abbia dormito
dormi	hai dormito	dorma	abbia dormito
dorme	ha dormito	dorma	abbia dormito
dormiamo	abbiamo dormito	dormiamo	abbiamo dormito
dormite	avete dormito	dormiate	abbiate dormito
dormono	hanno dormito	dormano	abbiano dormito
Imperfect	**Past Perfect**	**Imperfect**	**Past Perfect**
dormivo	avevo dormito	dormissi	avessi dormito
dormivi	avevi dormito	dormissi	avessi dormito
dormiva	aveva dormito	dormisse	avesse dormito
dormivamo	avevamo dormito	dormissimo	avessimo dormito
dormivate	avevate dormito	dormiste	aveste dormito
dormivano	avevano dormito	dormissero	avessero dormito

Future I	Conditional I	Past Definite
dormirò	dormirei	dormii
dormirai	dormiresti	dormisti
dormirà	dormirebbe	dormì
dormiremo	dormiremmo	dormimmo
dormirete	dormireste	dormiste
dormiranno	dormirebbero	dormirono

Verbs Ending in -*ire* and Adding -*isc*- to the Stem

finire

Indicative
Present
finisco
finisci
finisce
finiamo
finite
finiscono

Special Features of Tense Formation

1. Present Indicative

See the list!

2. Present Subjunctive

Irregular verbs usually form their subjunctive from the stem of the first person singular present indicative, as in venire → ven**go** → ven**ga**. For exceptions, see the list!

3. Imperfect

The formation of the imperfect of the auxiliary verb **essere** is irregular.

Indicative	Subjunctive
ero	fossi
eri	fossi
era	fosse
eravamo	fossimo
eravate	foste
erano	fossero

Note:
Verbs with a shortened infinitive reconstruct the original Latin stem:

fare	→ facere	– facevo ...
dire	› dicere	– dicevo ...
porre	→ ponere	– ponevo ...

4. Compound Tenses

Conjugated with **avere**: the transitive verbs, such as *mangiare, portare*
Conjugated with **essere**: a) most verbs of motion and of state, such as *andare, restare, piacere*
b) reflexive or reflexively used verbs, such as *sbagliarsi, lavarsi*

The past participle of verbs conjugated with **avere** must agree in gender and number with a preceding direct object.
With *li, la,* and *le* agreement is compulsory, otherwise it is optional:
li abbiamo visti,
ci hanno visto/visti
The past participle of verbs conjugated with **essere** must agree with the subject:
Maria è arrivata ieri.

5. Past Definite (passato remoto)

The **passato remoto**, or past definite, is the form of the Latin perfect, retained in Italian. The regular verbs of all three categories form their past definite in the same way (see conjugation list), with the verbs ending in -**ere** displaying a secondary form as well.

vendere
vend**ei**   [vend**etti**]
vend**esti**
vend**é**   [vend**ette**]
vend**emmo**
vend**este**
vend**erono**   [vend**ettero**]

While the verbs ending in -**are** and -**ire** are completely regular, most verbs ending in -**ere** form the first and third person singular as well as the third person plural with their own perfect stem. The other forms are regular, and the endings of the irregular forms are the same for all verbs.

regular	irregular
vendere	**avere**
vend**ei**	ebb**i**
vend**esti**	av**esti**
vend**é**	ebbe
vend**emmo**	av**emmo**
vend**este**	av**este**
vend**erono**	ebb**ero**

These are completely irregular:

essere	**stare**	**dare**
fui	stetti	detti [diedi]
fosti	stesti	desti
fu	stette	dette [diede]
fummo	stemmo	demmo
foste	steste	deste
furono	stettero	dettero [diedero]

6. Formation of the Future Tense

a) The -**a** of the ending of verbs that end in -**are** changes to **e**.
   arrivare – arriverò

b) The long **e** disappears, while the short **e** as well as the **i** of the ending are retained:

avere	–	avrò
prendere	–	prenderò
finire	–	finirò

For irregular verbs, see the list!

7. Formation of the Participle

Infinitive Ending	Participial Ending
-are	-ato
mangiare	mangiato
-ire	-ito
finire	finito
-ere (long e) usually becomes	-uto
avere	avuto

8. Imperative Forms

	tu	lei	noi	voi	loro
avere	abbi	abbia	abbiamo	abbiate	abbiano
essere	sii	sia	siamo	siate	siano
portare	porta	porti	portiamo	portate	portino
vendere	vendi	venda	vendiamo	vendete	vendano
dormire	dormi	dorma	dormiamo	dormite	dormano
finire	finisci	finisca	finiamo	finite	finiscano

The negation of the imperative of the second person singular requires the use of the infinitive:

Dormi bene! – Non dormire adesso!

9. Special Features of Spelling

All verbs ending in -are whose stem ends in **c** or **g** add an **h** before *light vowels* (**i, e**) to preserve the pronunciation:

pagare	–	paghiamo, paghi, pagherò
mancare	–	machiamo, manchi, mancherò

With verbs ending in **-ciare** and **-giare** the **i** has no phonetic value of its own; it disappears before the **i** and **e** of the ending:

cominciare	–	cominci, cominciamo, comincerò
mangiare	–	mangi, mangiamo, mangerò

With some verbs – *inviare* and *sciare*, for example – the **i** in the present tense singular and in the third person plural of the present tense is stressed. The stressed **i** is retained before the **i** of the ending.

sciare	–	scii, sciamo, sciino

Irregular Verb Conjugations

Infinitive	Present		Past Definite	Past Participle	Future I
	Indic.	Subj.			
accadere			accadde		
accendere			accesi	acceso	
accorgersi			mi accorsi	accorto	
aggiungere			aggiunsi	aggiunto	
ammettere			ammisi	ammesso	
andare	vado	vada			andrò
	vai	vada			
	va	vada			
	andiamo	andiamo			
	andate	andiate			
	vanno	vadano			
apparire	appaio		apparvi	apparso	
	appari				
	appare				
	appariamo				
	apparite				
	appaiono				
appartenere	→ tenere				
appendere			appesi	appeso	
apprendere	→ prendere				
aprire				aperto	
arrendersi			mi arresi	arreso	
assistere				assistito	
assolvere			assolsi	assolto	
assumere			assunsi	assunto	
attendere			attesi	atteso	
avere	ho	abbia	ebbi	avuto	avrò
	hai	abbia			
	ha	abbia			
	abbiamo	abbiamo			
	avete	abbiate			
	hanno	abbiano			
bere	bevo		bevvi		berrò
cadere			caddi		cadrò
chiedere			chiesi	chiesto	
chiudere			chiusi	chiuso	

Infinitive	Present		Past Definite	Past Participle	Future I
	Indic.	Subj.			
cogliere	colgo	colga	colsi	colto	
	cogli	colga			
	coglie	colga			
	cogliamo	cogliamo			
	cogliete	cogliate			
	colgono	colgano			
commuovere			commossi	commosso	
comprendere	→ prendere				
concedere			concessi	concesso	
concludere			conclusi	concluso	
condurre	conduco	conduca	condussi	condotto	condurrò
	conduci	conduca			
	conduce	conduca			
	conduciamo	conduciamo			
	conducete	conduciate			
	conducono	conducano			
confondere			confusi	confuso	
conoscere			conobbi	conosciuto	
consistere	→ assistere				
contenere	→ tenere				
contraddire	→ dire				
convincere			convinsi	convinto	
coprire				coperto	
correggere			corressi	corretto	
correre			corsi	corso	
corrispondere	→ rispondere				
constringere	→ stringere				
cuocere			cossi	cotto	
dare	do	dia	detti		darò
	dai	dia			
	dà	dia			
	diamo	diamo			
	date	diate			
	danno	diano			
decidere			decisi	deciso	
descrivere	→ scrivere				

Infinitive	Present		Past Definite	Past Participle	Future I
	Indic.	Subj.			
difendere			difesi	difeso	
dipingere			dipinsi	dipinto	
dire	dico	dica	dissi	detto	
	dici	dica			
	dice	dica			
	diciamo	diciamo			
	dite	diciate			
	dicono	dicano			
dirigere			diressi	diretto	
discutere			discussi	discusso	
disdire	→ dire				
dispiacere	→ piacere				
disporre	→ porre				
distinguere			distinsi	distinto	
distruggere			distrussi	distrutto	
dividere			divisi	diviso	
dovere	debbo	debba			dovrò
	(devo)	(deva)			
	devi	debba			
		(deva)			
	deve	debba			
		(deva)			
	dobbiamo	dobbiamo			
	dovete	dobbiate			
	debbono	debbano			
	(devono)	(devano)			
eleggere			elessi	eletto	
escludere			esclusi	escluso	
esistere	→ assistere				
esplodere			esplosi	esploso	
esporre	→ porre				
esprimere			espressi	espresso	
essere	sono	sia	fui	stato	sarò
	sei	sia	fosti		
	è	sia	fu		
	siamo	siamo	fummo		
	siete	siate	foste		
	sono	siano	furono		

Infinitive	Present		Past Definite	Past Participle	Future I
	Indic.	Subj.			
estendersi			mi estesi	esteso	
estrarre	→ trarre				
evadere			evasi	evaso	
fare	faccio	faccia	feci	fatto	
	fai	faccia			
	fa	faccia			
	facciamo	facciamo			
	fate	facciate			
	fanno	facciano			
fondere			fusi	fuso	
giungere			giunsi	giunto	
illudersi			mi illusi	illuso	
imporre	→ porre				
insistere	→ assistere				
intendere			intesi	inteso	
interrompere	→ rompere				
introdurre			introdussi	introdotto	introdurrò
invadere	→ evadere				
iscriversi			mi iscrissi	iscritto	
leggere			lessi	letto	
mettere			misi	messo	
mordere			morsi	morso	
morire	muoio	muoia		morto	morirò
	muori	muoia			(morrò)
	muore	muoia			
	moriamo	moriamo			
	morite	moriate			
	muoiono	muoiano			
muovere			mossi	mosso	
nascere			nacqui	nato	
nascondere			nascosi	nascosto	
nuocere	nuoccio	nuoccia	nocqui	nociuto	
	nuoci	nuoccia			
	nuoce	nuoccia			
	nociamo	nociamo			
	nocete	nociate			
	nuocciono	nuocciano			

Infinitive	Present		Past Definite	Past Participle	Future I
	Indic.	Subj.			
occorrere	→ correre				
offendere	→ difendere				
offrire				offerto	
opporre	→ porre				
ottenere	→ tenere				
parere	paio	paia	parvi	parso	parrò
	pari	paia			
	pare	paia			
	paiamo	paiamo			
	parete	paiate			
	paiono	paiano			
pendere				penduto	
perdere			persi	perso	
permettere	→ mettere				
piacere	piaccio	piaccia	piacqui	piaciuto	piacerò
	piaci	piaccia			
	piace	piaccia			
	piacciamo	piacciamo			
	piacete	piacciate			
	piacciono	piacciano			
piangere			piansi	pianto	
porgere			porsi	porto	
porre	pongo	ponga	posi	posto	porrò
	poni	ponga			
	pone	ponga			
	poniamo	poniamo			
	ponete	poniate			
	pongono	pongano			
possedere	→ sedere				
potere	posso	possa			potrò
	puoi	possa			
	può	possa			
	possiamo	possiamo			
	potete	possiate			
	possono	possano			

Infinitive	Present		Past Definite	Past Participle	Future I
	Indic.	Subj.			
prendere			presi	preso	
prescrivere	→ scrivere				
pretendere	→ tendere				
prevalere	→ valere				
prevedere	→ vedere				
produrre	→ condurre				
promettere	→ mettere				
promuovere	→ muovere				
proporre	→ porre				
proteggere			protessi	protetto	
provvedere	→ vedere				
pungere			punsi	punto	
raccogliere	→ cogliere				
rendere			resi	reso	
resistere	→ assistere				
respingere	→ spingere				
richiedere	→ chiedere				
ridere			risi	riso	
ridurre	→ condurre				
rimanere			rimasi	rimasto	rimarrò
rimettere	→ mettere				
riscuotere	→ scuotere				
risolvere	→ assolvere				
risorgere	→ sorgere				
rispondere			risposi	risposto	
ritenere	→ tenere				
riuscire	→ uscire				
rivolgere			rivolsi	rivolto	
rompere			ruppi	rotto	
salire	salgo	salga			
	sali	salga			
	sale	salga			
	saliamo	saliamo			
	salite	saliate			
	salgono	salgano			

Infinitive	Present		Past Definite	Past Participle	Future I
	Indic.	Subj.			
sapere	so	sappia	seppi		saprò
	sai	sappia			
	sa	sappia			
	sappiamo	sappiamo			
	sapete	sappiate			
	sanno	sappiano			
scegliere	scelgo	scelga	scelsi	scelto	
	scegli	scelga			
	sceglie	scelga			
	scegliamo	scegliamo			
	scegliete	scegliate			
	scelgono	scelgano			
scendere			scesi	sceso	
sciogliere	→ cogliere				
scommettere	→ mettere				
sconfiggere			sconfissi	sconfitto	
sconvolgere	→ volgere				
scoprire				scoperto	
scorrere	→ correre				
scrivere			scrissi	scritto	
scuotere			scossi	scosso	
sedersi	mi siedo	mi sieda			
	ti siedi	ti sieda			
	si siede	si sieda			
	ci sediamo	ci sediamo			
	vi sedete	vi sediate			
	si siedono	si siedano			
smettere	→ mettere				
soddisfare	soddisfo (soddisfacio)	soddisfi	soddisfeci	soddisfatto	soddisferò
	soddisfi (soddisfai)	soddisfi			
	soddisfa	soddisfi			
	soddisfiamo	soddisfiamo			
	soddisfate	soddisfiate			
	soddisfano	soddisfino			

| Infinitive | Present | | Past Definite | Past Participle | Future I |
	Indic.	Subj.			
soffrire				sofferto	
sommergere			sommersi	sommerso	
sorgere			sorsi	sorto	
sorprendere	→ prendere				
sorridere	→ ridere				
sospendere	→ pendere				
sostenere	→ tenere				
sottoporre	→ porre				
sottrarre	→ trarre				
spegnere			spensi	spento	
spendere			spesi	speso	
spingere			spinsi	spinto	
sporgersi			mi sporsi	sporto	
stare	sto	stia	stetti		starò
	stai	stia			
	sta	stia			
	stiamo	stiamo			
	state	stiate			
	stanno	stiano			
stendere	→ tendere				
storcere			storsi	storto	
stringere			strinsi	stretto	
supporre	→ porre				
svenire	→ venire				
svolgere	→ volgere				
tacere	taccio	taccia	tacqui	taciuto	tacerò
	taci	taccia			
	tace	taccia			
	tacciamo	tacciamo			
	tacete	tacciate			
	tacciono	tacciano			
tendere			tesi	teso	
tenere	tengo	tenga	tenni		terrò
	tieni	tenga			
	tiene	tenga			
	teniamo	teniamo			
	tenete	teniate			
tingere	tengono	tengano	tinsi	tinto	

| Infinitive | Present | | Past Definite | Past Participle | Future I |
	Indic.	Subj.			
togliere	→ cogliere				
tradurre	→ condurre				
trarre	traggo	tragga	trassi	tratto	trarrò
	trai	tragga			
	trae	tragga			
	traiamo	traiamo			
	traete	traiate			
	traggono	traggano			
trascorrere	→ correre				
trasmettere	→ mettere				
trattenere	→ tenere				
uscire	esco	esca			
	esci	esca			
	esce	esca			
	usciamo	usciamo			
	uscite	usciate			
	escono	escano			
valere	valgo	valga	valsi	valso	varrò
	vali	valga			
	vale	valga			
	valiamo	valiamo			
	valete	valiate			
	valgono	valgano			
vedere			vidi	visto	vedrò
venire	vengo	venga	venni	venuto	
	vieni	venga			
	viene	venga			
	veniamo	veniamo			
	venite	veniate			
	vengono	vengano			
vincere			vinsi	vinto	
vivere			vissi	vissuto	vivrò
volere	voglio	voglia	volli		vorrò
	vuoi	voglia			
	vuole	voglia			
	vogliamo	vogliamo			
	volete	vogliate			
	vogliono	vogliano			
volgere			rivolsi	rivolto	

Index of All Italian Entries

All the basic vocabulary words appear in **boldface type**. All the more advanced terms are in normal roman type.

P

Index

Index

422

Overview of the i-Boxes

Overview of the i-Boxes